KB074435

아이들과 펼치는 민주주의

와글와글 토론 교실

와글와글
토론 교실

2015년 2월 3일 처음 펴냄
2017년 2월 10일 3쇄 찍음

지은이 이영근
펴낸이 신명철
펴낸곳 (주)우리교육
등록 제 313-2001-52호
주소 03993 서울특별시 마포구 월드컵북로 6길46
전화 02-3142-6770
팩스 02-3142-6772
홈페이지 www.uriedu.co.kr
인쇄 천일문화사

ⓒ 이영근, 2015
ISBN 978-89-8040-687-6 03370

이 도서의 국립중앙도서관 출판시도서목록(CIP)는
e-CIP홈페이지(http://www.nl.go.kr/ecip)에서 이용하실 수 있습니다.
(CIP 제어번호:CIP2015003125)

아이들과 펼치는 민주주의

와글와글 토론 교실

이영근 지음

우리교육

학생 자치로 가는 첫걸음, 우리 반 문제는 우리가 해결해요

학생들이 만들어 가는 교실

'교실에 있어야 할 것과 해야 할 것'으로 학생 자치를 이야기하려 합니다. '학생 자치'는 말 그대로 '학생들이 교실에서 일어나는 자기들 일을 스스로 처리함'입니다. 여기에서 우리는 두 가지를 살필 필요가 있습니다. '교실에서 일어나는 자기들 일'과 '스스로 다스림'입니다. 이 둘을 기준으로 학급살이를 따져 보면 '학생들이 스스로 만들어 가는 교실'인지 아닌지를 알 수 있습니다.

먼저, '교실에서 일어나는 일'은 아침 인사, 아침 활동, 아침 독서, 청소, 공부, 쉬는 시간, 우유 마시기, 화장실 가기, 점심시간, 마치는 인사, 방과 후 활동 따위로 많습니다. 이렇게 정해진 일 속에서 친구들과 웃음, 놀이, 이야기, 장난, 말다툼, 주먹다짐, 따돌림 들은 언제 어디에서건 어떤 모습으로든 일어납니다. 어디 이것뿐이겠습니까? 정말 많은 일이 날마다 일어나는 곳이 교실이고 학교입니다.

그럼 이런 일을 '스스로 다스리고' 있나요? 이 물음에 네, 하고 대답하기가 쉽지 않을 것입니다. 적어도 저는 그렇습니다. 제가 학생으

5

로 배울 때에는 교실에서 일어나는 일을 학생들이 스스로 다스려 본 적이 거의 없었습니다. 학교 일은 학교에서 정한 대로, 학생들 관계에서 일어나는 일은 선생님께서 해결해 주셨습니다. "이건 어떻게 하는 게 좋을까?" 하는 말보다는 "이건 이렇게 해." 하는 다스림이 당연하다는 생각으로 살아왔습니다. 저도 이렇게 학생 시절을 보내고서 선생을 하였습니다.

선생이 되기 위한 준비도, 선생을 하면서 생활도 나름 열심히 했습니다. 아이들과 잘 어울려 놀고, 즐겁게 학급운영을 하지만, 모든 것은 제가 결정하고 문제가 생기면 제가 해결합니다. 제가 어릴 때 봐 왔던 선생 모습대로 하고 있습니다.

다행스러운 건 선생 하고 몇 해 지나지 않아 학급 운영을 제 마음대로 하지 않으려고 해마다 조금씩 노력했다는 점입니다. 그 시작은 학생들의 참여였습니다. 학생들 말을 학급 운영에 담기 시작했습니다. 그래서 학급 어린이 회의를 주마다 했습니다. 학교에서 관례로 내려오던 어린이회 절차도 더 많은 참여를 위해 바꿔 냈습니다. 또한 정해진 학급 어린이 회의 시간이 아니더라도 필요할 때면 판을 펼쳤습니다. 그러며 학생들은 자기들 사는 모습을 스스로 칭찬하고 반성하며 더 나은 학급살이를 만들어 갔습니다. 이런 노력을 담아 보려 애썼습니다.

함께 만들고 스스로 풀고

"선생님, 모둠은 어떻게 하나요?"

"선생님, 급식 당번은 누가 하고 누가 먼저 먹어요?"

"선생님, 짝은요?"

3월 새 학년을 열면서 학생들에게 듣는 질문입니다. 새 학년이라 긴장한 탓에 말하지 않더라도 학생들 마음에는 이런 물음이 가득합니다. 또한 학생들이 묻지 않더라도 3월 학급 경영 계획으로 선생님들께서도 고민하는 내용입니다. 그러니 3월 첫 주에는 우리 반에서 학생들이 지켜야 할 약속(규칙)을 알려 줍니다. 그 약속이라는 것도 한 주에 알리기에는 너무 많아 살아가며 조금씩 풀어냅니다. 이때 바탕은 교사의 교육관입니다. 또렷한 교육관으로 학급을 어떻게 꾸릴 것인지를 중심에 두고서 학급을 세워 가는 게 마땅합니다. 그러면서도 학생들과 함께 이야기 나누는 시간을 가졌으면 하고 바랍니다. "우리 반 모둠(짝, 급식 당번 따위)은 어떻게 하는 게 좋겠니?" 하며 학생들과 의사 결정 과정을 거치며 함께 만들어 갔으면 합니다.

싸움, 따돌림 같은 갈등이 갈수록 많이 일어납니다. 고학년을 맡으면 이런 갈등으로 많은 선생님들께서 힘들어하십니다. 여럿이 어울려 살다 보면 싸움은 당연히 일어납니다. 아이들은 싸우면서 크는 것이라고 말하며 넘기기도 하지만, 그 횟수도 빈번하거니와 문제가 커지고 있으니 골칫거리입니다. 이런 갈등의 원인은 학급에만 있지 않으니 풀기가 쉽지 않습니다. 그렇다고 포기해서는 안 됩니다. 어떻게든 방법을 찾고 또 찾아야 합니다. 여기에서는 학생들이 문제를 함께 고민하며 덜컹거리지만 스스로 풀어 가는 문제 해결 과정을 담았습니다. 여기 담은 문제 해결 과정이 이런 갈등을 푸는 단 하나의 열쇠가 되지는 못합니다. 다만, 경험으로 비추어 볼 때 갈등이 줄어들기는 합니다. 큰 갈등을 겪을 때 학생들 스스로 문제를 해결한 경험이 쌓이다 보니 다음에는 갈등이 잘 보이지 않기는 합니다.

당당하기를 바라며

"선생님, ○○이 복도에서 뛰었어요."
"그래? 그럼 ○○에게 뛰지 말라고 말해 주렴."
자기들끼리 말하면 되는 일인데도, 그러지 않고 선생님에게 말합니다. 학생과 학생, 교사와 학생 사이에 소통이 생각만큼 잘되지 않습니다. 소통이 끊기니 서로를 이해하지 못하고 오해가 생겨 다툼이 일어나기도 합니다. 그래서 서로의 마음을 나누려고 주말 이야기 나누기나 '칭찬이불', 마니또 따위를 하고 있습니다. 말하기 부담스러운 학생들을 위해 참사랑땀 반에는 '소통 게시판'이 있습니다. 소통 게시판에 하고픈 이야기를 글로 쓰며 자기 생각을 드러내기도 합니다.

초등학교에서 담임을 하며 한 해만 함께 지내도 학생들 키는 한 뼘 정도 훌쩍 큽니다. 키가 크는 만큼 학생들 몸 안 가득 '마음과 생각'도 함께 성장합니다. 겉으로 보이는 성장과는 달리, 마음과 생각의 성장은 모두에게 똑같이 나타나지는 않습니다. 교사, 학부모도 서로 배우며 우리 학생들의 바른 성장을 도와야겠습니다.

아직 참사랑땀 반도 학생 자치가 제대로 꽃피는 교실이라 하기에는 모자람이 많습니다. 그렇지만 저는 이 책을 꼭 내고 싶었습니다. 그러며 바람이 있습니다. 이 책이 학생 자치로 가는 첫 발걸음이 되고 이보다 더 훌륭한 사례가 많이 나와 학생들이 주인인 교실, 학생들이 만들어 가는 교실이 이곳저곳에서 펼쳐지길 기대합니다.

고마움을 담습니다

학생들과 함께 만들어 가는 교실, 토론과 토의로 갈등을 풀고 문제를 해결하는 과정을 담은 이 책은 제 노력만으로 이루어진 것이 아닙니다. 둘레 많은 만남과 관계에서 도와주셨습니다. 그 고마움을 이 글에 담습니다. 이 책에 모든 이야깃거리로 함께 울며 웃으며 쌓아 온 우리 참사랑땀 제자들에게 고마움이 큽니다. 사실 우리 반은 시끄럽습니다. 잘 놀고 많은 대화를 주고받으니 다른 반보다 더 시끄럽습니다. 이렇게 시끄러운 우리 참사랑땀 반을 늘 이해해 준 같은 학년 선생님들께 고맙다는 말씀을 드립니다. 선생으로 사는 모습을 늘 격려해 주고, 오늘까지도 제가 쓴 글을 한 글자 한 글자 읽으며 다듬어 주는 같이 사는 김정순 선생님과 희문이, 수민이가 특히 고맙습니다.

참사랑땀 반 아이들 참 삶을 가꾸는 데 보탬을 주는 선생으로 뚜벅뚜벅 걸어왔습니다. 길에 서서 걸음을 잠시 멈추고 걸어온 길을 돌아보며 담았습니다. 그러며 또 새로운 발걸음을 내딛습니다. 한 걸음 한 걸음 내딛을 때마다 조금 더 정성을 다하겠습니다.

차례

스스로 뽑아요

학급 임원 선거 토론회

후보 등록
후보자 번호 정하기
공약 발표
담임선생님 질문
후보자 상호 질의
유권자 질문
마지막 발언
투표

학급 어린이 회의

모둠 반성과 계획
암행어사

학생들이 질문에 적극 참가할 때 더 큰 재미가 있습니다. 그렇기에 토론회를 시작할 때 미리 이 시간을 알려 준비하도록 합니다. "자, 유권자인 학생 여러분들이 해야 하는 게 있어요. 후보자들이 하는 말과 질문과 대답을 잘 듣고서 궁금한 것을 꼭 써 두세요. 그리고 여러분이 질문하는 시간에 그 궁금증을 질문으로 풀어 보세요." 이러고서 질문 시간을 가지면, 이전 단계에서 사회자와 후보자들이 놓쳤던 질문이 참 많이 나옵니다. 또한 후보자가 내세운 공약과 관련하여 그 후보자가 이전 학년에서 보였던 모습을 들춰서 묻기도 합니다. 냉철한 검증의 시간인 셈입니다.

1
학급 임원 선거 토론회

보통 학급 임원에는 회장단과 반장단이 있습니다. 그런데 요즘은 이렇게 구분하지 않고 회장단만 꾸리는 경우가 많습니다. 회장단이든 반장단이든 학급 임원은 우리 반을 위해 봉사하는 학생입니다. 아울러 학급 어린이 회의 같은, 학생들이 이야기를 나누는 회의를 진행하는 학생입니다. 가끔 제가 출장 갈 때 다른 반 선생님들이 오시면 어떻게 하라고 대표들에게 부탁하기도 합니다. 그렇다고 친구들 앞에서 친구들을 조용히 시키거나 친구들이 잘못한 것에 이름을 써 저에게 보여 달라고는 하지 않습니다.

　그럼 학급 임원은 어떻게 뽑으면 좋을까요? 몇몇 학급에서는, 또 저학년의 경우 학급 임원을 따로 정해 두지 않고 학생들이 돌아가며 맡는데, 참 좋은 방법이라고 생각합니다. 다만 학교에서 정해 준 학급 임원이 있을 경우에 한해 임원을 어떻게 뽑으면 좋을지 살펴보려 합니다.

　학교에서 대표를 뽑을 때 학생 투표로 결정합니다. 학생들이 우리 반의 대표를 뽑는 과정은 민주주의에 직접 '참여'하는 참 소중한 경험입니다. 그럼, 지금까지 학급에서 어떤 절차로 학급 임원을 뽑았는지 살펴보겠습니다. 학교나 학급마다 조금 차이는 있겠지만 다음의 차례와 비슷합니다.

> 임원 후보자 신청(자천, 타천) ▶ 공약 발표 ▶ 투표 ▶ 개표 ▶ 당선 소감
> ▶ 임명장 수여

지금까지 임원 선출에서는 임원 뽑는 날 자신이 신청을 하거나 다른 이의 추천으로 후보를 결정합니다. 또한 웅변 식의 공약 발표 한 번으로 투표합니다. 연설마저도 저학년은 자기가 하고픈 말을 쓴 게 아니라 부모님이 써 준 글을 읽는 경우가 대부분이고, 고학년은 아무런 준비 없이 나와 당장 생각나는 말을 하는 경우가 흔합니다. 그러니 후보들의 학급을 위한 봉사심과 맡은 역할에 따른 적합성을 꼼꼼히 따지기 힘듭니다. 단지 인기투표에 그치는 수가 많습니다.

이 과정을 조금 더 알차게 바꾸면 좋겠습니다. 선거에서는 대표를 뽑을 때 경선 과정을 거칩니다. 대통령을 뽑을 때는 전국에 텔레비전으로 토론 과정을 중계까지 합니다. 국회의원도 지역 방송으로 토론을 하며 자기를 뽑아 달라고 호소합니다. 보통 순서는 후보자 정책 발표, 상호 질의응답, 시청자 질문, 마지막 발언으로 이루어집니다. 이 토론을 바탕으로 국민들이 후보를 평가하여 적합한 후보에게 투표합니다. 이런 경선 과정을 우리 학급으로 가져와 보았습니다.

> 후보 등록 ▶ 후보자 번호 정하기 ▶ 공약 발표 ▶ 담임선생님 질문 ▶
> 후보자 상호 질의 ▶ 유권자 질문 ▶ 마지막 발언 ▶ 투표

사실 이런 과정을 거치려면 시간이 좀 필요합니다. 후보자 토론회

에 1시간 정도 걸립니다. 그러고서 투표 시간은 별도로 가져야 합니다. 그래서 교과와 연계해서 1~2시간 확보하는 것이 좋습니다.

교실에서 일어나는 작은 선거이지만 그 과정은 공정해야 합니다. 그러니 공고 시점부터 진행, 투표, 개표까지 꼼꼼하게 챙겨야 합니다. 그 과정을 하나씩 들며 유의할 점을 살피겠습니다.

학급 회장이 갖춰야 할 것은?

2014년 9월 1일

1, 2교시 학급 회장을 토론회로 뽑는다. 전에 학급 회장에 대한 생각을 모은다.

"자, '글똥누기'에 두 가지를 써 보세요. 첫 번째는 회장이 갖춰야 할 것, 그러니까 회장은 이런 행동을 해야 한다거나 이런 어린이면 좋겠다는 것을 써 보세요. 지난번 모범 어린이처럼. 그리고 두 번째는 '내가 회장이 된다면'으로 써 주세요."

자기가 가진 생각을 글에 담는다.

"그럼 여러분 의견을 모을 건데, 첫 번째 생각인 회장이 갖춰야 할 것을 짝과 함께 살펴보세요. 그러고서 둘의 의견을 하나로 만들어 보세요."

웅성웅성한다. 이런 웅성거림을 위해 둘이서 하나를 만들도록 했다.

"자, 그럼 지금부터는 둘이 하나로 만든 것을 발표해 볼게요."

발표 내용
- 가은, 정연 친구를 도와줄 수 있어야 한다.
- 민주, 준엽 전교 회의 결과를 잘 알려 줘야 한다.
- 승찬, 수진 자기 할 일을 열심히 해야 한다.
- 혜원, 예찬 우리 반 규칙을 잘 지켜야 한다.
- 예림, 은섭 교실이 어수선할 때 친구들을 잘 이끌어야 한다.
- 호찬, 재영, 수진, 주상 친구들에게 모범을 보여야 한다.

- **수정, 현수** 선생님이 없을 때 학급을 잘 이끌어야 한다.
- **주성, 민선** 공약을 잘 지켜야 한다.
- **소희, 하영** 회의를 잘 진행해야 한다.
- **민철, 민경** 다투지 않고 잘 지내야 한다.
- **지원, 수인** 친구 잘못을 알려 줘서 고치도록 해야 한다.
- **현서, 형우** 전교 어린이 회의에 잘 참여해야 한다.

"네. 여러분의 의견을 종합해 보면, 모범이 되고 봉사할 수 있어야 하며 무엇보다 회의를 잘 이끌고 전교 어린이 회의에 참석해 전교 어린이 회의 결과를 잘 전달해야 하네요. 이런 것에 적합한 우리 반 대표가 뽑히길 기대할게요."
이어서 학급 회장을 토론회로 뽑는다.

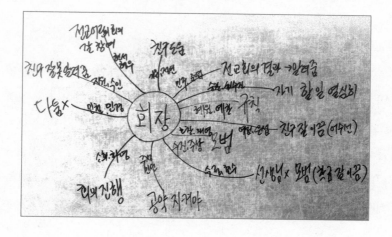

후보 등록

미리 후보 등록 신청을 받습니다. 후보 신청을 미리 받아 그 후보들은 토론회 준비를 하고, 유권자는 그 후보들을 하루나 이틀 정도라도 임원 후보로서 지켜보는 시간을 가질 수 있습니다. 진행을 유연하게 하기 위해 투표 당일에 후보자로 신청할 수도 있게끔 운영하기도 합니다. 후보자가 미리 정해질 때 조금 더 관심 가져야 할 것이 있습니다. 바로 공정한 선거운동입니다. 물론 학급 임원을 뽑을 때는 부정 선거운동이 잘 일어나지 않지만, 토의로서 학생들과 이야기 나눌 가치는 충분합니다. "공정한 선거운동을 위해서"를 주제로 토의할 때에는 다음의 세부 주제가 적당합니다.

(1) 선거운동이란?
(2) 공정하지 않은 선거운동에는 어떤 것이 있을까?
(3) 내가 후보자로 나온다면 나는 이렇게 선거운동을 하겠다.

후보자 번호 정하기

후보자 번호는 어떻게 부여할 것인지도 엄정해야 합니다. 후보자 번호 정하는 방식(무작위 뽑기)을 미리 알릴 필요가 있습니다. 보통 교실에서 후보자 등록순으로 번호를 줍니다. 그렇지만 다른 후보자들이 반대하거나, 먼저 등록한 학생이 다른 번호를 원할 수도 있습니다. 이럴 때는 후보자 번호를 어떻게 하는 것이 좋을지 후보자들 의견을 받아야 합니다. 그러니 미리 후보자 번호를 정하는 방식을 알려 줄 필요가 있습니다.

공약 발표

임원 선거를 하는 날, 토론회를 할 수 있도록 자리를 마련합니다. 교실 앞쪽에는 후보자들이 앉을 책상을 둡니다. 유권자(일반 학생들)들이 잘 볼 수 있으면서도 후보자들끼리도 토론회가 가능하도록 둥글게 자리를 잡습니다. 그러고서 한 명씩 돌아가며 공약을 발표합니다. 시간은 초등학생 수준으로 봤을 때 30초에서 1분이 적당합니다. 사전에 발표 시간을 정확하게 알려 주는 것이 좋습니다. 보통 인사말, 자기소개, '내가 ○○이 된다면', 끝인사로 이뤄지는데, 그 형식은 참고만 하라고 말해 두는 것이 다양한 공약 발표에 더 좋습니다.

담임선생님 질문

사회자(담임선생님) 질문 시간을 갖습니다. 사회자가 질문하고 후보들이 돌아가며 답변합니다. 번갈아 가면서 먼저 말하도록 차례를 배정해 공정성을 잃지 않도록 합니다. 공통 질문을 준비하는 것도 좋습니다. '다른 후보들보다 자신의 강점은?', '만일 우리 반에 ○○ 같은 일이 생길 때 어떻게 하겠나요?', '내가 뽑히지 않는다면?' 세 가지 정도 묻습니다. 대답하는 시간은 30초에서 1분 사이로 정하면 적당합니다.

후보자 상호 질의

후보자끼리 묻고 답하는 시간입니다. 토론회를 하기 앞서 "후보자들이 서로에게 질문할 때 지켜야 할 것이 있어요. 어떤 게 있을까요?" 하고서 묻습니다. 그러면 선생님이 말해 줘야 할 것들이 대부분 학생들 입에서 나옵니다. 학급의 발전을 위한 것이지 서로 다툼이 일어나면 안 되기에 조심스러워야 합니다. 이 시간은 참 치열합니다. 열띤 공방이 일어나기 쉽습니다. 그렇지만 예상 밖으로 서로 묻지 않아 시간만 허투루 보낼 수도 있습니다. 치열하게 묻건, 묻지 못

하건 이런 것들이 보는 학생들에게는 판단하는 기준이 되니 모두
소중한 시간입니다.

유권자 질문

다음은 마지막으로 학생들 질문 시간입니다. 유권자인 학생들이
자기 표를 행사하기 앞서 묻는 시간으로 참 재미있어합니다. 학생들
이 질문에 적극 참가할 때 더 큰 재미가 있습니다. 그렇기에 토론회
를 시작할 때 미리 이 시간을 알려 준비하도록 합니다. "자, 유권자
인 학생 여러분들이 해야 하는 게 있어요. 후보자들이 하는 말과 질
문과 대답을 잘 듣고서 궁금한 것을 꼭 써 두세요. 그리고 여러분이
질문하는 시간에 그 궁금증을 질문으로 풀어 보세요." 이러고서 질
문 시간을 가지면, 이전 단계에서 사회자와 후보자들이 놓쳤던 질문
이 참 많이 나옵니다. 또한 후보자가 내세운 공약과 관련하여 그 후
보자가 이전 학년에서 보였던 모습을 들춰서 묻기도 합니다. 냉철한
검증의 시간인 셈입니다.

마지막 발언

이런 과정을 거치며 많은 학생들은 자기 판단을 내렸을 것입니다. 학생들은 전혀 기대하지 않았던 후보자의 활약에 놀라며 자기가 지지하던 사람이 바뀌는 경험도 하게 됩니다. 또한 아직도 결정을 내리지 못하고 헷갈릴 수 있습니다. 이렇게 헷갈리는 학생들의 표를 얻을 수 있는 마지막 기회가 있습니다. 바로 '마지막 발언'입니다. 마지막 발언은 30초 정도가 적당합니다. 지금까지 토론 과정을 돌아보며 자기 장점을 주장하는 소중한 시간입니다. 마음을 정하지 못한 학생들 표를 받을 수 있는 마지막 기회로 아주 소중한 시간입니다.

투표

그러고서 투표를 합니다. 토론회는 투표 하루 전에 하기도 하고, 투표하는 날에 하기도 합니다. 장단점이 있습니다. 토론회를 투표 하루 전에 하면, 시간 제약이 없으니 여유를 갖고 토론회를 진행할 수 있습니다. 그렇지만 토론회에서 정한 마음이 하루 동안 다른 변수로 바뀔 수도 있어 토론회를 가진 목적이 조금 옅어집니다. 투표하는 날 토론회 시간을 가지면 토론회를 마치고 바로 투표를 하니 토론회에 집중도가 높습니다. 반면, 시간이 한정되어 토론회 운영에 시간 제약이 따르기도 합니다. 이런 장단점을 잘 따지고 학교, 학급 상황을 봐서 토론회 하는 날을 적절하게 잘 잡았으면 합니다.

이렇게 후보자 토론회를 하면 좋은 모습이 많이 보입니다.

첫째, 자기 말에 대해 책임을 지려는 모습을 보입니다. 후보들이 내세운 공약을 묻고 답하며 여러 차례 확인했습니다. 단지 '빌 공

자 공약'이 아니라 다른 사람 앞에서 약속임을 자기 스스로 확인하
는 시간입니다. 그러니 그것을 지키려고 애씁니다. 그것은 임원으로
뽑혔거나 뽑히지 않았거나 마찬가지입니다. 1학기 때 반장 후보로
나왔던 호인이는 청소를 잘해 깨끗한 교실로 만든다고 약속했습니
다. 그러며 묻고 답하는 과정에서 날마다 한 모둠씩 청소를 돕겠다
고 말했습니다. 투표 결과 호인이는 임원이 되지 못했습니다. 그렇지
만 호인이는 그날 이후 한동안 다른 모둠 청소를 도우며 책임감 있
는 모습을 보였습니다.

　둘째, 지내며 임원들의 모습을 지켜볼 수 있습니다. 임원들이 하
는 말로는 대부분 희생하겠다고 합니다. 그런데 실제 임원이 되고서
는 희생하기보다는 다른 학생들을 시키거나 그 위에서 다스리려는
모습을 보일 때가 있습니다. 우리 반 ○○이도 그랬습니다. 2학기에
회장을 하면서 1학기보다 욕도 많이 하고, 다른 친구들에게 화도 많
이 냅니다. 그러니 어린이 회의 시간에 다른 학생들에게 지적을 받
습니다. 언젠가 어떤 학생이 "저는 이번 안건으로 ○○ 회장의 잘못

을 말하고 싶습니다." 하고서는 공약과 달라진 회장의 잘못을 드러내 회장이 직접 사과하기도 했습니다.

셋째, 임원 선거가 인기투표 성격을 벗을 수 있습니다. 단지 한 번의 웅변으로 뽑는 것이 아니라 여러 검증 과정을 거쳐 임원을 뽑기 때문입니다. 그래서 이전 학년까지 한 번도 임원이 되어 보지 못한 학생들이 임원으로 선출되는 모습을 자주 볼 수 있습니다.

넷째, 잔치 분위기로 이끌 수 있습니다. 기존 학급 임원 선거는 늘 임원으로 나오는 학생들만의 잔치입니다. 그 학생들이 앞에 나와서 말하고 그 가운데 한 명을 뽑습니다. 그러나 임원 토론회는 보는 유권자들의 몫이 참 큽니다. 참가하는 기회는 단 한 번이지만 임원으로 참가한 학생들은 처음부터 끝까지 유권자인 일반 학생들을 신경 써야 합니다. 그러니 그렇게 긴장하고 당황하는 임원들을 보며 재미를 느낍니다. 그러면 자기들도 참가하려는 모습을 보입니다. 그런 과정이 있기에 스스로 뽑은 임원을 축하하고 떨어진 학생들을 격려하는 모습으로 마칠 수 있습니다.

그런데 이렇게 좋은 점을 가진 임원 선거 토론회도 1학기에는 잘 되지 않을 수 있습니다. 3월은 아직 마음이 열리지 않을 때라 운영이 기대에 미치지 못할 수 있습니다. 그렇지만 1학기 때 이런 경험이 2학기에는 알찬 토론회가 될 수 있는 바탕이 됩니다. 그러니 3월 1학기 임원을 뽑는 토론회가 제대로 되지 않을 때는 낯설어하는 학생들을 많이 도와줄 필요가 있습니다.

전교 어린이회 임원도 토론회로 뽑을 수 있습니다. 다음은 진행하는 학생을 위한 시나리오입니다.

전교 어린이회 임원 토론회

안녕하세요. ○○초등학교 어린이 여러분, 저는 2014학년도 2학기 전교 어린이회 임원 선출 진행을 맡은 6학년 2반 김은진입니다.

오늘 전교 어린이회 회장 토론회는 방송실에서 진행하도록 하겠습니다. 교실에서는 텔레비전으로 지켜봐 주시기 바랍니다.

본 토론회는 ○○초등학교 학칙 제8장 31, 32조를 바탕으로, 2014학년도 1학기 전교 어린이회 정·부회장 선출 계획에 따라서 진행함을 먼저 밝혀 드립니다.

학생 여러분, 여러분은 우리 학교를 대표하는 전교 어린이회 회장과 부회장은 어떤 학생이어야 한다고 생각하나요? 학생마다 그 생각은 다 다를 것인데요. 지금부터 할 토론회와 공약 발표를 들으며 여러분께서 생각하신 판단 기준에 따라 소중한 한 표를 행사하시길 빕니다.

오늘 토론회는 4단계로 실시합니다. 1단계는, 후보자 공약 발표 시간입니다. 2단계는 학생들이 만들어 준 질문에 답변하는 시간입니다. 3단계는 후보자 상호 질문과 답변 시간입니다. 4단계는 마지막 주장이 되겠습니다. 1단계와 4단계는 후보자의 기호 차례이며, 2단계, 3단계는 사전 추첨으로 차례가 정해졌음을 알려 드립니다.

그럼 후보자 토론회를 시작하도록 하겠습니다. 먼저 1단계로 후보자의 공약 발표 시간입니다. 제한 시간은 2분입니다.

먼저 기호 1번 ○○○ 후보자입니다.

고맙습니다. 다음은 기호 2번 ○○○ 후보자입니다.

고맙습니다. 다음은 기호 3번 ○○○ 후보자입니다.

네. 세 후보자의 공약을 잘 들었습니다.

2단계는 학생들이 만들어 준 질문에 답변하는 시간입니다. 열 개에서 두 개를 뽑아서 질문하도록 하겠습니다. 답변 차례는 사전 선정 결과 기호 3번, 기호 1번, 기호 2번 후보자 순입니다.

첫 번째 질문입니다. [질문 내용 읽음] 대답 시간은 1분 이내입니다. ……

네. 알찬 답변 고맙습니다.

3단계는 후보자 상호 질문 시간입니다. 후보자는 주어진 시간 동안 상대 후보 아무에게나 질문할 수 있습니다. 시간이 남았는데, 더 이상 질문할 것이 없으면 "이상 질문을 마치겠습니다."라고 말씀해 주시기 바랍니다.

질문 차례는 사전 추첨에서 기호 2번, 기호 3번, 기호 1번 후보자 순입니다. 먼저 기호 2번 후보자가 먼저 질문하도록 하겠습니다. 제한 시간은 2분입니다. 질문에 답변하는 시간은 30초 이내입니다.

다음은 기호 3번 후보자가 질문하도록 하겠습니다.

다음은 기호 1번 후보자가 질문하도록 하겠습니다.

4단계는 마지막 주장 시간입니다. 토론회를 마치며, 저를 회장으로 뽑아 달라는 마지막 호소입니다. 제한 시간은 30초 이내입니다.

먼저 기호 1번 ○○○ 후보자입니다.

고맙습니다. 다음은 기호 2번 ○○○ 후보자입니다.

고맙습니다. 다음은 기호 3번 ○○○ 후보자입니다.

네. 이것으로 토론회를 마치겠습니다. 교실에서는 6학년 후보자의 기호와 이름을 잘 확인하고 투표해 주시기 바랍니다. 고맙습니다.

본 토론회는 ○○초등학교 학칙 제8장 31, 32조를 바탕으로, 2014학년도 1학기 전교 어린이회 정·부회장 선출 계획에 따라서 진행하였음을 다시 한 번 밝혀 드립니다.

지금까지 ○○초등학교 2014학년도 2학기 전교 어린이회 임원 선거 진행을 맡은 6학년 2반 김은진이었습니다. 고맙습니다.

요즘 많은 교실에서는 넷에서 여섯 학생을 한 모둠으로 꾸립니다. 모둠에서 하는 일도 선생님의 교육철학에 따라 많이 다릅니다. 그러니 교실에서의 모둠과 어린이 회의 부서가 달라서 혼선을 가져올 수밖에 없습니다.

그래서 기존 차례를 잊고 우리 반 처지에 맞는 차례로 해야 합니다. 우리 교실의 모둠에 맞고, 운영할 수 있는 시간을 고려하며, 우리 반 이야기를 나눌 수 있는 우리 반만의 절차가 필요합니다. 반마다 회의 절차와 내용이 달라야 합니다.

2

학급 어린이 회의

"학급 어린이 회의 시간은 여러분 시간이에요. 그러니 하고 싶은 말을 마음껏 하도록 하세요. 나도 여러분과 똑같은 자격으로 회의에 참석할게요."

어린이 회의의 주인은 우리 학생들이라는 생각에는 대부분이 동의합니다. 그런데, '정말 우리 학생들이 주인으로서 회의하고 있는가?' 하고 돌아볼 때, 사실 그렇지 않은 모습이 더 많이 떠오릅니다. 교사가 주도하는 회의, 학교에서 정한 차례에 얽매인 회의, 진행하는 임원의 경험 부족으로 제대로 되지 못하는 회의가 우리 교실의 모습입니다. 아울러 회의 시간조차 제대로 내기 어려울 만큼 팍팍한 교육과정도 큰 걸림돌입니다.

요즘 회의하는 교실이 드뭅니다. 교육과정에서 학급 회의 시간이 턱없이 모자라기 때문입니다.(제 생각에 주에 한 시간은 회의 시간으로 보장해야 한다고 생각합니다.) 교육과정에 여유가 없다고 포기할 수 없는 게, 어떻게든 시간을 만들어서 해야 하는 게 회의라 생각합니다. 왜냐하면 생각이 다른 동무들과 지내며 생기는 여러 문제를 확인하고서 함께 풀어내야 하기 때문입니다. 그래야만 진정한 공동체라 할 수 있습니다.

　이런 생각에 학급에서 어린이 회의를 합니다. 그런데 여느 학교나 학급 어린이 회의는 그 절차가 비슷합니다. 대부분 '개회사-국민의 례-전교 어린이 회의 결과 발표-이번 주 생활 반성-다음 주 생활 계획-각부 반성과 계획-건의 사항-기타 토의-선생님 말씀-교가 제창-폐회사' 차례로 합니다. 그런데 이 차례를 꼭 지켜야 할까요? '이번 주 생활 반성'과 '다음 주 생활 계획'을 꼭 해야 하나요? 40분 이라는 짧은 시간에 이렇게 많은 것을 하려니 시간이 턱없이 모자 랍니다. 그러니 실제 우리 교실 이야기는 나눌 시간이 없습니다. 말 뿐인 학급(!) 어린이 회의가 되는 모습입니다.

　진행에서도 요식 행위로 넘어가는 경우가 많습니다. 학교에서 정 한 지난주 목표와 실천 계획을 제대로 알고 있는 학생이 없습니다. 그러니 과정에 대한 평가가 없이 '잘했다'와 '못했다'로 정하고 맙 니다.

아울러 각 부 계획도 학급 모둠과 다른 경우가 많습니다. 학교의 각 부에는 생활부, 미화부, 체육부 등 대여섯 개의 부서가 아직도 그대로 있는 곳이 많습니다. 요즘 많은 교실에서는 넷에서 여섯 학생을 한 모둠으로 꾸립니다. 모둠에서 하는 일도 선생님의 교육철학에 따라 많이 다릅니다. 그러니 교실에서의 모둠과 어린이 회의 부서가 달라서 혼선을 가져올 수밖에 없습니다.

그래서 기존 차례를 잊고 우리 반 처지에 맞는 차례로 해야 합니다. 우리 교실의 모둠에 맞고, 운영할 수 있는 시간을 고려하며, 우리 반 이야기를 나눌 수 있는 우리 반만의 절차가 필요합니다. 반마다 회의 절차와 내용이 달라야 합니다.

- 여는 말
- (한 주 동안) 우리 반에 좋았던 점, 아쉬웠던 점, 바라는 점
- 더 이야기 나누기
- (모둠 반성과 계획-암행어사 발표)
- 선생님 말씀
- 닫는 말

아래는 우리 반, 참사랑땀 반 차례입니다.

"지금부터 ○회 참사랑땀 반 회의를 시작하겠습니다." 하는 회장 말로 시작합니다. 이어 '한 주 동안 우리 반을 돌아보는 시간'을 갖습니다. 이 시간이 회의의 거의 모두입니다. 40분, 1시간 회의하는 데도 시간이 모자랄 때가 많습니다.

'한 주 동안 지내며 우리 반을 돌아보는 시간'은 두 단계입니다. 처음은 마음껏 드러내기이며, 이어서 나온 의견 가운데 세 개는 깊

이 이야기 나누기입니다.

먼저, 마음껏 드러내기입니다. 회장이 "이번 한 주 동안 우리 반에서 좋았던 점, 아쉬웠던 점, 그리고 우리 반에 바라는 점을 말씀해 주시기 바랍니다."라고 합니다. 40분 회의한다면, 드러내기 시간으로 10분에서 20분 정도가 걸립니다. 자기 생각을 마음껏 드러내어 말할 수 있다면 이 시간이 참 알찹니다. 어쩌면 학급 분위기를 가늠하는 잣대가 될 수도 있지 싶습니다. 자기 하고 싶은 말을 선생님이나 친구들 눈치 살피지 않고 당당하게 말할 수 있는 분위기, 친구 의견이 조금 어설프지만 비웃거나 핀잔하지 않는 분위기, 아이들 말을 담임선생님이 소중하게 듣는 분위기가 바탕으로 살아야 하겠습니다. 이런 분위기가 제대로 설 때 여러 의견이 자유롭게 나오고 좀 더 깊은 이야기도 나눌 수 있습니다.

이 시간이면 우리 반 학생들이 가끔 하는 말이 있습니다. "선생님, 연구실 가서 커피 한잔 드시고 오세요." 그럼 자리를 잠시 비웁니다. 그 사이 칠판 가득 의견을 채웁니다. 이렇게 자기 생각을 마음껏 드러내는 분위기일 때, 주마다 보통 스물에서 많게는 쉰 개 가까운 이야기가 나옵니다. 급식이 맛있다는 사소한 것에서부터 우리 반에서 생긴 갈등도 이야기 나오고, 학급이나 학교에 건의할 내용도 모두 나옵니다.

다음은 더 이야기 나누기입니다. 자기들이 낸 의견을 우리 스스로 해결하는 시간입니다. 아이들은 학급 어린이 회의, 전교 어린이 회의 같은 시간에 자기들이 하고 싶은 말을 해 보지만 그게 제대로 받아들여지는 경험이 거의 없습니다. 담임선생님이 하는 말, 학교에서 내려온 말이 아이들 의견을 지배해 버리고 맙니다.

학생들은 자기들 의견이 소중하게 받아들여지고 그것으로 결정되는 값진 경험이 필요합니다. 그래서 학생들이 낸 의견을 하나하나 소중하게 여기는 모습을 보여야 합니다. 모든 의견을 다 이야기 나누면 좋겠지만, 그러기에는 시간이 모자랍니다. 그래서 마음껏 드러내기에서 나온 의견 중 세 가지는 좀 더 깊이 있게 이야기 나눕니다. 세 가지는 담임, 임원, 학생이 하나씩 정합니다. 나온 의견에서 정할 때 보통은 아쉬웠거나 바라는 것에서 정합니다. 이렇게 정한 셋으로 이야기를 나누며 어떤 이야기는 새로운 약속이 되고, 어떤 것은 함께 고민하는 시간이 됩니다. 그래서 이 시간이 어린이 회의에서 아주 많은 시간을 차지합니다. 보통 20분 남짓을 쓰고, 어떤 때는 쉬는 시간까지도 이어서 하고는 합니다. 그러면서도 불평이 잘 나오지 않습니다. 자기들 문제를 푸는 시간이니 그렇습니다.

학기 초부터 이 시간에 의견이 활발하게 나오지는 않습니다. 아이들에게 자기들 시간이니 마음껏 의견을 내도 된다고 말하지만 쉽게 그러지 못합니다. 왜 그럴까요? 그건 그런 경험이 없었기 때문입니다. 해 본 경험이 없으니 처음에는 말하는 아이만 말하거나 아주 조용하게도 두리번거리기만 합니다. 빨리 끝나길 바라는 표정입니다. 그렇다고 여기에서 포기한다면 우리 아이들에게 '회의'라는 정말 큰 것을 주지 못합니다. 기다려야 합니다. 시간을 두고 말이 나올 때까지 묵묵하게 기다려야 합니다. 그렇게 한두 달이 지나면 '이야기해도 되는구나.' 하는 생각을 가지며 조금씩 참가하는 학생들이 생깁니다.

학급 어린이 회의 진행

*학급 어린이 회의 진행 방법 안내합니다. 참고하시고, 교실에서 적절하게 운영하시길 바랍니다.

여는 말

"지금부터 ○○반 학급 어린이 회의(학급 특색에 맞게 이름-'다모임' 따위)를 시작하겠습니다."

우리 반 돌아보기: 좋은 점, 아쉬운 점, 바라는 점

1. 의견 받기

"지난 한 주 동안 우리 반에서 좋은 점과 아쉬운 점을 말씀해 주시거나 학급이나 학교에 바라는 점을 말씀해 주시기 바랍니다."

(준비할 시간을 줘도 좋다. "그럼 발표 준비 시간을 1분 드리겠습니다.")

"그럼 손을 들고 말씀해 주시기 바랍니다."

- 좋은 점, 아쉬운 점, 바라는 점을 자유롭게 말할 수 있다. 서기는 칠판에 좋은 점, 아쉬운 점, 바라는 점을 세 개 영역으로 나눠 구분해서 쓴다.

좋은 점	아쉬운 점	바라는 점

- 학생이 처음 발표할 때는 다른 친구들이 질문이나 반론을 하지 않는다. 학생들 의견만 받아서 칠판에 다 쓴다.

2. 이야기 나누기

"더 이상 의견 없습니까? 그럼 지금까지 나온 것을 바탕으로 더 이야기 나누겠습니다."

- 의견으로 나온 것에서 더 이야기 나눌 것을 정한다. 담임, 임원, 학생으로 세 가지를 정한다.(좋은 점은 언급하며 칭찬만 하고, 더 이상 이야기를 나누지 않아도 좋다.)

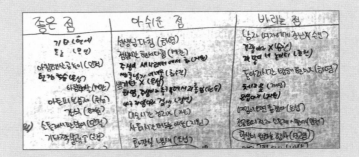

- 나온 세 가지에서 하나씩 더 살핀다.

"첫 번째 이야기는, 우리 반이 위험한 장난을 많이 친다는 것으로 하겠습니다. ○○ 어린이는 그 이야기를 조금 더 자세하게 해 주세요."(설명이 필요한 경우, 발표했던 학생이 설명한다.)

"그럼 ○○ 어린이가 말한 '위험한 장난'에 덧붙일 말씀이 있는 어린이는 말해 주기 바랍니다."(의견을 주고받는다.)

"그럼 위험한 장난을 하지 않게 하려면, 어떻게 하는 것이 필요할까요?" (함께 이야기 나누며 위험한 장난을 하지 않는 약속을 정하거나 마음을 모은다.)

- 이렇게 정한 세 가지로 의견을 나눈다.(학교에서 할 수 있는 것은 전교 어린이 회의 의견을 낸다. 지난 회의에서 전교 어린이 회의에 내었던 의견은 어떻게 되었는지 발표한다.)

3. 나눈 이야기 정리하며 발표하기

"그럼 오늘 우리가 나눈 이야기를 다시 한 번 말씀드리겠습니다. ……"

선생님 말씀

"다음은 선생님 말씀이 있겠습니다."
나온 의견에서 할 수 있는 것을 이야기한다.

닫는 말

"이것으로 ○○반 학급 어린이 회의를 마치겠습니다."

36

회의록

제5회 참사랑땀 회의(5-3)

2014년 5월 16일 금요일

■좋은 점

1. 은섭 영근 신화 3탄 예고편이 좋았다.

2. 수진 1대1 토론이 좋았다.

3. 현수 서평 쓰기가 좋았다.

4. 준엽 스승의 날 전담 선생님께 편지를 써 좋았다.

(스승의 날을 맞아 전담 선생님들께 도화지에 편지를 꾸며 드렸다. 두 명이 같이하면서, 모든 전담 선생님들께 드리기 위해 적절하게 나눴다.)

5. 수인 영근 샘이 노래를 불러 줘 좋았다.

(학생들이 미술 작품을 만들거나, 사회 생각 그물 할 때 노래를 가끔 불러 주고는 한다.)

6. 영근 샘 일기를 많이 써서 좋다.

(요즘 일기를 쓰는 학생들 수가 부쩍 늘었다.)

■아쉬운 점

1. 호찬 모둠이 끝나는 주여서 아쉽다.

(우리 반 모둠은 일곱 모둠으로 무작위로 정하는데 그 마지막 주다.)

2. 아띠에 참여 못 해서 아쉽다.

(회의하는 날이 모자 아띠인데 많은 학생들이 챙기지 못했다. 월요일 다시 하기로 했다.)

3. 영근 샘 주말 과제를 다른 과제보다 적게 하는 것 같다.

4. 영근 샘께 편지를 못 써 아쉽다.

(스승의 날에 선물과 편지 아무것도 받지 않았더니 하는 말이다. 미안하다고 했다.)

■바라는 점

1. 수인 나들이를 많이 가자.

2. 은섭 1인 1역을 하면 좋겠다.

3. 호찬 선생님이 책을 더 많이 읽어 주면 좋겠다.

→ **영근 샘** 이번 주에 읽어 주지 않았니? **아이들** 아뇨. **영근 샘** 미안합니
    다.

4. **민철** 학교에서 휴대 전화를 끄자.

5. **은섭** 개똥이네 놀이터 읽어 주기.

6. **혜원** 커터 칼을 사용하지 말자.

7. **은섭** 영근 샘 편지를 우리에게도 주면 좋겠다.

(주마다 학부모에게 쓰는 편지를 써 달란다. "저기에 있잖아." 하며 칠판에
있는 영근 샘 편지를 손으로 가리켰다.)

8. **호찬** 1대1 토론을 또 하자.

9. **은섭** 급식 검사하는 사람이 있으면 좋겠다.

(급식 검사하는 사람이 필요하냐는 물음에, 급식을 다 먹지 않으면 한 주 동
안 가장 마지막에 받는 약속이 있으니 그럴 필요가 없단다.)

10. **민철** 일주일에 일기를 다섯 번 이상 쓰자.

→ **영근 샘** 일기는 날마다 쓰는 겁니다. 물론 못 쓸 수는 있습니다. 횟수를
        정하지는 않겠습니다.

■ 이야기 나눌 주제 정하기

• **영근 샘 추천** 커터 칼 사용하지 말자.

• **임원 추천** 주말 과제를 다른 과제보다 적게 하는 것 같다.

• **학생 추천** 일기 쓰기.

■ 이야기 나누기

"커터 칼 사용하지 말자"로 이야기 나눈다.

• **혜원** 커터 칼을 다른 사람에게 휘두르는 동작을 한다. 물론 칼을 빼지는
        않지만.

• **민철** 선생님께 하루 전에 말씀드리고 가져오자.(9명)

• **은섭** 커터 칼 가져오지 말자. 꼭 필요하면 선생님에게 빌리자.(10명)

"주말 과제를 다른 과제보다 적게 하는 것 같다"로 이야기 나눈다.
- **영근 샘** 주말 과제는 다른 과제와 달리 자연이나 부모님과 함께 보내는 과제로, 하지 않아도 되지만 하면 뜻 깊은 시간을 보낼 수 있다.
- **은섭** 주말 과제 정하는 모둠을 두자.(행복 모둠에서 정하기로 함.)

"일기 쓰기"로 이야기 나눴다. 일기를 잘 쓰고 있는 몇몇이 자기가 쓰는 이야기를 들려줬다.
- **소희** 한 부분을 자세하게 쓴다.
- **혜원** 버릇이 되어 저절로 쓴다.
- **호찬** 하루를 생각하고서 쓴다.
- **재영** 버릇이 되었다.
- **주성** 버릇이 되었다.

■ 또래 중재 모둠 발표
  체육 시간에 민철이가 장난으로 툭툭 쳤는데 정연이가 다르게 생각하여 욕했다고 하고, 정연이는 민철이가 욕했다고 했다. 또래 중재 모둠이 풀었다.

- **영근 샘** 모둠은 다음 주에 새로 시작한다. 1인 1역은 지난번 토론 논제 정할 때 학생들 의견이 바꾸지 말고 지금처럼 지내자고 했다. 다음 주에는 책을 꼭 읽어 주겠다.

어린이 회의에 더 보탤 수 있는 내용을 소개합니다.

모둠 반성과 계획

우리 반 학급 어린이 회의는 금요일 오후에 한 시간으로 하고 있습니다. 회장의 개회사로 바로 회의로 들어갑니다. 더 많은 이야기를 조금이라도 더 하기 위한 노력입니다.

먼저, 모둠 반성과 계획을 발표합니다. 이번 주 모둠에서 지낸 모습을 돌아보고, 다음 주 우리 모둠에서 할 일을 정해 발표하는 시간입니다. 사실 이 시간에는 발표만 합니다. 회의가 있는 금요일 아침에 이야기를 다 나눴거든요. 회의 시간에는 그 내용을 돌아가며 발표만 합니다.

우리 반 모둠

우리 반은 네 사람이 한 모둠을 꾸립니다. 모둠이 맡아서 하는 일은 해마다 학생들과 함께 정합니다. 2012학년도에는 '글줄책' 모둠, 그림책 모둠, 과학 모둠, 교실 청소 모둠, 환경 모둠, 동아리 모둠, 나들이 모둠, 칭찬 모둠이 있었습니다. 학년 초에 정했지만, 지내 보다 학생들 의견으로 바꾸기도 합니다. 3월 한 달은 번호 차례로 앉으니 모둠이 없습니다. 4, 5월과 6, 7월 이렇게 한 학기에 두 번 정도 모둠이 바뀝니다.

모둠끼리 하는 활동이 더러 있습니다. 사회 주제 발표와 실과 모둠 과제, 국어 시간에 하는 모둠 면담 발표 들입니다. 교과 이외에도 음식 만들기, 연극 놀이, 나들이도 모둠으로 하는 활동이 많습니다. 그러니 모둠이 학급살이에서 참 중요합니다. 모둠은 한 번은 담임인 제가 임의로, 한 번은 무작위로 정합니다.

모둠에서 자기가 맡은 것들을 제대로 했는지 돌아보며 다음 한 주 무엇을 할지 돌아보는 것이 필요합니다. 그런 시간을 갖기에 모둠이 맡은 일, 모둠원끼리 어떻게 살지 이야기 나눕니다. 사람이 사는데 이야기 나누는 것이 참 필요합니다. 서로에 대한 아쉬움과 바람도 이야기 나눌 수 있도록 합니다.

암행어사

어린이 회의 시간에 학생들이 기다리는 즐거움이 있습니다. 그게 바로 '암행어사'입니다. 암행어사는 주에 한 사람씩 돌아가며 몰래 친구들이 사는 모습을 살핍니다. 친구들이 하는 잘잘못을 찾아내는데, 되도록 잘못보다는 잘한 것을 많이 찾으라고 말합니다. 그러니 학생들이 암행어사를 참 하고 싶어 합니다. 가끔 마치고서 인사를 할 때 안기며, "선생님, 저 암행어사요, 네?" 하며 조르는 아이도 있습니다. 또 학급 누리집 쪽지나 손전화 문자로 암행어사로 뽑아 달라고 부탁하는 아이도 있습니다. 그렇게 해 보고 싶어 하는 활동입니다.

암행어사는 학급 어린이 회의 시간에 자기가 살핀 모습을 친구들 앞에서 발표합니다. 암행어사로 활동한 학생이 그냥 발표하지 않고 반 친구들이 암행어사가 누구인지 찾는데, 그 모습이 재미있습니다. 회장이, "자, 지금부터 누가 암행어사인지 모둠에서는 발표해 주시기 바랍니다. 발표는 이끔이가 하겠습니다." 합니다. 그러면 모둠에서는 자기들이 추측한 암행어사일 것 같은 학생을 한 명씩 지명합니다. 왜 그렇게 생각하는지도 덧붙여서 말해야 합니다. 이렇게 지명받은 학생은 자리에서 일어나야 합니다. 암행어사 아닌 학생들이 어리둥절해하며 일어나는 모습, 아니면서도 그런 척하면서 일어나는 모습이 모두 재밌습니다.

모든 모둠에서 예상 암행어사 발표가 끝이 납니다. 암행어사로 생각한 아이들은 모두 자기 자리에서 일어서 있습니다. 이러니 암행어사였던 아이는 활동할 때도, 발표하는 순간에도 가슴 떨릴 수밖에 없습니다. "그럼 이 가운데 암행어사가 있는지 알아보겠습니다. 먼저, ○○부터 시작하겠습니다." 그러면 반 아이들은 서 있는 아이들 하나하나를 손가락으로 가리키며 크게 외칩니다. "너 암행어사지?" 만일 일어선 아이가 암행어사라면 들킨 게 되고, 찾은 모둠에는 손뼉으로 칭찬을 합니다. 들킨 암행어사는 벌칙이 있습니다. 다름 아니라 한 주 동안 자기가 살핀 기록을 발표할 수 없습니다. 그 내용은 친구들 앞에서 말하지 못하고, 학급 누리집에 글로만 쓸 수 있습니다.

그런데 대부분 제대로 찾지 못합니다. 사실 누가 암행어사인지 알고 있더라도 모르는 척해 주기도 합니다. 몰라야 재미있기 때문입니다. 모둠에서 암행어사를 찾지 못했다면, 모두가 함께 크게 세 번 외칩니다. "암행어사 출두요. 암행어사 출두요. 암행어사 출두요." 그러면 그때 암행어사는 앞으로 나옵니다. 자기들이 생각하지도 못한 친

구, 친한데 암행어사임을 감쪽같이 속인 친구이기에, 나올 때면 교실이 술렁거립니다. 그러면 손가락을 내밀며 당황스러워하면서 웃습니다. 그러니 모두가 암행어사를 하고 싶어 합니다.

암행어사를 할 때 주의할 점은, 암행어사를 잘하지 못했다고 여긴 친구들에게 벌칙을 주기도 했는데, 이는 좋은 방법이 아니라는 것입니다. 암행어사가 잘했다고 판단한 친구들은 세워서 손뼉으로 칭찬합니다. 암행어사가 잘못했다고 벌을 주면 아이들이 암행어사를 기다리는 시간이 될 수 없습니다.

암행어사 일지　　　　　　　　　　　　　　 아이들 일기

　2010년 6월 7일 월요일
　4교시 과학 시간　모두 다 일어서서 실험에 열심히 참여하는 모습이 보기 좋았습니다.

　2010년 6월 8일 화요일
　1교시 영어 시간　영어 선생님이 영화를 틀어 놓고 말하기 시험을 보러 나갔을 때, 친구들이 장난치는 모습이 보기 안 좋았습니다.
　2교시 쉬는 시간　1반 여학생이 화장실에 두고 간 손전화를 유진이가 찾아 주었습니다.

　2010년 6월 9일 수요일
　2교시 체육 시간　복도에 앉아서 떠들고 장난치는 모습이 보기에 안 좋았습니다.
　5교시 국어 시간　수요일인데 5교시 수업을 해서 짜증만 낼 것 같았는데 수업에 적극 참여하는 모습이 보기 좋았습니다.

이혜원

영근 샘 두 표?

 영근 샘 일기

회의 문화가 제법 자리매김한 것 같아, 재미를 줘 본다.

"네. 이영근 선생님 말씀하세요."

"저는 어른이고 얼굴도 잘생겼으니, 손 한 번에 다섯 사람으로 해 주면 좋겠습니다."

"에이, 그건 너무 많아요."

아이들이 난리다. 하하.

"왜? 난 선생이고 잘생겼잖아."

"두 표면 몰라도." 하는 소리에, "맞아." 하는 말이 들린다. 그 말을 놓치지 않는다.

"그럼 두 표로 할까?"

"네." 하는데, 민주가 나에게 말한다.

"아뇨. 두 표도 안 돼요. 그럼 지방선거 때 잘생긴 사람은 두 표 줘야 하잖아요."

맞는 말이다. 어쩜 바라던 말이다. 그런데 이 말을 모두 듣지는 못했다. 그냥 여러 아이들 말과 함께 했으니. 그래도 들은 몇은, "맞아요." 했지만.

"회장님, 저는 손을 들고서 숫자로 확인했으면 합니다."

"네. 그러면 영근 샘에게 두 표를 줘야 한다는 사람은 손을 들어 주시기 바랍니다."

몇몇 사람이 머뭇거리더니 든다. 여섯이다.

"그럼 영근 샘에게 두 표가 아닌 한 표만 줘야 한다는 사람은 손을 들어 주시기 바랍니다."

스물이 넘는다.

"하하하." 다 웃는다. 나도 웃는다.

"그럼 영근 샘에게도 한 표만 하도록 하겠습니다."

바라던 바다. 선생이나 학생이나 회의에서는 똑같아야 한다.

"모두가 다 발표하기에는 부담이 될 수도 있습니다."

"회의에 모두 참가하면 좋겠습니다." 하며 승찬이가 이번 주 아쉬운 점으로 말했다. 이 내용으로 이야기 나눴다.

- 주성 발표를 많이 하는 학생은 발표 총량제를 지키자.
- 승찬 글똥누기에 미리 써서 준비하면 좋겠다.
  → 다른 학생 맞아. 1학기에 가끔 그렇게 했잖아.
- 은섭 발표 잘하지 않는 학생이 발표하면 선생님이 '오늘의 사랑이'로 칭찬했으면 한다.
- 민철 주말 이야기 때처럼 체크 표시를 했으면 좋겠다.
- 바다 모두가 다 발표하기에는 부담이 될 수도 있다.
- 은섭 첫째, 셋째 주에는 모두가 다 참여하고, 둘째, 넷째 주에는 자유롭게 참여하면 좋겠다.
- 주상 발표한 수로 순위를 매기면 좋겠다.
  → 다른 학생 순위는 좀……

이렇게 나온 의견으로 회장이 회의를 이끈다.

"그럼 지금까지 나온 의견에서 하나를 정하도록 하겠습니다. 한 번씩만 손을 들어 주시기 바랍니다. 먼저, 첫째, 셋째 주에는 모두가 다 참여하고, 둘째, 넷째 주에는 자유롭게 참여하면 좋겠다는 분은 손을 들어 주시기 바랍니다."

한 명이 손을 든다. 이렇게 학생들 손을 들었더니 '글똥누기에 미리 쓰고 발표하기'가 여덟이고, '체크 표시를 하자'가 열일곱이다. 나는 '오늘의 사랑이로 칭찬했으면 좋겠다'에 손을 들었다. '순위 정하기'에는 아무도 없다. 바다가 낸 의견(부담)은 해결 방법이 아니라고 생각했는지 빠졌다.

"그럼 앞으로 회의 때는 체크 표시를 할 수 있는 종이를 준비해서 발표한 사람은 표시를 하도록 하겠습니다."

다른 이야기까지 마치며, 내가 닫는 말을 할 차례다. 이 이야기를 한다.

"네. 토론이나 회의에 모두가 참여해 함께 만들어 가는 학급이었으면 하는 바람이 있어요. 오늘 여기에 의견이 일곱 개 나왔는데, 체크 표시는 내가 종이를 회장단에게 주면 쉽게 할 수 있을 건데, 나는 바다가 낸 의견도 우리가 잘 생각해 봐야 할 것 같아요. 물론 나는 모두가 회의에 다 참여하길 바라지만, 그게 회의 때마다 꼭 그래야 한다면 참 부담일 것 같아요. 사람마다 다르잖아요. 발표를 좋아하는 사람도 있고, 한번 발표하려면 정말 큰 용기를 내야 할 수도 있고. 무엇보다 할 말이 없을 때도 많잖아요. 그래서 은섭이가 낸 의견도 좋은 것 같아요. 달에 한두 번은 모두가 다 말했으면 하는 것도요. 그리고 발표 총량제는 1학기에 정한 약속이잖아요. 의견을 몇 번까지만 내는 걸로 했죠?(여섯 번이요. 좋은 점, 바라는 점, 아쉬운 점에 둘씩이요.) '오늘의 사랑이'가 있는데 그건 내가 그냥 하면 되는 거겠죠?(네.) 그리고 미리 발표 준비를 하자는 의견에도 많은 동의가 있었는데 회장단이 회의 시작 전에 1분, 아니 30초 정도만 줘도 될 것 같아요.(회장단이 끄덕인다.) 그리고 주상이가 낸 순위표에 0표도 참 뜻깊은 것 같아요. 주상이가 의견을 냈지만 다시 생각하니 그건 아니었다고 생각했나 봐요. 그러니 주상이도 다른 의견에 손을 들었죠. 이렇게 내 생각보다 더 나은 생각을 받아들이는 것도 참 좋아요. 이런 여러분 모습이 참 감동이었어요. 우리 교실은 함께 만들어 가는 교실이니, 주에 한 번 하는 회의에 더 많이 의견을 내어서 함께하면 좋겠어요."

모두 손뼉으로 회의를 닫았다.

회의 시간에 발표를 무척 많이 하는 학생이 있습니다. 그래서 학생들은 '발표 총량제'를 만들었습니다. 좋았던 것, 아쉬운 것, 바라는 것을 두 번씩만 말할 수 있습니다. 어느 교실이든 발표를 더 많이 하도록 애쓰지, 발표가 너무 많아 그 수에 제한을 두는 경우는 드뭅니다. 회의를 자주 하면서 다들 열심히 참가하여 발표 총량제까지 생겼습니다. 발표 횟수를 헤아리던 회장이, "○○는 발표 횟수를 다 썼습니다. 죄송합니다." 하면 더 이상 발표할 수 없습니다. 그 모습이 재미있는지 아이들은 소리 내어 웃습니다. 발표하려던 아이도 같이 웃습니다. "무슨 내용인데? 내가 대신 해 줄게." 하며 그 발표를 듣고서 대신 말해 주기도 합니다. 담임인 저에게도 "영근 샘은 바라는 점과 아쉬운 점은 모두 마쳤고, 바라는 점만 한 번 더 할 수 있습니다." 하며 발표 총량제를 그대로 적용합니다.

토의로 여는 학부모 총회

3월 중순이면 거의 대부분의 학교에서 학부모 총회가 열립니다. 이날은 담임선생님과 학부모가 처음으로 만나는 참 소중한 시간입니다. 담임과 학부모는 나눌 이야기가 참 많습니다. 아이 이야기, 교육 이야기, 함께 만들 교실 이야기를 나누고 싶어 합니다.

그런데 3월 학부모 총회는 그 몫을 제대로 하지 못합니다. 왜냐하면 학교에서 행사로 진행하는 시간이 너무 깁니다. 학교 소개, 교장선생님 인사, 학교 교육과정 안내 등으로 보통 1시간 넘게 시간이 걸립니다. 고학년 수업 시간이 적은 수요일 오후에 많이 하는데, 2시에 시작한 만남이지만 3시가 지나도 학교 행사는 끝나질 않습니다. 그 1시간 넘는 시간 동안 끝나기만을 기다리며 학부모와 마주 앉아 자리를 지키는 게 부담스럽기도 합니다. 그래서 많은 선생님들은 그 자리를 피해 주기까지 합니다.

힘든 건 선생님들만이 아닙니다. 학부모도 힘든 건 마찬가지입니다. 넓은 교실에 몇 되지도 않은 사람 탓에 아직 날씨도 싸늘합니다. 낮은 의자에 앉아 텔레비전으로 오랜 시간 보고 있으니 몸도 마음도 불편합니다. 일방으로 하는 이야기를 보고 있으니 더 그렇습니다. 선생님도 학부모도 이 행사가 빨리 끝나기만을 기다립니다. 조금이라도 학부모들에게 이야기하고 싶고, 듣고 싶은 마음입니다. 학부모도 처음 만나는 선생님 말씀을 듣고 싶고 우리 아이 이야기를 하고 싶은 마음으로 초조하게 기다립니다.

그렇게 기다림 끝에 학급에서 담임과 학부모 만남의 시간이 시작됩니다. 그런데 그때 교실 스피커로 "선생님들, 학급에서 뽑으신 학부모 대표들은 ○○교실, ○○교실로 보내 주시기 바랍니다." 합니다. 학교에 필요한 여러 학부모 단체 조직을 해 달라는 겁니다. 이 시간이 정말 싫습니다. 담임, 학부모 모두 눈치만 보고 있습니다. 다행스럽게 고학년은 담임의 처지를 봐서, 저학년은 아이가 아직 어리니 도움이 될까 하는 마음으로 나서 줍니다. 사실 이런 단체에 일할 사람이 필요한 것은 사실입니다. 또한, 학부모 총회 때 뽑으니 이 시간이 싫어 오지 않는 학부모도 많이 있는 것이 사실입니다. 참 풀리지 않는 과제입니다.

이런 절차를 거치고서 이제야 담임과 학부모가 이야기 나눌 수 있는 시간이 주어집니다. 보통 30분에서 길어도 1시간을 넘기 어렵습니다. 마음이 바쁩니다. 이전까지는 프레젠테이션 자료를 알차게 준비해 담임 소개와 학급 경영 계획을 말했습니다. 그러니 혼자서 강의하는 형식이 되고 맙니다. 짧게 해야지 마음먹었지만 자연히 시간이 길어져 우리에게 주어진 시간을 다 써 버리기 일쑤입니다. 그러니 학부모 이야기를 들을 수 없었습니다.

그래서 형식을 바꿨습니다. 담임이 말하는 시간을 줄이고 학부모가 이야기하는 시간을 늘렸습니다. 물론 학부모들 말하기에 앞서 담임 소개와 학급 경영 계획을 설명하는 것은 당연히 먼저 있습니다.

정말이지 기본만 말씀을 드립니다. 교육목표, 우리 반 학급 경영관, 빛깔 있는 활동 같은 것을 10분 안팎으로 소개하는 정도입니다.

그러고서 학부모 이야기 듣는 시간을 갖습니다. 학기 초라 학부모도 담임에게 해 줄 이야기가 많지 않은 것이 사실입니다. 그래서 말을 이끌어 낼 필요가 있습니다. 그럼 자리 배치부터 살피는 게 좋겠습니다.

부모들이 교실에 들어오면 내 아이 자리가 어디인지 궁금한 게 당연합니다. 그러니 이곳저곳 두리번거립니다. 그래서 준비하는 게 있습니다. 가장 쉽게 할 수 있는 게 A4 종이를 세 번 접어서 세우는 명패입니다. 명패의 한 면에는 이름을 쓰고, 다른 한 면에는 꿈이나 삼행시 같은 것으로 채웁니다. 이렇게 쓴 것을 아이 책상에 세우고 아래에 테이프로 고정합니다. 이 방법은 학년 초에 아이들 이름을 모를 때도 좋기에, 많은 선생님들이 학년 초에 쓰기도 합니다.

명패보다 제가 더 자주 쓰는 게 있습니다. 방법은 이렇습니다. A4 종이를 주고서 긴 면을 두 번 접습니다. 그럼 네 면이 나오는데, 이 네 면에 아이가 쓴 글(일기 같은)과 좋은 시 한 편, 그리고 부모님께 쓰는 편지, 그리고 나머지 한 면은 마음껏 꾸미게 합니다. 편지를 다양한 내용으로 채운 셈입니다. 그러고서 접은 뒤 책상 위에 둡니다. 책상 위에 놓인 것을 학부모가 찾을 수 있도록 이름을 쓰고 꾸며 둡니다. 학부모가 오면 이것을 보며 아이 자리에 앉아 기다립니다. 그러면서 아이 자리 책상 정리도 합니다.

학교에서 진행하는 행사를 마치면, 학부모들과 만나는 시간입니다. 보통 30분에서 1시간 정도 시간이 있습니다. 이 시간을 어떻게

학부모님, 만나서 반갑습니다.

안녕하세요. 담임 이영근입니다.
학부모 총회에 함께해 주셔서 고맙습니다.

우리 반 소개
- 참사랑땀 ○○기 – 참 · 사랑 · 땀으로 참 삶을 가꾸는 어린이
- 담임 소개 – 아이들을 사랑하고 아이들이 사랑하는 선생을 꿈꾸는 영근 샘
- 초등 ○학년 특징
- 우리 반 어린이 구성(남 ○○명, 여 ○○명)

참사랑땀 반 학급살이
① 참: 교실에 있어야 할 것은 있게 하고, 없어야 할 것은 없게 한다.
② 사랑: 나를 사랑하고, 둘레 자연과 다른 사람을 사랑한다.
③ 땀: 땀 흘리며 즐겁게 일한다.

배움
① 복습장(삶)　　　　　② 배움짝
③ 토론　　　　　　　　④ 글쓰기

삶
① 우리 말과 글　　　　② 노래와 기타
③ 모둠　　　　　　　　④ 자연 체험

이것은 알고 있으면 좋아요
① 학급 삶 시작 시각은 9시입니다.
② 우리 반은 학생들을 '사랑이'라 부릅니다.
③ 학급 누리집(홈페이지)에서 사는 모습을 볼 수 있습니다.

부탁드려요
① 담임 상담: 문자나 전화
② 학부모 만남(아버지 만남)

　　　학부모님과 함께 우리 사랑이들을 위해 걸어가겠습니다.

참사랑땀 ○○기는 학생, 학부모, 교사가 함께 만들어 갑니다.

참사랑땀 ○○기

하면 좋을까 고민하다가 담임이 10분 말하고, 나머지 시간은 학부모 말씀을 듣는 시간으로 갖습니다. 담임도 아이와 만난 지 시간이 짧아 아이에 대해 알고 싶은 마음에서 듣는 시간을 갖는 게 좋습니다. 담임인 저는 프레젠테이션으로 설명하니 관계없지만, 학부모 이야기를 들을 때는 책상 배치부터 신경을 써야 합니다. 내 아이 자리에 앉은 채 진행하기가 어렵습니다. 그래서 책상을 원형으로 만들어 앉습니다.

절차는 아래와 같습니다.

- 담임 인사(10분)
- 돌아가면서 자기소개(5분): 아이 이름과 사는 곳 그리고 학부모 이름
- 우리 아이 이야기(5분): 특징 한두 가지만.
- 담임에게 바란다(5분): 자세한 것보다 주제만 말한다.
- 마치는 말

한 사람이 이야기할 수 있는 시간도 어느 정도 정해 둡니다. 그 까닭은 자율로 맡기면 한 사람이 너무 긴 시간을 갖고서 이끌 수도 있기 때문입니다.(토의를 진행할 때 주의할 점입니다. 토의는 토론보다 자유로운 형식을 추구하지만 한 사람이 너무 긴 시간 동안 이야기를 주도할 수 있는 위험이 있기에, 모든 사람이 이야기를 할 수 있도록 진행자가 주의를 기울여야 합니다.) 그래서 한 사람이 이야기할 수 있는 시간에 제한을 둡니다. 보통 30초에서 1분 정도로 합니다. 그랬더니 짧은 시간이지만 모두가 이야기할 수 있었습니다.

이렇게 돌아가면서 말하도록 하니 처음에는 부담스러워합니다. 경

험이 없으니 그렇습니다. 그런데 자기소개를 하면서 금세 적응합니다. 내 아이 이야기를 할 때는 참 진지합니다. 그러다가 담임에게 바라는 것을 말할 때는 한결 여유 있는 모습을 보이는 게 보통 모습이었습니다.

이렇게 학부모들의 이야기를 들으며 가장 와 닿은 것은, 자식에 대한 깊은 사랑입니다. 지금 아이와 조금 마찰이 있고, 바빠서 제대로 돌보지 못하고, 이전 학년에서 아이가 많은 꾸지람을 들었다는 말에도 자식에 대한 미안함과 사랑이 느껴집니다. 내 아이가 이러면 좋겠다는 바람을 말할 때는 남의 집 아이 이야기인데도 내 아이 일처럼 맞장구를 함께 쳐 주며 격려합니다. 모든 아이를 내 아이처럼 여기는 부모 마음입니다.

또한, 짧은 내 아이 소개 한두 가지와 담임에게 하는 부탁은 담임인 나에게 큰 도움을 줍니다. 아이들을 제대로 파악하지 못하고 있던, 그래서 교실에서만 보이는 모습으로 아이를 보던 담임에게 참 좋은 거름 구실을 합니다. 학부모들도 듣기만 한 게 아니라 이야기에 함께 참여했기에 흐뭇해하는 것을 느낍니다.

우리 아이가 달라졌어요!

영근 샘 일기

　3월부터 참 말썽을 부리는 남학생이 보인다. 툭하면, "맞짱 깔래?" 하며 싸운다. 3월 초에만 작은 마찰과 싸움을 보태면 벌써 서너 번이 되니. '이 아이 왜 이러지?' 하며 걱정하다가 학부모 총회에서 어머니를 만났고, 학부모도 그 사실을 알고 있었다. "우리 아이가 5학년 때 싸움이 잦고 산만하다고 지적을 많이 받았는데, 사실 우리 아이 착한 아이거든요. 함께 어딜 바깥에 나가면, 불쌍한 사람을 보면 그냥 못 지나가는 아이예요." 하시는 어머니 눈에는 눈물이 살짝 보인다. 그 말씀을 들은 다음 날부터 아이의 행동이 바로 바뀌지는 않지만, 내 마음에 여유와 아이에 대한 관심이 생겼다. 그러며 아주 작은 것에도 "와, 역시 우리 ○○, 좋은걸. 마음이 참 착한 것 같아." 하며 친구들에게 조금 더 여유롭길 부탁했다. 이 아이는 2학기에는 거의 싸우는 모습을 보이지 않았다. 가끔 마찰은 있지만, 학년 초와는 완전히 달라졌다. 학년을 마칠 때, 아버지도 그런다. "올해 우리 ○○이가 정말 차분해진 것 같아요. 그것 하나만도 참 좋습니다."

2012년 3월 14일 학부모 총회

영근 샘 일기

　3시 25분부터 열한두 분이 둘러앉아 위의 얘기를 나눴다. 아이가 둘인 분들은 다른 아이 반도 가야 하니 돌아가며 자기소개 할 때 '우리 아이 이야기'와 '담임에게 바란다'를 미리 했다.

　참 여러 이야기가 나왔다. '느리니 기다려 줬으면 한다', '친구 관계가 좋았으면 한다', '기타를 가르쳐 주면 좋겠다', '운동을 참 좋아한다', '상처를 잘

받는다', '잘못을 해도 따로 불러서 얘기를 해 주면 좋겠다', '건강에 관심 바란다' 등.

　가장 많은 말은, '아이가 좋아한다', '믿고 따르겠다'는 의견이었다. 참 고맙다.

2013년 3월 19일 학부모 총회

오늘은 학부모 총회가 있는 날이다. 오전 수업을 앞당겨서 한다. 5분 쉬고 40분 수업으로 다섯 시간을 한다. 아침에 아이들이 쓴 글똥누기를 보면, 여섯 시간 수업에서 한 시간 줄어든 것이 좋다고 한다. 그러면서도 쉬는 시간이 5분이라는 것에는 아쉬움이 드러난다.

"그래. 좋은 게 있으면 좋지 않은 것도 있지."

요즘 쉬는 시간이면 우리 아이들은 공기놀이에 폭 빠져 있다. 그런데 5분이 턱없이 짧다. 지나고서 생각하니 '10분 놀고, 35분만 공부할걸.' 하는 미안함이 있다. 쉴 때 놀이로 마음을 다 풀어야지 공부가 더 잘되었을 터인데.

마지막 시간에는 오늘 오시는 어머니들을 배려한 활동을 한다.(종이를 나눈다. → 안쪽에 글똥누기에서 고른 글 하나 → 지난주 시를 담고 나머지는 자기가 꾸민다. 바깥에는 이름을 쓰고 꾸며 자기 자리에 둔다.)

그러고서 점심을 먹었다. 점심을 먹고서 헤어지니 오후 1시다. 일하시다가 점심시간에 들러 면담하기로 하신 ○○ 어머님과 20분 정도 상담을 한다. 상담이라지만 듣고만 있는 나다. 진단 평가 결과를 궁금해하시는데, 그건 내가 참고하기 위한 자료이기에 알려 드릴 수 없다고 양해를 구했다. 아주 짧은 만남이지만 이런 만남이 소중하다. 아이를 제대로 알아 가는 과정이니.(그러고 보니 오늘 학부모 총회 하는 중학생인 우리 아들에게 미안하구나.) 이어서 △△ 어머니와도 비슷하게 상담을 했고, 2시에 시작하는 총회에 먼저 오신 □□ 어머니와도 이야기를 나눴다.

2시를 지나 어머니들이 오신다. 대여섯 분이시다. 아이들이 써 둔 이름 종이에 앉으신다. 그러고서 이런저런 것에서 아이들 모습을 보신다.

학교 행사가 시작된다. 학교에서 안내하는 것을 방송으로 보신다. 아이 자리에 앉으신 학부모님들 참 심심하겠다. 내 자리에 앉은 나도 편치 않다. 그러니 이렇게 일기를 쓰고 있다. 잠도 온다.

"잠시만 계세요. 커피 좀 타 올게요."

그러고는 자리를 모둠으로 했다. 그렇지만 어색하고 낯설기는 마찬가지다.

학교장 인사 - 학교 현황과 할 일 안내 - 평가 혁신 - 학부모회 규정 안내 - 군포경찰서에서 안내(교통사고 사례를 다룬 동영상이 아프다. 그러니 모두 한마음으로 보신다. 우리 아이들 모두가 사고가 없이 안전하면 좋겠다.)로 이어진다.

학교에서 하는 방송 행사를 마치고, 학부모와의 만남이다. 3시가 넘었다. 학교에서 정한 학부모 대표 뽑는 시각이 4시이니 우리에게 주어진 시간은 그 사이다. 자리를 서로가 보이게 않는다.

"그럼 오늘 오신 분들 아이 이름만 먼저 들을게요."

양현서, 정수민, 이로, 임동현, 이수민, 권유민, 전광탁, 정재민, 정현진, 김은진, 박준환, 유승민.

"자, 그럼 우리 이야기 나누죠. 먼저 제가 우리 반 소개를 10분에서 15분 정도 드릴게요. 그러고서 어머님들 말씀 들을게요."

준비한 프레젠테이션으로 소개드렸다. 내 소개-우리 반 소개-우리 반 바탕(참, 사랑, 땀)-참사랑땀 활동-공부(국어: 토론, 수학: 배움짝, 사회: 발표와 생각 그물)-즐거운 활동(자연 체험, 시와 노래, 놀이)로 이어진다. 정확하지는 않지만 10분 조금 넘은 것 같다.

"자, 이제 어머님들 말씀 들을게요. 말씀 차례는 이래요. 먼저 '우리 아이 소개'를 해 주세요. 좋은 점과 아쉬운 점 어느 것이든 괜찮아요. 그러고서 '선생님에게 바란다'를 할게요."

"아, 그래요? 그거 부담스러운데요."

옆에서 나지막한 목소리로 말하시는 ○○ 어머니.

"하하. 괜찮아요. 그냥 편하게 말씀하세요. 차례는 준비되신 분부터 할게요." 그렇게 두 분이 말씀하시고서는 멈춘다.

"자, 그럼 이제부터는 이쪽에서부터 돌아가며 말할까요?"

그렇게 모두가 돌아가며 아이 이야기를 해 주신다. '자존감, 자신감, 친구, 마음 상처, 웃음, 양면, 토라짐, 놂, 말, 책, 자기표현 따위'로 많은 이야기가 나왔다. 나는 그걸 컴퓨터에 기록한다. 소중한 내 재산이기에.

"자, 그럼 이제 저에게 바라는 점을 말씀해 주실래요?" 하는데 벌써 대표 뽑을 시각이다. 그렇게 대표를 뽑는데, 늘 이 시간은 참 힘들다. 난 이 부분에서는 정말 재주가 없다. 시키지를 못한다. 다행스럽게도 두 분이 해 주시기로 하셨다. 회장은 박준환 어머니가 부회장은 김은진 어머니가 해 주시기로 하셨다. 그렇게 한두 분과 더 이야기를 나누고서 오늘 총회를 마쳤다.

작은 것에 고마워하시는 학부모님들

상담을 하며 많이 듣는 이야기가 있다.

"노래를 해 주신다고 좋아하네요."

이렇게 대답하고는 한다.

"고맙네요. 근데 곧 익숙해지면 걱정인걸요."

또 이런 말도 듣는다.

"자상하시다고 애가 그러니 기대가 커요."

그럴 때는 이런 대답을 한다.

"정말요? 근데 엄격할 때는 많이 엄격해요."

그리고 오늘 상담에서 들은 말.

"이름 넣어서 이름 불러 주기도 하고……."

"아, 그걸 말하던가요? 하하. 첫 주에 불러 줬는데……."

"마음도 깊으신 것 같아요."

"아이고, 그렇기는 아직 모자란걸요."

"지금껏 선생님들과 달리 홈페이지도 하고, 글도 써 주시고……."

"다른 선생님들도 학급 홈페이지 하세요. 하하. 글은 그냥 제 일기인걸요."

"사진도 보내 주시니 좋아요."

아침에 학교에 와서 교실에서 노는 아이들 모습을 파노라마로 사진 찍었다. 앞과 뒤에서 공기놀이하고, 동무랑 이야기 나누고, 글똥누기 쓰고, 청소하고. 이런 모습이 사진에 드러난다. 그 사진을 전화기에 등록되어 있는 어머니들께 단체로 묶어 메시지를 보낸다.

답장은 개별로. ㅎ -이곳은 답장 X. 지금 이 시각 우리 아이들 모습입니다. 다 달라 아름다운 모습입니다.

이렇게 써 보냈다. 답장을 하지 말라고 한 것은 한 사람이 답장을 하면 단체에 들어 있는 모든 분 전화기에 그 소식이 알려지기 때문이다. 바쁠 때 울리거나 소리 나는 게 불편함을 드리기 때문이다. 따로 문자 하나가 왔다.

한 번씩 보내 주시는 사진 넘 좋으네요. ○○○ 학부모

나도 기분이 좋다.

　지난주에는 메신저로 우리 반 아이가 아침에 꾸민 시를 보냈다. 임길택 선생님이 쓰신 〈우는 아이〉를 보냈다. 금요일이어서 한 주 마감하는데 참 좋은 시라는 느낌으로 보냈다. 물론 받으시는 느낌은 다 다를 것이다. 번거롭게 생각하시는 분도 계실 것이고, 좋게 받으시는 분도 계시겠지.
　또 임원 선거 때는 뽑힌 아이들에게 결과를 사진으로 보냈다.
　어제는 수업 시간에 광고를 잘한 ○○ 모습을 동영상으로 보내기도 했다.(근데 용량이 컸는지 볼 수가 없다고 연락이 오기는 했지만. 하하.) 사실 전체 문자도 여러 통 보냈다. 인사와 여러 부탁으로.
　이렇게 보내 드리는 까닭은 두 가지다. 하나는 우리 반 사는 모습, 내 아이가 사는 모습이 궁금하실 것이니. 또 하나는 개인 욕심으로 우리 반을 믿어 주셨으면 하는 바람에서다.
　사실 이런 욕심과 바람이 이런 문자나 사진으로 되는 게 아니다. 이건 그냥 윤활유일 뿐이다. 실제 내가 아이들과 어떻게 만나고 어떻게 사는가 하는 것이 더 중요하다는 사실은 잘 안다. 그렇지만 관심과 사랑은 표현하는 것이라 생각하며 이렇게 드러내는 것이다.

Tip 종이에 담는 학부모 생각

물론 학부모에게 학생 이야기를 듣는 것이 좋지만 그러지 못하는 경우도 있습니다. 말하기가 부담스러운 학부모도 있고, 총회의 앞 행사만 참가하고 담임과 이야기 나눌 시간이 없는 바쁜 학부모도 있습니다. 이런 학부모에게는 글에 담아낼 수 있도록 배려합니다.

처음 모였을 때, 토의로 여는 학부모 이야기 시간을 안내하며 미리 글로 써 두면 좋겠다고 안내합니다. 우리 아이 이야기와 담임에게 바라는 점과 하고픈 말 정도입니다. 종이 한 장이면 학부모 생각을 고스란히 담을 수 있습니다. 이야기 시간에 함께하거나 그러지 못하는 학부모 모두에게 아이 이야기를 담은 종이를 받으니, 담임은 이 종이만으로도 학생 지도에 참고할 수 있습니다.

스스로 지켜요

학기 초에 아이들과 함께 학급 규칙을 만듭니다. 이렇게 학급 규칙을 만들면 무엇보다 자기들이 정한 것이라 구속력이 큽니다. 학급 규칙에 대한 믿음이 있어 스스로 지키려고 합니다. 그리고 그것을 지키지 않았을 때는 그 규칙에서 정한 벌칙을 달게 받아들입니다.

3

학급 규칙 만들기

> 규칙: 여러 사람이 다 같이 지켜야 마땅한 것으로 정한 약속이나 법.
>
> 《보리국어사전》

우리 교실은 많은 사람(아이)들이 함께 사는 공간입니다. 이렇게 많은 아이들이 하나의 세상을 만들며 살아갑니다. 그러니 참 많은 일이 일어납니다. 칭찬받을 일도 많지만, 하지 말아야 할 행동이나 싸움 같은 문제 상황이 생기기도 합니다. 이럴 때 지금까지는 규칙 보다 담임선생님의 권위로 다스리는 교실이 많았습니다. 물론 우리 아이들의 성장을 돕고, 전문 소양을 갖춘 담임선생님이 잘 다스릴 수 있습니다. 그렇지만 한편으로는 똑같은 일도 담임선생님의 판단 에 따라 벌이 되고 칭찬이 되기 때문에, 들쭉날쭉한 판단은 아이들 에게 신뢰를 잃기 쉽고, 편애한다는 오해를 살 수도 있습니다. 그래 서 담임선생님이 주도하기보다 우리 아이들 스스로 지켜야 할 것을 알고서 행동으로 옮긴다면 더 좋겠습니다.

그래서 학급 규칙을 만듭니다. 학기 초에 아이들과 함께 학급 규 칙을 만듭니다. 이렇게 학급 규칙을 만들면 무엇보다 자기들이 정한 것이라 구속력이 큽니다. 학급 규칙에 대한 믿음이 있어 스스로 지키려고 합니다. 그리고 그것을 지키지 않았을 때는 그 규칙에서 정한 벌칙을 달게 받아들입니다.

그럼 규칙 정하는 절차를 살펴보겠습니다.

규칙이 필요한 상황 알아보기

먼저, 학급에서 어떤 상황에 규칙이 필요한지를 생각하는 시간입니다. 피라미드 토의° 형식을 빌려서 쓰면 좋습니다. 시간은 한 시간 정도면 충분합니다.

"자, 여러분, 우리 반에서 어떤 상황에서 규칙이 필요한지 생각해 볼게요. 자, 몇 가지 상황만 발표로 들어 볼게요. 어떤 상황에서 규칙이 필요할까요?"

"싸웠을 때요."

"네. 그렇겠죠? 또요?"

"수업할 때요."

"그렇죠. 수업할 때도 필요해요. 그런데 수업할 때를 조금 더 나눌 수도 있어요. 교과서나 준비물을 챙겨야 할 때도 있고, 집중할 때도 있고. 이렇게 우리 반에 규칙이 필요한 상황을 함께 모아 볼게요."

가장 먼저 혼자서 종이에 쓰며 생각할 시간을 갖도록 했습니다.

• 피라미드 토의란 피라미드 모양의 역으로 토의하는 수를 늘려 갑니다. 처음에는 정해진 주제로 혼자서 생각을 합니다.(1) 다음은 짝과 이야기를 나눠 생각을 모읍니다.(2) 그러고서 모둠에서 생각을 모읍니다.(4) 그러고서 모둠과 모둠이 만나 또 생각을 모읍니다.(8) 그 생각을 함께 모읍니다. 이렇게 하나의 주제로 1-〉2-〉4-〉8의 식으로 사람 수를 늘려 가며 생각을 모으는 토의 기법입니다.

이런 시간을 갖는 까닭이 모두가 교실의 주인이라는 생각을 갖게 하기 위함이니, 모두가 함께하도록 이끕니다. 혼자서 생각해 보는 시간을 갖고서 모둠에서 의견을 모읍니다. 모둠에 종이를 나눠 주고 회의를 이끌 '이끔이'와 발표한 내용을 적는 '기록이'를 정하고 나서 시작합니다. 10분 정도 시간이면 충분하게 이야기가 나오는 것 같습니다.

"자, 이제 지금까지 모둠에서 모은 생각을 학급으로 모아 볼게요. 1모둠부터 하나씩 발표하는데요, 다른 모둠에서 발표하는 내용이 우리 모둠에서 정한 것과 같으면 그 내용을 지우세요. 그리고 자기 모둠 차례에서는 앞에서 발표하지 않은 내용으로 해 주세요."

이렇게 모둠에서 지금까지 나온 이야기를 모으는 시간을 갖습니다. 그리고 그 내용을 칠판에 기록합니다. 우리 반에서는 보통 부회장이 기록을 합니다. 이렇게 칠판에 기록을 하는 까닭은 다시 한 번 규칙이 필요한 상황을 함께 살피기 위함입니다. 발표한 내용을 쓰니 목록이 아래와 같습니다.

쓰레기, 싸움, 책상에 낙서, 숙제, 욕, 교실에서 뛸 때, 수업, 학급문고, 아침 활동, 급식, 일기, 교과서, 준비물, 지각, 복도, 청소, 전담 시간, 우유, 화장실, 글씨, 청소 도구, 가방, 수업 준비……

교실에서 규칙이 필요한 상황이 이렇게 많습니다. 교실에서 일어나는 모든 상황이 거의 다 나왔습니다. 이렇게 많은 상황을 학생들 스스로 찾아냈다는 게 참 기특하기도 합니다.

규칙 생각하기

이렇게 학급 상황에서 규칙이 필요한 상황이 나오면 함께 규칙을 만듭니다. 지금까지 나온 상황에 하나씩 약속을 만들어 정리하면 훌륭한 우리 반 규칙이 됩니다. 예를 들어, '쓰레기는 분리수거를 잘하고, 되도록 만들어 내지 않기 위해 노력한다.'든지, '싸움을 하지 않으려는 마음으로 친구들을 소중하게 여기지만, 싸웠을 때는 우리가 정한 벌칙을 받는다.'고 약속하며, 벌칙으로 어떤 게 좋을지도 함께 정합니다.

우리 반은 해마다 써 오던 학급 규칙이 있어 그걸 활용합니다. 먼저, 작년에 쓰던 규칙에 올해 나온 상황을 보태어 인쇄해서 나눠 줍니다. 우리 반에는 학급 규칙이 모두 23개 있습니다. 지킬 약속과 약속을 지키지 않았을 때 벌칙도 함께 있습니다.

"자, 이게 여러분이 말한 내용이 포함된 우리 반 규칙들이에요. 함께 읽어 볼게요."

그 내용을 번호 차례로 돌아가며 하나씩 읽습니다. 그러며 계속 같은 말을 되풀이합니다.

"여기에 나온 내용을 잘 생각해 봐요. 고칠 것이나 뺄 것을, 내일 다듬을 때 말해 줘요."

아이들이 규칙마다 있는 벌칙에 관심을 보입니다. 바로 바꾸자고 반응도 보입니다.

"네. 지금은 읽기만 할게요. 내일 다시 이야기 나눌 테니 그 생각을 내일 꼭 말해 주세요."

이렇게 다 읽고서, 아이들에게 간략하나마 토론할 기회를 줍니다.

"그럼 짝과 5분만 이 규칙을 보며 이야기 나눠 보세요."

요즘 우리 아이들이 학원으로 워낙 바빠 집에서 제대로 챙기지 못하기에 이렇게 생각할 시간을 줍니다.

그러고서 그 이야기를 잘 간직하라고 당부합니다. 빠르게는 내일, 길게는 한 주 뒤에 우리 반 규칙을 정할 때 그 내용이 들어가야 하니 그렇습니다.

규칙 다듬기

"자, 오늘은 지난번에 나눠 준 규칙을 보며 다듬어 우리 반 규칙을 만드는 날이에요. 집에서 미리 보고 오라고 했는데, 보고들 왔죠? 그럼 처음부터 하나씩 읽으며 다듬을게요."

아이들이 학년 초라 그런지 아직 자기 의견을 다 드러내지는 못합니다. 그래서 허용하는 분위기가 필요합니다. 그럼 허용하는 분위기라는 게 어떤 것일까요? 저도 그게 쉽지 않아 늘 반성하고 고민합니다. 그러면서 제가 하는 것은 아이들이 말이 안 되는 말을 해도 바로 꺾지 않으려는 노력입니다. 그냥 들어 주며 아이들이 그 의견을 평가하도록 합니다. 아이들도 자기들이 지킬 규칙인지라 얼토당토않은 의견은 받아들이지 않기 때문입니다.

2013년 참사랑 14기 규칙 만들던 날

"자, 하나씩 볼게요. 1조 같이 읽어요. 다른 생각이 있으면 말하세요."

말이 없다. "정말 이대로 할까요?" 하니 "네." 한다. 그렇게 1, 2, 3조가 나눠 준 대로 규칙이 통과된다. 4조 수업 준비를 하지 않았을 때, 벌칙에서 의견이 나온다.

"제가 생각할 때 뒤에 서 있는 시간 3분은 짧은 거 같아요. 5분으로 하면 좋겠어요."

"안 돼." 하는 소리도 나고, "좋아." 하는 소리도 함께 난다.

"자, 그럼 바로 물을게요. 3분으로 할지, 5분으로 할지."

그렇게 손을 드니 3분이 더 많아 원래대로 통과된다.

규칙 5조는 공부 시간에 집중하는 건데, 집중을 하지 않으면, 5분간 뒤에서 공부한다. 그래도 안 될 경우, '생각하는 자리'(앞에 영근 샘이 공부하는 자리)에서 5분간 공부한다는 것에 물음이 나온다.

"안 된다는 게 몇 번인지 정해요."

맞는 말이다. 그래서 함께 이야기로 정한 게, 공부 시간에 집중하지 않아 하루에 세 번째 벌칙에서는 '생각하는 자리'에 앉는 것으로 했다.

규칙 6-1조는 우리 반에서 먹지 않는 먹을거리는 먹지 않는다는 내용인데, 먹지 않는 먹을거리를 정하자고 그런다. 그러며 이야기가 나와 정한 게 '사탕, 과자, 음료수, 제티, 초콜릿'이고, 급식으로 나온 것과 영근 샘이 주는 것은 괜찮다는 것으로 정했다.

규칙 7조는 실내화를 신고 운동장에 나가지 않는 것인데, 나갈 경우, 맨발로 운동장을 한 바퀴 돌자고 했더니 맨발이 싫다는 의견과 재미있다는 의견이 함께 나오더니, 현수가 그런다.

"그럼 맨발은 한 바퀴, 신발 신고는 두 바퀴로 해요."

애들도 덩달아, "네. 좋아요." 한다.

이렇게 학급 규칙 23개 조항을 다듬었다.

이렇게 규칙을 완성하고서 학급 앞에 붙여 둡니다. 그러면 우리 반에서 지킬 약속을 수시로 확인할 수 있고, 어겼을 때는 특별하게 나무라지 않아도 자기들이 정한 벌칙을 받습니다. 처음 하는 것이라 용기 내지 못해 정한 규칙이 마음에 들지 않을 수도 있습니다.

 아이들 일기

2013년 3월 22일 금요일

우리 반에서 학급 규칙을 만들었는데 벌칙이 무섭다. 운동장 뛰는 게 무섭다. 그래서 걸리지 않게 조심해야겠다. 아, 5교시에 말했어야 하는데……. 말을 못 해서 어쩌지? 더욱 조심해야겠다. 으악, 왜 말을 못 했지?

군포 양정초 5학년 3반 임동현

참사랑땀 학급 규칙

■ 우리는 이렇게 생활한다!
● 우리는 '참', '사랑', '땀'을 실천한다.
● 우리는 밝게 웃으며 뛰어놀고, 신나게 노래하며, 즐겁게 공부한다.

■ 우리는 다음 학급 규칙을 잘 지키며 생활한다.
1. 우리 학급에서 정한 시간(9시)까지 학교에 와서 활동을 한다.
   (아침에 학교에 오면, 자기 자리 청소 → 글똥누기 → 아침 활동)
2. 학교에 오고서는 교문 밖을 나가지 않는다. 나갈 일이 있을 때는 선생님의 허락을 받는다.
3. 아침 활동을 열심히 한다. 다른 사람에게 피해를 주면 뒤에 서서 책을 읽는다.
4. 수업을 시작하면 자리에 앉아 수업할 준비를 한다.
5. 공부 시간에는 공부에 집중한다. 공부에 집중하지 않으면 3분간 뒤에 서서 공부한다.
6. 우리 반에서는 바른 먹을거리를 먹는다.
7. 점심시간에 교실에서는 조용히 하고픈 것을 한다. 운동장에서는 안전하게, 신나게 논다.
8. 실내화를 신고 밖에 나가지 않는다. 단, 수업 활동으로 부득이하게 나가는 것은 예외로 한다.
9. 신발과 실내화를 잘 정리한다.
10. 점심을 받을 때 질서를 잘 지키고, 너무 시끄럽지 않게 먹는다.
   10-1. 배식 양은 배식 모둠이 일정하게 준다. 단 학생 처지(몸 상태)에 따라 다를 수 있다.
11. 점식 먹고서 교실에 있을 때는 하고픈 일을 하거나 운동장에 나가 즐겁게 논다.
12. 책상, 사물함 안 정리를 한다.
13. 모둠 활동은 모둠 규칙을 지키며 서로 협력해서 잘 한다. 모둠원끼리 다투거나 협력이 안 될 때는 선생님 지도를 받는다.

14. 모둠이 맡은 일과 모둠에서 내가 맡은 일을 열심히 한다.
15. 우리는 바른 말 고운 말을 쓴다.
16. 동무들 사이에는 주먹(무력)으로 하는 싸움을 하지 않는다.
17. 휴지(쓰레기)를 함부로 버리지 않고, 쓰레기는 분리해서 잘 버린다.
18. 청소를 서로 도우며 한다.(아침, 집에 갈 때)
19. 숙제를 꼭 해 온다. 숙제를 해 오지 않으면 그날 안에 해야 한다. 단, 숙제를 못 해 올 특별한 까닭이 있어서 부모님 사인을 받아 오거나 미리 연락을 주면 숙제를 안 해도 된다. 숙제가 많으면 선생님께 줄여 달라고 이야기한다.
20. 준비물을 잘 챙긴다.

■ 생활하면서 학급 규칙이 모자라는 부분이 있을 경우, 학급 회의로 새로 정할 수 있다. 이 학급 규칙에 없는 일이 일어날 때도 회의를 열어 함께 결정한다.

참사랑땀 반 어린이가 함께 정함

중요 규칙만 세우고 만들어 가기

지금까지 3월에 학급 규칙을 만드는 이야기였습니다. 비슷하지만 조금 다르게 운영하는 사례도 나눕니다. 3월에 학급 규칙을 모두 정하지 않고, 큰 틀만 잡고서 지내며 규칙을 만들어 가는 방식입니다. 먼저, 규칙이 필요한 상황 이야기 나누는 시간을 갖는 것은 앞에서 살핀 첫 번째와 같습니다. 그렇지만 규칙이 필요한 상황만 알아볼 뿐, 그 규칙을 정하지는 않습니다. 이런 시간을 가지면 학교생활에서 지켜야 할 것을 마음에 담습니다. 학생들이 찾은 '규칙이 필요한 상황'

을 이야기 나눕니다. 이야기 나누며 큰 줄기만 셋 이끌어 냅니다.

"자, 규칙이 필요한 상황을 쭉 살폈는데, 이 가운데 한 해 동안 꼭 지켰으면 하는 세 가지만 가져와 볼게요. 어떤 것일까요?"

그러며 칠판 한구석에 큰 글씨로 쓰며 말로 이끕니다.

"먼저, '싸움'을 가져왔어요. 한 해 동안 우리 싸우지 않으면 좋겠어요. 함께 지내며 싸움이 일어날 수 있는 때가 많아요. 그럴 때 싸우지 않고서 학급 어린이 회의나 또래 중재 모둠에 도움을 받으면 좋겠어요. 물론 나에게 말해도 좋고요. 때리지 않는 것도 이 '싸움'에 포함하니 잘 지켜 줬으면 해요. 두 번째는 요즘 학생 사이에서 가장 힘든 게 '따돌림' 같아요. 그래서 우리 반은 '따돌림'이 없길 바라는 마음으로 이것을 가져왔어요. 모두가 함께 웃으며 함께하는 학급이 되도록 나도 애쓸 터이니, 여러분도 함께 잘 어울려 놀며 공부했으면 해요. 마지막은 '전담'을 가져왔어요. 여러분은 우리 교실에서 나와 사는 시간이 많지만 하루에 한 시간 넘게 전담 선생님과 수업을 하죠. 그때도 우리 교실에서 하는 모습을 그대로 보여 주면 좋겠어요."

칠판에 큰 글씨로 '싸움, 따돌림, 전담'이 있습니다.

"앞으로 우리 반에서 일어나는 모든 일은 여러분 스스로 풀도록 할 생각인데요. 이 셋은 회의를 거치지 않고 내가 바로 그 친구들과 상담하도록 할게요. 그만큼 이 셋은 우리 학급을 떠받치는 주춧돌 같은 것이라 생각하고 모두 잘 지켜 주길 바랍니다."

이 세 가지 큰 틀만 정하고 다른 학급 규칙은 정하지 않습니다. 다른 학급 규칙은 문제가 생길 때마다 함께 만들어 갑니다.

스스로 문제를 풀어 본(규칙을 만든) 경험이 없는 학생들은 벌칙에 관심을 갖습니다. 그리고 벌칙도 자기들이 지키기에는 무리가 있는 것을 말합니다. 학급 규칙은 벌칙에 초점이 있는 것이 아닌데 그걸 아직 잘 모릅니다. 벌칙은 최소한으로 정하는 게 좋은데 말입니다. 벌칙을 세우더라도 스스로가 받아들일 수 있어야 합니다.

토론 학급 문화를 경험한 학생들은 조금 다릅니다. 훨씬 조심스럽습니다. 그리고 벌칙은 자기들이 할 수 있는 것으로 합니다. 그리고 구성원 대다수가 찬성하는 규칙으로 정합니다. 그리고 그 규칙 하나 정할 때도 치열한 토론과 토의가 일어납니다. 그런 치열한 토론과 토의 과정을 거쳐서 결정한 규칙은 구속력 또한 강합니다. 모두가 따를 수밖에 없습니다.

4
다듬어 가는 학급 규칙 1
- 욕

학생들과 함께 우리 반 학급 규칙을 만들었습니다. 그런데 살다 보면 그 학급 규칙대로 살 수 없습니다. 학급 규칙에서 다듬어야 할 것도 있습니다. 또한 학급 규칙에 없는 것들은 그때그때 새로 규칙을 만들어야 합니다.

　길거리를 걷다가 학생들이 하는 욕을 듣는 게 아주 흔합니다. 사실 길거리가 아닌 학교에서도 욕하는 아이들을 많이 볼 수 있습니다. 욕을 하면 좋지 않다는 것을 모르는 학생은 아마도 없을 것입니다. 그렇지만 친구들과 지내다 보니 자기도 모르게 하는 게 욕입니다. 어른들이 하는 욕을 흉내 내기도 하고, 온라인에서 쓰는 말을 그대로 따라 하기도 합니다.

　그래서 우리 반은 3월부터 욕을 하지 말자고 합니다. 그러며 '이끔말(쓰면 좋은 말)'을 칠판에 쓰고서 함께 읽기도 했습니다. 처음에는 새로운 마음으로 모두가 조심하며 잘 지킵니다. 그러나 그게 한 해 동안 꾸준하기가 쉽지 않습니다.

욕하지 않으려는 마음 갖기

"요즘 욕을 너무 많이 하는 것 같습니다." 하는 말이며, "선생님, ○○가 저에게 ○○라고 욕했어요." 하는 말이 갈수록 많이 나옵니다. 보통은 장난으로 한두 번 하던 말이 감정에 섞여서 상대방 마음을 상하게 하는 경우가 많습니다. 이런 욕을 많이 하는 게 문제라는 생각은 아이들도 스스로 합니다. 자기들이 회의에 욕이 많이 나온다는 문제를 안건으로 올립니다. 아직까지 담임인 제가 안건으로 내어 본 적이 없으니까요.

욕을 어떻게 하면 줄일 수 있는지 이야기를 나눴습니다. 전체 토의 모형과 비슷합니다. 모두에게 욕을 어떻게 줄일 수 있을지 해결 방법을 생각해 보라고 합니다. 그러고서 모두가 돌아가며 발표합니다. 아이들은 나오는 해결 방법들에서 자기 마음에 와 닿는 것을 담습니다. 물론 자유로운 회의 분위기라, 서로가 내는 의견에 묻기도 하고, 반론을 펴기도 합니다. 그런 이야기를 나누는 게 소중한 시간입니다.

아이들 이야기를 들으면 벌칙이 많이 나옵니다. 반면 스스로 마음가짐으로 담고 행동을 바꿔 보자는 의견도 나옵니다.

"여러분 의견 잘 들었어요. 벌칙도 나오고, 생각을 바꾸자는 의견도 있어 참 좋은 시간이었어요. 물론 벌칙이 효과가 있죠. 무서워서라도 줄어들 테니까요. 그렇지만 우리 스스로를 믿고 한 번 더 마음에 담으며 노력해 봐요. 그래도 욕이 줄어들지 않거나 또 많이 하는 때가 생기면 그때 또 이야기 나눠요."

욕을 안 쓰려는 노력 정리_6학년

- **상현** 생각을 해 보고 말하자. 상대방이 기분 나쁠 수 있으니.
- **동훈** 모둠이 친하게 지내자. 서로 사이가 좋아야 욕을 안 쓴다.
- **혜원** 화가 나면 욕이 나온다. 긍정적으로 생각하자.
- **제훈** 욕을 하면 과학실 청소를 시킨다. 과학실 청소가 힘드니까.
- **정호** 상대방 기분이 나쁘니 상대방 소원을 들어준다.
- **상벽** 욕 안 쓰겠다고 마음을 먹자. 그럼 문제점을 스스로 느낄 수 있다.
- **유진** 입에 테이프를 10분간 붙인다.
- → **영중** 심한 벌이다. 자기도 모르게 욕을 할 수도 있는데 너무 심하다.
- → **유진** 마스크로 바꾸자.
- → **상현** 마스크를 써도 말은 할 수 있다.
- → **준혁** 마스크를 쓴 사람은 말을 하지 않기로 하면 된다.
- **한강** 5분 동안 투명 의자를 한다. 아파서 다시는 안 한다.
- → **영중** 너무 힘들어서 욕을 더 하게 된다.
- **재주** 상대방 기분을 생각하고 말한다.
- **솔비** 주의를 세 번 받으면 벌을 받는다.
- **준수** 욕을 한 사람에게 공책에 바른 말 쓰겠다고 200번 쓰게 한다.
- **영중** 모둠 청소를 한다.
- → **정현** 실수할 수 있는데 욕 한번 했다고 벌을 주는 것은 좋지 않다.
- → **영중** 그런 벌칙이 없다면 욕을 하게 된다.
- → **솔비** 벌칙을 받으면 욕을 더 할 수 있다.
- **진경** 벌칙보다는 칭찬하고, 서로 이야기하는 시간을 갖자.
- → **준혁** 칭찬을 한다고 하는데 언제 이야기 나누는 시간을 가질 것인가?
- → **진경** 재량, 특활 시간을 이용한다.

2010년 6월 4일

규칙 정하기

욕하지 않으려면 벌칙보다 마음가짐으로 노력하는 것이 훨씬 더 좋습니다. 그런데도 욕이 많이 나온다며 학급 규칙으로 새로 다듬자는 학생들의 의견 또한 무시할 수는 없습니다.

3월에 정한 규칙에 '우리는 바른 말 고운 말을 쓴다. 어겼을 때는 "고운 말을 쓰겠습니다."라는 말을 동무들 앞에 큰 소리로 말한다. 똑같은 일을 세 번 하면, 부모님께 큰 소리로 말하고 확인을 받는다.'는 규칙이 있습니다. 이렇게 있던 규칙을 다듬는 것도 학생들이 스스로 하도록 이끕니다.

규칙을 만든 경험이 있으니 어려워하지는 않습니다. 그런데 학급 규칙을 만들거나 다듬을 때 재미있는 특징이 있습니다. 자기들 스스로 문제를 푼 경험이 있는 학생들과 그렇지 않은 학생들의 모습이 많이 다릅니다.

그러니까 스스로 문제를 풀어 본(규칙을 만든) 경험이 없는 학생들은 벌칙에 관심을 갖습니다. 그리고 벌칙도 자기들이 지키기에는 무리가 있는 것을 말합니다. 예를 들어, '앉았다 일어섰다 100번', '운동장 10바퀴', '반성문으로 깜지 몇 장' 이런 식입니다. 학급 규칙은 벌칙에 초점이 있는 것이 아닌데 그걸 아직 잘 모릅니다. 벌칙은 최소한으로 정하는 게 좋은데 말입니다. 벌칙을 세우더라도 스스로가 받아들일 수 있어야 합니다.

토론 학급 문화를 경험한 학생들은 조금 다릅니다. 훨씬 조심스럽습니다. 그리고 벌칙은 자기들이 할 수 있는 것으로 합니다. 구성원 대다수가 찬성하는 규칙으로 정합니다. 그러한 규칙 하나 정할 때도 치열한 토론과 토의가 일어납니다. 그런 치열한 토론과 토의 과정을 거쳐서 결정한 규칙은 구속력 또한 강합니다. 모두가 따를 수밖에 없습니다.

욕할 때 규칙 다시 정하기

"요즘 욕하는 친구들이 많습니다. 규칙을 정했으면 합니다."

어린이 회의에 해린이가 안건을 낸다. 그래서 '욕' 규칙으로 벌칙을 만들기로 했다.

"그럼 먼저 모둠에서 협의해서 규칙을 하나씩 만들어 주세요."

먼저 모둠끼리 이야기를 나눈다. 돌아가며 이야기를 나누는데 이럴 때는 창문 구조*를 쓰는 것도 좋다. 모둠에서 이야기 나누고서 하나씩 규칙을 만들어 제안한다. 나온 의견을 모두 칠판에 쓴다. 그러고서 그 하나하나로 이야기를 더 나누며 우선순위에 따라 우리 반 규칙을 정한다.

그렇게 나온 것에서 셋을 가려 뽑았다. 그것으로 '욕을 하지 않고 바른 우리말을 쓴다는 규칙을 지키지 않을 때의 벌칙'을 3단계로 정했다.

그 첫 단계는 '칠판에 이름을 쓰고서 마음으로 노력하기'다. 아이들이 의아한지 묻는다. "마음으로 노력하는지 어떻게 알아요?" 한다. "칠판에 이름이 있다는 게 마음에 남잖아. 그러면 욕을 하지 않으려고 노력하지 않을까?" 했다. 그러며 조금 더 이야기를 나눠 칠판에 쓴 이름은 한 주 동안 욕을 하지 않을 때 지우기로 했다. 그래도 욕을 하면 2단계로 '이름 옆에 (2)라 쓰고, 한 시간 동안 뒤에서 서서 공부하기'로 정했다. 욕을 한 것과 공부 시간에 뒤에 서 있는 것이 상관관계가 없지만 학생들이 그렇게 하겠단다. 이 규칙으로 살다가 그래도 한 시간은 너무 긴 것 같아 5분 정도로 줄였다. 아직

• 창문 구조는 모둠에서 의사 결정을 할 때 많이 쓰는 협동 학습의 한 구조입니다. 아이들이 돌아가며 의견을 내고, 그 의견에 동의하는 모둠원의 수를 기록합니다. 그렇게 계속 돌아가며 말을 하며 여러 의견이 나오는데, 그때 모둠원이 많이 동의한 의견을 하나로 결정하면 그 결정은 모두의 의견을 반영한 결정이 됩니다.

　위의 규칙을 만들고, 3단계인 담임선생님과 상담까지 오는 경우
는 참 드뭅니다. 물론 3단계까지 온 아이들도 있습니다. 그 아이들과
실제 상담도 했습니다. 상담할 때 모습이 참 재미납니다. 욕을 해서
상담이라고 내 앞에 오는 아이들 얼굴 표정부터 그렇습니다. 아이들
얼굴에 자기 말버릇을 반성하는 게 역력합니다. 그 아이들과 마주
보고 앉아서 아무 말 하지 않고 아이 눈만 유심히 쳐다보고 있고는
합니다. 어떤 벌을 줄지 긴장하고 있습니다. 난 계속 눈만 쳐다보고
있습니다. 그러면 처음에 긴장하던 모습에서 조금씩 마음이 풀립니
다. 그러며 내 눈치를 살핍니다. 내가 편한 얼굴이나 살짝 웃음을 보
이면 그때야 웃습니다. 그럼 나도 웃습니다. 그러며 한마디 합니다.
"욕보다 좋은 우리말로 하자."

금지어

2학기가 되니 아이들 말이 조금씩 거칠어집니다. 물론 친구들끼리 친해서 하는 욕이기는 합니다. 나도 친한 동무에게는 욕을 하고는 하니 이해는 갑니다. 그렇지만 그런 욕도 어느 정도 인정할 수 있는 게 있지만, 그 한계를 벗어납니다. 상대방이 듣기 싫어하는 욕을 쏟아 내는 모습이 더러 보입니다.

10월은 한글날도 있어 학급 활동으로 '우리말'에 관심을 갖는 한 달이기도 합니다. 학생들이 하는 욕을 하나씩 말하도록 해 봅니다.

"자, 요즘 우리가 욕을 참 많이 하는 것 같아요. 오늘 도덕 시간에는 우리가 하는 욕을 모두 꺼내어 보도록 할게요. 얼마나 많은 욕이 나올까요?"

물론 처음에는 자기들이 하는 욕을 망설입니다. 자기들이 하는 욕을 친구들 앞에서 말한다는 게 부끄럽습니다. 그런데 그럴 때 누군가 용기 있는 아이가 말을 합니다.

"병신이요."

난 그 욕을 칠판에 크게 씁니다. 그렇게 첫 시작을 알리는 말이 나오면 그 뒤는 어렵지 않습니다.

"개새끼요."

이제 막 쏟아져 나옵니다. 아이들이 하는 욕을 칠판에 받아쓰기도 바쁩니다. 욕이 하나 나올 때마다 아이들은 웃음이 터집니다. 50개가 넘는 욕이 쏟아져 나옵니다. 물론 더 나올 것이지만 이 정도만 받습니다.

"자, 여기에 있는 욕을 한번 봐요. 여러분이 한다는 욕인데, 50개 가 넘어요. 그런데 여기에 있는 욕을 하나씩 볼게요. 먼저 '병신'이 라는 욕이네요. 병신은 '신체의 어느 부분이 제 기능을 하지 못하는 사람'을 말해요. '장애인아'나 '등신'도 마찬가지네요. 또 다른 걸 볼 게요. '개새끼'라는 욕이 있네요. 사람이 아니라는 거죠. 그리고 부 모님이 개라는 욕이네요. 부모님 관련한 욕도 많군요. '썹새끼'도 있 군요. 어머니의 성기를 말하는군요. '병신새끼', '거지새끼'도 있네요. 부모가 병신이고 거지라는 거군요. 입에 담기 싫은 욕도 있어요. '창 녀'는 '몸을 파는 여자'를 말하는데 정말 심한 욕이네요. '쌍년'도 그 렇고요. '고자'는 아이를 갖지 못하는 사람을 말하죠. '지랄'이라는 욕은 '간질'이라는 병을 말하고요."

처음에는 '병신'을 말할 때는 "병신새끼도 있어요." 하며 좋아라 찾아 줍니다. 그렇지만 욕을 하나씩 더 알아보자, 아이들의 웃음이 줄어듭니다. 아무 생각 없이 그냥 쓰던 욕인데, 그 욕이 이렇게 심한 욕이라는 걸 몰랐던 것입니다.

"우리 여기에 나온 욕을 우리 반 금지어로 하면 어떨까요?"

아이들은 그러자고 동의했습니다.

이렇게 아이들과 이야기 나누면 그 순간 욕이 줄어듭니다. 혼을 내고 벌을 주는 게 더 쉬울 수 있습니다. 그러나 벌칙은 내면화가 힘듭니다. 벌칙에 익숙하면 그 벌칙이 약해지는 순간 다시 똑같은 일이 일어나기 쉽습니다. 그래서 이렇게 이야기 나누며 함께 풀기를 권합니다. 물론 이야기 한두 번 해서 욕이 완전히 사라지지는 않죠. 그러니 자주 말하며 생각을 되살려 줄 필요가 있습니다. 반복의 효과를 기대함과 함께 스스로 느꼈던 문제의식을 계속 마음에 담도록 하기 위함입니다.

> 친 선생님아 마자식 하고 임마 라고 하는
> 게 싫여요. (게-이래. 나도 모르게 나오는 나쁜 버릇~

1학년 아이가 저에게 쓴 글입니다.
선생 하고서 처음에는 아이들 웃는 반응이 좋았습니다. 그러니 제 말도 아이들 웃음을 위해 텔레비전에 나오는 우스갯소리나 자극을 주는 욕 같은 말을 일부러 했습니다. 이 글을 보고서 정말 부끄러웠습니다. 아이들에게는 욕하지 말라고 하면서, 저는 '이 자식', '인마'를 마음껏 쓰고 있었습니다. 그래서 요즘은 말을 조심합니다. 우스갯소리와 자극이 큰 말에 익숙해져서 툭 튀어나오는 말을 조심하려 애씁니다. 흔히 선생은 말로 하는 게 아니라 몸으로 보여 줘야 한다고 합니다. 물론 말도 마찬가지입니다. 선생인 저부터 우스갯소리나 자극이 큰 말보다 바른 말을 써야겠습니다.

삶은 혼자서 사는 것이 아닙니다. 교실은 다른 사람과 함께 더불어 사는 사회적 관계를 맺는 곳입니다. 또 교실은 선생만 쓰는 곳이 아닙니다. 우리 학생들의 삶터입니다. 우리 학생들이 함께 어울려 지내는 곳입니다. 교실은 공부하는 곳이기도 하지만, 친구와 이야기도 나누고 놀이도 하는, 학생들에게는 정말 소중한 공간입니다. 그러니 학생들이 교실을 어떻게 쓰는 것이 좋은지도 판단할 수 있도록 하는 것이 좋습니다.

5

다듬어 가는 학급 규칙 2
- 다른 반 아이가 우리 교실에 들어올 때

누구나 들어와도 돼

"선생님, 교실에 들어가도 돼요?"

"그럼. 당연하지. 들어오렴."

선생 하며 많이 듣는 말입니다. 들어와도 되냐고 묻습니다. 저로서는 그런 물음이 참 어색합니다. 그냥 들어오면 될 것 같은데 말입니다. 학기 초에는 아무도 안 오더니, 한두 달이 지나니 자기 반에 적응한 아이들이 다른 반으로도 다닙니다. 다른 반에도 친한 친구들이 있으니 잠시라도 만나서 이야기 나누고 싶은 마음입니다.

물론 우리 반 교실에 다른 반 아이들이 들어오는 게 옳은가, 들어오지 못하게 하는 게 옳은가? 하는 것은 논란거리가 될 수 있습니다. 들어오지 못하게 하는 선생님들의 주장도 틀리지는 않습니다. 학기 초부터 만든 학급 분위기가 흐트러질 수도 있고, 우리 반에서 물건을 잃어버렸을 때도 문제가 생길 수 있다고 말합니다.

그렇지만 제 생각은 조금 다릅니다. 삶은 혼자서 사는 것이 아닙니다. 교실은 다른 사람과 함께 더불어 사는 사회적 관계를 맺는 곳입니다. 또 교실은 선생만 쓰는 곳이 아닙니다. 우리 학생들의 삶터

입니다. 우리 학생들이 함께 어울려 지내는 곳입니다. 교실은 공부하는 곳이기도 하지만, 친구와 이야기도 나누고 놀이도 하는, 학생들에게는 정말 소중한 공간입니다. 그러니 학생들이 교실을 어떻게 쓰는 것이 좋은지도 판단할 수 있도록 하는 것이 좋습니다.

교실뿐만 아니라 학교 곳곳에는 학생들이 이용하는 데 불편함을 주는 규칙이 더러 있습니다. 앞문은 교사만 다니거나, 중앙 현관을 학생들이 다니지 못하는 것들입니다. 이런 것들도 학교 구성원(학생을 포함한)들의 심도 있는 토론이 필요할 것 같습니다.

우리 반 규칙은 지켜야 해

다른 반 아이들이 교실에 오는 것은 당연히 있을 수 있는 일입니다. 쉬는 시간에 준비물이라도 빌리려고 교실로 들어오지 못하고 문밖에서 우리 반 아이를 부르는 모습이 저는 늘 불편합니다. 그냥 들어와서 말해도 되는데 말입니다.

그래서 우리 반에 들어와도 되냐고 물을 때, 우리 반 아이들에게 이렇게 일렀습니다.

"자, 다른 반 아이들이 오는 것은 당연히 막을 수 없는데, 우리 반에 들어오는 친구들도 우리 반 규칙에 따라야 해. 이게 지켜져야 다른 반 아이들도 우리 반을 자기 반처럼 자유롭게 들어오고 할 수 있거든. 친구들에게 잘 말해서 꼭 지키도록 해 줘."

"와! 쿨하다. 우리 선생님 멋지다." 하며 칭찬하는 아이들이 있습니다. '하지 말라'는 것에 익숙한 학생들에게는 '해도 된다'는 말(당연한 말인데도)조차 멋지게 보이니 그 말을 듣고서 기분이 개운하지만은 않습니다.

이렇게 제가 "들어와도 돼요. 그 대신 우리 반 규칙은 지켜 주세요." 하고 말했지만, 그것보다는 "다른 반 학생들이 우리 반에 들어오는 것은 어떻게 생각하나요?" 하며 학생들과 이야기 나누고서 방법을 찾는 것이 더 좋겠습니다.

교실이 북적인다

쉬는 시간에 다른 반 애들이 교실에 많다. 우리 반 아이들이 자기 친구를 데려오고, 다른 반 아이들도 찾아오고. 교실이 북적거린다.

사탕을 먹고 교실을 다니는 아이가 보인다.

"사탕 빼라. 우리 반은 그런 거 안 먹는다."

또 슬리퍼를 끌고 들어오는 아이도 있다.

"이리 와. 슬리퍼 안 돼."

"이거 실내화인데요."

"우리 반 실내화는 슬리퍼가 아냐."

"네. 그럼 맨발은 돼요?"

"그럼."

어떤 새로운 것이 있으면 그것만 하듯, 지금 우리 반에 들어와도 된다는 게 다른 반 아이들에게는 새로운 거다. 그러니 북적일 만큼 많이 오는 거다. 이러다가 곧 보통 때 모습으로 돌아갈 거다.

2012년 5월 23일

다른 반 아이들이 우리 반 규칙을 어겨요

처음에 다른 반 학생들이 규칙을 지키지 않을 때, "우리 반 규칙은 그렇지 않아." 하고 말했지만 그건 내가 있을 때만 그렇습니다. 내가 없을 때 다른 반 아이들이 우리 반 규칙을 무시하는 (또는 몰라서 어기는) 일이 자꾸 생깁니다. 이런 불편함이 어김없이 어린이 회의에 안건으로 올라옵니다.

이렇게 우리 반 규칙을 만들었습니다.

규칙을 어겨요

점심에 밥 친구와 함께 농구를 하고서 교실로 오는데 여학생들이 다가와 문제를 말한다.

"선생님, 다른 반 애들이 우리 교실에 들어와서 책상 위로 다녀요."

"창문을 넘기도 했어요."

"그리고 여학생 하나는 태희 부채를 가지고 갔어요."

"다른 반 애들 들어오지 못하게 하는 게 좋겠어요."

점심시간에 교실 그림이 그려진다.

"그래. 근데 태희 부채 가지고 간 아이는 누구니?"

부채를 찾아 줬다.

어린이 회의 시간. 해린이가 일어나 건의한다.

"점심시간에 다른 반 애들이 들어와 책상 위로 다니고, 오늘은 창문을 넘기도 했습니다. 들어오지 못하게 하거나 들어온다면 그러지 않도록 규칙이 있어야 할 것 같습니다."

그래서 이 이야기로 이야기를 나눈다.

먼저 각자 자기 의견을 공책에 쓰게 했다. 무작위로 돌아가며 자기 의견을 말했다. 두 가지(들어오지 못하게 하자, 우리 반 규칙에 따른 벌칙을 적용하자.)로 의견이 모인다. 들어오지 못하게 하는 것이 심한지, 다시 우리 반 규칙에 따른 벌칙을 적용하자는 것으로 생각이 모아진다.

그때 예찬이가 제안한다.

"그 친구들에게 우리 반 벌칙을 적용하는 게 어렵습니다. 그러니 그 친구들을 부른 우리 반 아이가 규칙에 따라 벌칙을 받으면 좋겠습니다."

다들 그게 좋겠다고 그런다.

또 다른 친구가 의견을 낸다.

"그런데 우리 반에서 부르지 않아도 놀러오는 친구들이 있습니다. 그 친구들 잘못은 어떻게 합니까?"

"그건 선생님에게 맡겼으면 합니다."

"그럽시다. 그건 담임인 제가 책임지겠습니다."

2012년 6월 22일

그러던 어느 날, 다른 반 남학생 셋이 우리 반 복도 쪽 창문을 넘으며 놀았다고 합니다. 그래서 그 친구들을 데리고 오라고 했습니다. 제가 책임지기로 했으니까요. 제 앞에 온 셋에게 먼저 사실 관계를 확인합니다. 자기들이 그렇게 했다며 고개를 숙입니다. 아이들 표정에서 잘못을 느끼는 게 보입니다. "너희들 다음에 한 번 더 그러면 우리 교실에 못 들어오게 할 거다." 했습니다. 그러고서 돌려보냈습니다.

우리 반 아이가 부른 친구가 우리 반 규칙을 어겼을 때는 그 친구를 부른 우리 반 아이가 벌칙을 받고, 우리 반에서 부른 친구가 아닐 때는 담임인 내가 불러서 벌칙을 주기로 했습니다. 그 뒤로 우리 반 아이가 부른 친구들에게서 우리 반 규칙을 지키지 않는 일은 일어나지 않았습니다.

이렇듯 자기들이 정한 규칙은 스스로 지키는 힘이 있습니다.

"우리 오늘 규칙을 하나 만들어 봐요. 복도에서 뛰면 안 된다고 모두가 말했는데, 복도에서 뛰면 어떻게 할까요? 우리가 만드는 첫 번째 규칙인 거죠."

토의 형식인데, 처음이니 조금 더 부추겨 봅니다.

"물론 내가 정해서 할 수도 있어요. 그런데 그러면 여러분이 만들어 가는 교실이 아니잖아요. 우리 교실이니까 여러분이 지킬 수 있는 규칙으로 정하면 좋겠어요. 자, 말해 보세요."

6

다듬어 가는 학급 규칙 3
- 복도에서 뛰었을 때,
급식을 남겼을 때

상황 1

오늘 밤 친구인 지원이와 밥을 먹고서 식판을 치우려는데, ○○가 제 앞에서 식판을 치웁니다. 그런데 갑자기 저에게 자리를 양보합니다. 고맙다면서 그냥 차례대로 식판을 넣게끔 자리를 바꾸지는 않았습니다. 그런데 ○○ 손 모양이 이상합니다. 한 손은 식판을 제대로 잡았는데, 다른 한 손은 식판 반찬 넣는 곳 위를 덮고 있습니다. 밥을 참 잘 먹는 씩씩한 ○○라 반찬을 남기리라 생각하지는 않았습니다. ○○가 빠지고 내가 넣는데, 파란 나물이 보입니다. "○○야, 이리 와 봐. 식판 내어 보렴." 하니, "네." 하고는 자기 식판을 들고 다시 자리로 가서 먹습니다.

상황 2

양치질을 하고서 돌아오는데 부장님께서 부르십니다.

"영근 샘, 애들이 급식차로 난리를 치던데요. 뛰고 밀고."

"급식차를 밀었다고요?"

"혼 좀 나야겠는데."

"네, 그럴게요."

돌아보니 급식차를 두고 온 아이들이 보입니다.

"너희들 급식차로 뛰었다며? 교실에 서 있어라."

잘못을 느낀 아이들이 긴장한 얼굴로 교실로 갑니다. 교실에 들어오니, 급식차를 몰고 간 넷이 앞에 서 있습니다.

해결을 위한 준비

"작년에 모두에게 혼을 낸 적이 한 번 있어요. 전담 시간에 선생님 말씀을 듣지 않아서 크게 꾸중을 들었지요. 그리고 또 크게 혼낸 적이 두세 번 있었던 것 같아요. 오늘도 그런 일이 생긴 것 같은데……."

그러며 지난번에 짝과 함께 만든 '규칙이 필요한 곳과 그때 지켜야 할 것'으로 모아 둔 것을 꺼냅니다. 둘씩 했으니 꽤 많습니다. 그 가운데 복도에서 해야 하는 것들만 살펴봅니다.

"보자. 복도에서는 뛰지 말자. 여기도 복도에서는 뛰지 말자. 이것도 복도에서는 뛰면 안 된다. ……"

앞에 나온 넷은 완전히 긴장해서 움직임이 없습니다.

"우리 오늘 규칙을 하나 만들어 봐요. 복도에서 뛰면 안 된다고 모두가 말했는데, 복도에서 뛰면 어떻게 할까요? 우리가 만드는 첫번째 규칙인 거죠."

해결 토의 1

토의 형식인데, 처음이니 조금 더 부추겨 봅니다.

"물론 내가 정해서 할 수도 있어요. 그런데 그러면 여러분이 만들어 가는 교실이 아니잖아요. 우리 교실이니까 여러분이 지킬 수 있는 규칙으로 정하면 좋겠어요. 자, 말해 보세요."

호찬이가 손을 듭니다.

"복도 청소를 하면 좋겠습니다."

"복도 청소. 알았어요." 하며 칠판에 옮겨 씁니다.

'왜냐하면'을 붙여서 말하게 할까 생각하다가, 도리어 부담이 될 것 같아 앉은 채로 자연스럽게 말하도록 이끌었습니다.

"하루 동안 '복도에서 뛰지 맙시다.' 하는 종이를 들고 서 있으면 좋겠습니다."

"복도에서요?"

"네."

"그건 너무 부끄럽잖아. 교실은 어때요?"

"네. 괜찮아요."

"그럼 교실에서 하루 동안 종이를 들고 서 있자."

그렇게 의견이 더 나옵니다.

- **민선** 반성문을 쓰자.
- **주상** 쉬는 시간마다 서 있자.
- **은섭** 복도에서 서서 다른 사람 뛰는 것을 감시해요.
  → **여럿이** 그건 아니지. 복도에서 뛴 사람인데.
- **승찬** 자리에 앉아 있는다.
- **민철** 앉았다 일어났다를 20번 한다.
- **재영** 수학 학습지를 푼다.

"자, 여기에 있는 것에서 다듬거나 생각이 다른 거 말해 주세요."

"저요. 수학 학습지 푸는 건 어려워요."

수학을 어려워하는 정연이가 의견을 냅니다.

"그렇지만 그래야 다시는 뛰지 않을 것입니다."

민주가 재반박을 합니다.

그렇게 나온 의견으로 이런저런 이야기를 나누고서 더 이상 의견
이 없다는 말에 우리 반의 규칙으로 정했습니다.

"자, 여기에 있는 것에서 마음에 드는 것, 그러니까 여러분이 할
수 있는 것에 손을 드세요. 한 번은 꼭 들어야 하고요. 나는 좋은
게 많으면 좋은 것에 다 손을 들어도 됩니다."

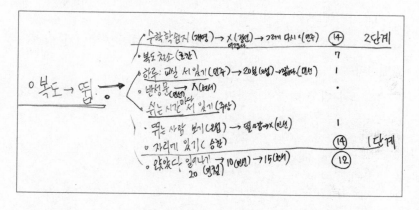

이렇게 우리 반 규칙으로 우선 정해진 것은 다음과 같습니다.

-처음 복도에서 뛰면 쉬는 시간에 화장실과 물 마시러 가는 것 외에는
 앉아 있는다.
-또 뛰면 앉아 있고, 수학 학습지를 한 장 푼다.
-또 뛰면 영근 샘과 상담한다.

"자, 그럼 두 번째 상황인데요. 급식차로 뛰었어요. 여기 네 사람 이요."

"으아."

아이들도 안타까워합니다.

"급식차로 뛰면 더 위험하잖아요. 그래서 규칙 1보다는 조금 더 엄격해야 할 것 같아요."

"저는 교실에서 뛰었을 때 받는 벌칙 1, 2를 한꺼번에 받으면 좋겠 어요. 그리고 학습지는 한 장 더요."

주상이가 의견을 냅니다.

"와." 하며 손뼉을 칩니다.

"저는 그것에 수학 학습지도 한 장 더요." 하며 재영이가 의견을 보탭니다.

"아, 그건 너무 하잖아." 하며 반대 의견도 들리지만 그대로 올립 니다. 소중한 의견이니까요.

- **민철** 반성문을 두 장 쓰자.(처음에는 여덟 장 쓰자고 했다가 고쳤다.)
- **정연** 앉았다 일어났다를 50번 하자.
- **수진** 남아서 교실 봉사를 하자.
- **소희** 급식 당번을 일주일 동안 더 한다.
- **호찬** 운동장을 다섯 바퀴 뛴다.

규칙이 벌칙이 되지 않으면 좋겠다고 하는데도 이렇게 몇 개가 나옵니다. 앞과 같이 더 이야기를 나누고서 손을 들어 보니, 신체

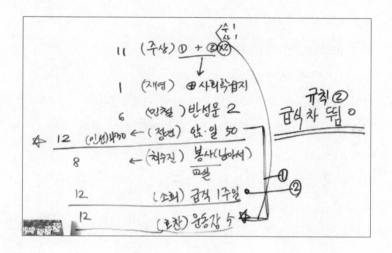

벌칙(앉았다 일어서기, 운동장 뛰기)과 급식 당번 일주일 더 하기가 많이 나왔습니다.

논의를 거쳐 다시 정한 규칙은 이러합니다.

> - 처음 복도에서 뛰면, 신체 벌칙(앉았다 일어서기, 운동장 뛰기)에서 하나를 골라서 받는다.
> - 두 번째 뛰면, 배식을 일주일 더 한다.
> - 세 번째 뛰면, 영근 샘과 상담한다.

"쟤들 어째." 하는 소리가 나옵니다. 이 과정을 가장 관심 있게 지켜본 사람도 앞에 있던 처음 넷이지요.

"자, 이 넷은 이 규칙이 만들어지기 전에 어긴 것이니 이번에는 그냥 넘어갈게요. 네 사람 들어가세요."

마지막으로 급식 관련 규칙입니다.

"자, ○○ 나와 보세요."

아이들은 영문을 모른 체, ○○가 앞에 나와 섭니다.

"오늘 ○○가 급식을 다 먹지 않고서 버렸어요. 이때 어떤 규칙이 있어야 하지요?"

상황을 설명하고서 바로 규칙 만들기로 이어집니다. 처음보다 시간이 많이 줄어듭니다.

의견을 적기 위한 점을 6개로 찍었습니다.

"이번에는 6개만 받을게요. 그러니 좋은 생각이 있으면 빨리 말해주세요."

"버린 나물을 더 받아서 먹도록 해요." 승찬이가 의견을 냅니다.

"다음에 맛난 거 나오면 못 받게 해요." 주상이 의견입니다.

"맛난 게 뭐죠? 그건 사람마다 다르지 않을까요?"제가 끼어들어 말을 했습니다.

"남은 반찬 다 먹도록 해요."

"에이, 그건 아니다." 저절로 나오는 아이들 반응입니다.

"자, 바다가 낸 소중한 의견이니 써 줍시다."

"일주일 동안 급식을 많이 받아요." 재영이가 의견을 냅니다.

"많이 받는 게 얼만큼이죠?"

"……."

"그럼 영근 샘이 받는 것만큼 받도록 하면 어떨까요?"

"네. 좋아요."

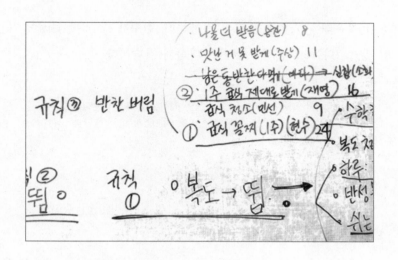

"급식 청소를 하도록 해요." 민선이가 의견을 냅니다.

"급식을 꼴찌로 먹도록 하면 좋겠습니다."

현수 의견에 아이들이, "아~" 합니다. 오늘 현수는 자기 의견을 처음으로 냈습니다. 보통 때 자기 의견을 잘 내지 않는 현수인데.

"와, 현수가 의견을 내었네요. 그래요. 써 둘게요."

그렇게 여섯 개의 의견이 나왔습니다.

"그럼 이것에서 반박하거나 묻거나 다듬을 것 있나요?"

소희가 손을 듭니다.

"남은 반찬을 다 먹게 하는 건 심한 것 같아요."

"네. 맞아요."

아이들 뜻이 모입니다. 바다도 웃습니다.

"그럼 바다, 동무들 의견을 받아서 바다 의견은 지울까요?"

"네." 하며 웃습니다.

이 가운데에서 손을 들고서 정하는데, 현수가 낸 것에 찬성이 가장 많습니다. 이렇게 정한 규칙은 다음과 같습니다.

> - 반찬을 버린 게 처음이면, 한 주 동안 급식을 꼴찌로 먹는다.
> - 또 버리면, 급식을 한 주 동안 꼴찌로 먹으면서 영근 샘만큼 반찬을 받아서 먹는다.
> - 세 번째, 영근 샘과 상담한다.

"자, ○○도 이 규칙이 만들어지기 전에 어긴 것이니 이번에는 그냥 넘어갈게요. 들어가세요."

○○는 머쓱해하면서 들어간다. ○○를 나오게 한 것이 미안합니다. 그러지 않는 게 더 나았을 텐데 반성합니다.

> * 문제를 학생들과 함께 푸는 것, 민주 시민 교육에서 참여와 문제 해결력을 기른다.
> * 토의에서 학생들이 의견을 무작위로 내도록 하는데, 이때 의견이 잘 나오지 않으면 학생들에게 수첩이나 공책에 쓰도록 하고서 의견을 내게 하면 좋다.
> * 처음 의견을 낼 때는 반박과 질문 시간을 되도록 갖지 않는다. 더 많은 의견을 받기 위함이다.
> * 첫 의견에서는 되도록 모든 의견을 다 받아들인다.
> * 토의에서 반박과 질문 시간을 주는 것은 결정하기에 앞서 그 안건을 조금 더 살펴야 하기 때문이다.
> * 질문에서 서로 생각이 다르면 그것이 곧 토론의 주제가 될 수 있다.
> * 결정 과정에서 손을 여러 번 들게 하는 것은, 좋게 생각하는 의견이 하나가 아닐 수 있기 때문이다.
> * 결정한 것이 하나가 아닌 둘이거나 셋인 게 좋다.
> * 처음 참여하는 학생을 북돋아 줘 참여를 이끌려는 노력이 필요하다.

2014년 3월 26일 수요일
날씨: 따뜻했고 저녁때는 시원했다.
제목 : 학급규칙정하기

오늘 우리반에서 규칙정하기를 하였다. 규칙 정하기를 하게 된 이유는 바다 준영, 예찬, 자원이 급식 차를 끌면서 두고, 주성는 나물을 숨겨서 버렸기 때문이다. 그래서 규칙을 지키지 않았을때의 벌칙을 정하는데 우리반 친구들이 자꾸 벌을 심하게 했다. 예를 들면 앉았다 일어났다 20그를 하라고 하던지 운동장 5 바퀴를 돈다고 하던지 그렇게 규칙을 정하면 친구들이 규칙을 어기지 않을텐데 사람은 실수를 하기때문에 나도 모르게 될수도 있고, 잘못할 수도 있다. 그런데 너무 심한 벌을 하는 것보다는 자신에게 유익한 재밌-가 난 이런것처럼 학습지를 풀거나 수진·기 난봉사활동을 시키는것이 좋다고 생각하며, 나는 급식청소 1주일을 시키라는 의견을 냈다. (ID:10, 거실에서) 그래. 이경기 생각이 각각나 재밌어.

급식 남겼을 때

 영근 샘 일기

2014년 7월 11일 금요일

"선생님, 누가 먹다가 남겼어요."

준엽이가 식판을 치우다가 급식 차에 급식을 다 먹지 않고 버린 것을 찾고는 하는 말이다. 4월쯤에 자기가 받은 급식을 다 먹지 않았을 때는 어떻게 할 것인지 회의를 했고, 그때 우리 반 규칙으로 급식을 남기면 한 주 동안 가장 뒤에서 급식 받는 것으로 했다. 이렇게 규칙으로 정했는데도 남겼으니 아이들도 민감할 수밖에 없다.

"응? 뭘 남겼는데?"

"쫄면 야채도 남기고, 밥도 좀 남기고, 깍두기도 남겼어요."

"그럼 5교시 회의할 때 이야기해 주렴."

"네."

당장 찾을 수도 없고, 찾으려고 한들 화만 낼 것 같아 이렇게 점심시간을 보냈다.

5교시가 시작되고, 학급 회장 주관으로 참사랑땀 회의가 시작된다. 오늘 5교시는 회의를 20분 하고서, 나가서 물놀이를 하자고 했다. 그러니 아이들 마음은 벌써 물놀이를 하고 있다. 그렇지만 회의는 해야지. 우리 반 한 주를 돌아보는 소중한 시간이니. 그리고 오늘은 5교시가 들어 물놀이 마치고서 집에 바로 가니 마치는 시각보다 조금 더 물놀이를 할 수 있다는 생각에서 회의를 하도록 했다. 회의에서는 '지난 한 주 동안 좋았던 것, 아쉬운 것, 바라는 것'을 이야기 나누는데 오늘은 시간이 없으니 '아쉬운 것과 바라는 것'으로 이야기한다.

"그럼 지금부터 이번 주에 우리 반 아쉬웠거나 바라는 것을 말씀해 주실 분은 손을 들어 주시기 바랍니다." 하는 회장 말에, 준엽이가 손을 든다.

"오늘 급식을 남긴 사람이 있어 아쉬웠습니다."

"조금 더 자세하게 말해 주세요." 하고 잠시 끼어들었다.

"네. 오늘 점심을 먹고 식판을 치우는데, 급식 차에 쫄면 야채도 남기고, 밥도 좀 남기고, 깍두기도 남긴 식판이 있었습니다."

그러고서는 회장이 다른 의견을 받는다. 20가지 정도가 나왔다. 이렇게 나온 의견 가운데 내가 하나, 회장단이 하나, 학생들이 하나를 골라 더 깊이 이야기를 나누는데, 오늘은 물놀이 때문에 내가 정한 주제로만 이야기 나눈다. 나는 당연히 '급식 남긴 것'으로 하자고 했다.

"자, 그럼 빨리 이것으로 이야기 나누도록 하겠습니다."

아이들이 여럿 손을 든다.

"저는 선생님이 급식 다 먹은 것을 검사하면 좋겠습니다." 호찬이 의견이다. 이 말에 "네. 4학년 선생님도 그랬습니다." 하며 민선이도 동의한다.

나도 손을 들고 바로 반박한다.

"저는 싫습니다. 제가 모든 어린이들이 밥 먹는 것을 다 봐야 하는 건 너무합니다."

그래도 나온 의견이니 해결 방법으로 올라간다.

여러 의견이 더 나온다. '급식 모둠이 확인하자', '확인하는 담당을 따로 정하자' 따위가 나온다.

준엽이가, "밥 친구가 확인하면 좋겠습니다." 한다. 밥 친구는 날마다 나랑 밥을 함께 먹는 우리 반 아이가 한 명씩 있는데, 그걸 밥 친구라 한다.

"네. 저도 찬성합니다."

대여섯 가지 의견이 나오고서 손을 들고 정하려고 한다.(원래는 더 이야기를 나누는데, 물놀이가 있고, 그렇게 심각한 주제가 아니니 빨리 정하려고

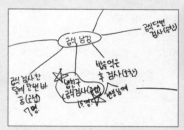

한다. 나도 그냥 둔다. 나도 물놀이를 하고 싶으니.)

"자, 그럼 여기에 나온 의견에서 마음에 드는 의견에 손을 들어 주십시오. 손은 두 번 들 수 있습니다."

다른 의견은 여섯 안팎으로 나온다.

"그럼 밥 친구가 확인하면 좋겠다는 사람은 손을 들어 주십시오." 한다. 아이들이 손을 들고 회장이 그 수를 헤아릴 때 나도 든다. 내가 먼저 들면 아이들이 나를 따라 손을 들 때가 많다. 물론 갈수록 그런 모습이 사라지고 있지만.

"열넷. 열네 명입니다."

"와." 하며 의견을 낸 준엽이가 좋아한다.

"다음은 선생님이 확인하자에 손을 들어 주시기 바랍니다."

"저요!" 하며 아이들이 손을 높이 든다. 만만치 않다. 서로 들자는 눈빛을 주고받으며 웃고 즐긴다. 나에게 그 짐을 던져 주고픈 모양이다. 내가 싫다고 하니, 더 그러고 싶겠지.

수를 헤아리는데, 열셋이더니 회장이 뜸을 조금 들이는 사이에 한 아이가 더 손을 든다.

"열넷입니다." 그 수가 같다.

"저는 선생님과 밥 친구로 다시 손을 들어 보면 좋겠습니다." 하고 제안했다.

"좋아요." 하는 아이들이다.

"잠시만요. 하나만 말할 게 있어요." 하니 회장이 허락해 준다.

"저도 밥 먹을 때는 조용히 쉬면서 밥 친구와 밥 먹고 싶어요. 날마다 '선생님, 다 먹었어요.' 하는 식판을 모두 봐야 하는 건 너무 싫어요. 제발 부탁

할 터이니 저에게 표를 주세요."

"그건 밥 친구도 마찬가지잖아요."

"그래도 밥 친구는 날마다 하는 건 아니잖아요." 했다.

"그럼 이번에는 '선생님이 검사하자'부터 손을 들겠습니다. 손들어 주십시오."

"얘들아, 들어." 하며 부추긴다.

열넷이다.

"다음은 '밥 친구가 검사하자'에 손을 들어 주십시오."

'선생님이 검사하자'보다 올라오는 손이 힘이 없다. 나만 높이 든다. 높이 올라온다고 더 많은 수를 주는 건 아니지.

"하나, 둘, 셋……."

회장이 그 수를 헤아린다.

"열하나, 열둘, 열셋, 열넷" 한다.

'또 같은 수가 나왔구나' 하는 사이, "저도요." 하고 수인이가 손을 든다.

"네. 열다섯입니다."

"예에!" 하고 소리 높여 외쳤다.

"그럼 다음 주부터 밥 친구가 급식을 검사하도록 하겠습니다."

'휴, 다행이다!'

스스로 결정해요

"자, 대부분이 그럴 거야. 친한 사람들끼리 방을 쓰고 싶을 거예요. 그런데 그게 좋지만, 수학여행에서 친한 친구와는 더 친하게, 아직 덜 친한 친구들과는 더 친해질 수 있는 시간을 가져 보세요. 그러길 바라는 마음에서 이렇게 했네요. 그리고 방은 두 개로 나눠 쓰지만 함께 놀 시간도 많아요."

7
수학여행

학생들은 학교, 특히 교실에서 벗어나는 활동을 좋아합니다. 일과 시간에 잠시 나가는 나들이마저도 좋아합니다. 그러니 현장학습이나 수학여행을 손꼽아 기다리는 아이들입니다. 신나게 즐기고 싶은 마음입니다. 이렇게 기다리는 수학여행이니, 담임으로서 제대로 할 수밖에 없습니다. 그 이야기를 조금 풀어 보려 합니다.

　2학기에 수학여행을 가는데, "선생님, 수학여행은 언제 가요?" 하는 질문이 개학하자마자 쏟아집니다. "그럼 장기 자랑은요?", "방은 몇 개예요?" 특히나 여학생들이 그럽니다. 사실 수학여행에서 남학생은 가는 것만으로도 좋아하는데, 여학생은 이렇게 작은 것 하나하나를 모두 신경 씁니다. 여학생들이 특히 관심 갖는 것은 차에서 누구와 앉고, 모둠은 어떻게 꾸리며, 방에서 잠은 어떤 친구와 자는지 하는 것들입니다.

　참사랑 11기(2010년 6학년)와는 토론과 토의를 치열하게 하면서 자기들이 원하는 방식(친한 친구끼리)으로 방과 모둠을 정했습니다. 처음에 '방을 어떻게 쓸 것인가?'로 토의했더니 '친한 친구끼리 하자'와 '무작위로 하자'는 의견으로 나뉩니다. 그래서 '방을 친한 친구끼리/무작위로 하자'로 토론했습니다. 토론에서 친한 친구끼리 같은 방을 쓰기로 할 때 우려하는 점들이 모두 다 나왔습니다. 그리고 다시 토의하는데 그 결과는 친한 친구들끼리 똘똘 뭉친 의견으로 정해졌습니다. '친한 친구끼리 하자'는 학생들은 "친한 친구끼리 방을 쓰지만, 함께 어울리는 수학여행이 되도록 하겠다."고 말했습니다. 저와도 약속을 했습니다. 자기들끼리만 어울려 다니거나 문제가 생기면 벌을 받겠다고도 했습니다. 그만큼 함께하고 싶은 겁니다.

그런데 우려대로 친한 친구끼리 방을 썼더니, 여학생들은 2박 3일 동안 친한 여학생들끼리만 어울려 다닙니다. 자기들끼리 즐거우니 다른 친구들이 보이지 않습니다. 그 절정은 둘째 날 장기 자랑에서 드러납니다. 반끼리 어울리는 활동에서도 다른 친구들은 빼고 자기들끼리만 노는 모습을 보입니다. 그런 모습에 그날 밤 크게 혼을 냈습니다. 눈물을 흘리는 그 아이들에게 손을 내민 건 어울리지 못하던 아이들이었으니 참 아이러니합니다.

이러한 경험을 하고 나서 그다음부터는 조금 더 조심스럽게 꾸렸습니다. 학생들 의견은 묻되, 똑같은 실수를 반복하지 않기 위해 조금 더 애썼습니다.

방 정하기

사실 방이 가장 큰 걸림돌입니다. "자, 우리 수학여행 준비하는 시간을 가질게요." 하니, 첫 물음이 "선생님, 방은 어떻게 써요?"입니다. 대답을 바로 했습니다. "우리가 늘 쓰던 컴퓨터 프로그램으로 무작위로 정하도록 해요." 하고서는 프로그램을 돌렸습니다. 예전의 아픈 기억에 "어떻게 하는 게 좋을까요?" 하고 묻는 다른 때와 달리 되묻지 않고서 바로 정했습니다. 보통 때 모둠을 정할 때나 놀이를 할 때 무엇을 정할 때 무작위로 하는 경험을 많이 했던 터라 별 거부 없이 수긍을 했습니다. 학급 임원을 방에 한 명씩 넣고서 나머지는 나오는 차례대로 방에 넣었습니다. 걱정(선배들처럼 자기들이 원하는 대로 하고 싶다는 반대 의견이 나오리라는)과는 달리, 무작위로 뽑는 시간이 놀이가 되어 한 명 한 명 뽑혀 나올 때마다 아쉬움과 손뼉이 교차합니다.

이렇게 정하고서 이야기합니다. "자, 대부분이 그럴 거야. 친한 사람들끼리 방을 쓰고 싶을 거예요. 그런데 그게 좋지만, 수학여행에서 친한 친구와는 더 친하게, 아직 덜 친한 친구들과는 더 친해질 수 있는 시간을 가져 보세요. 그러길 바라는 마음에서 이렇게 했네요." 한마디 더 보탭니다. "그리고 방은 두 개로 나눠 쓰지만 함께 놀 시간도 많아요."

버스에서 함께 앉을 짝 정하기

버스를 타고 현장학습도 가고, 체험 학습을 가기도 합니다. 그럴 때마다 "누구와 앉아요?" 하며 묻습니다. 갈 때마다 어떻게 갈 건지 정하는 것도 참 재미있습니다. 경기도교육청 에듀모두 사업으로 간 철원은 원하는 사람만 갔으니 앉고 싶은 대로 앉았고, 영어마을 체험 학습과 시화호생태습지 현장학습은 모둠끼리 앉았습니다.

수학여행 때는 이렇게 말했습니다. "원하는 사람끼리 앉고 싶겠지만 그렇게 앉는 것이 모두에게 좋지만은 않아요. 그렇다고 친한 사람과 사흘 동안 못 앉는 것도 그렇고. 그래서 이렇게 하는 것을 제안해요. 첫날은 지금 모둠끼리 앉아서 가는 거죠. 그리고 가장 많이 타고 이동하는 둘째 날에는 앉고 싶은 짝과, 마지막 날은 무작위로 정해서 앉았으면 해요." 학생들도 괜찮다는 반응을 보입니다. "그럼 무작위는 수학여행 전날 컴퓨터로 정할게요."

2013년 5월 28일(수학여행 하루 전)

(…) 6교시 30분이 남았다. 둘째 날 앉을 자리를 컴퓨터로 활용해 무작위로 정한다. 원래는 '밥 친구'인 소희가 마우스를 누르기로 했는데, 결과에 따라 아이들이 소희 탓을 할 것 같아 내가 눌렀다. 아이들 반응이 다양하다. 누가 짝이든 기다려지는 수학여행이다. 첫날은 모둠끼리 차에서 앉고, 둘째 날은 오늘 뽑은 자리에, 마지막 날은 원하는 동무와 짝을 하며 앉기로 했다. 10분 남짓 레크리에이션에서 할 노래와 춤을 췄다. 이제 제법 잘 맞는다. "자, 이제 끝. 내일 아침에 수학여행 갈 때 보자. 안녕."

장기 자랑 정하기

수학여행에서 학생들이 가장 오래 기억에 남는다고 한 것이 둘째 날 치르는 레크리에이션입니다. 요즘은 몇 명이 나가서 춤을 추는 게 통상적인 모습입니다. 나머지 아이들은 그것을 보며 손뼉 치

며 즐깁니다. 우리 반도 몇 명이 나가서 했습니다. 이런 모습을 조금
다르게 운영하고 싶습니다. 그래서 참사랑땀 13기들에게는 "자, 우리
수학여행 가서 장기 자랑은 다 같이 했으면 해요." 했습니다. 내 말
에 힘이 있었는지, 같은 생각이었는지 반대하는 학생이 없습니다. 물
론 "춤을 추고 싶은 사람도 있을 거예요. 그 사람들은 따로 준비해도
좋겠어요. 그건 수학여행에서 할 수 있도록 할게요." 하며 몇몇이 모
여 춤추기 좋아하는 학생들에게도 기회를 따로 줬습니다. "그런데 우
리 반이 함께하는 장기 자랑은 다 같이 연습해야 하니, 그 춤 연습
은 따로 했으면 해요." 그렇게 해서 13기들은 〈강남스타일〉로 정했습
니다. 예찬, 준호, 다빈, 지우가 가르쳐 준 춤을 열심히 연습해 함께
무대에 올라 신나게 춤을 췄습니다. 정말 즐거운 자리였습니다.

14기에도 회의를 통해 함께하는 장기 자랑으로 정했습니다. "자,
이번 수학여행 장기 자랑은 모두가 함께하는 것으로 할게요. 무엇으
로 할 건지 함께 결정해 주면 좋겠어요." 어린이 회의 시간에 무엇으
로 할 건지 정하는데 역시 시간이 많이 걸립니다. 그러며 정한 것은
〈아빠의 청춘〉을 노래하며 춤추는 것이었습니다. 옛날 노래인데 이

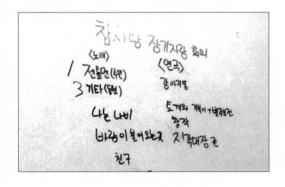

노래는 우리 반에서 아침마다 부르는 노래로 학생들이 신나게 따라 부르더니 장기 자랑에서 춤추는 노래로 정합니다. 율동은 채현, 소희가 정했고, 그것을 연습해서 열심히 공연을 마쳤습니다.

동학년에서 함께 준비하기

학급 전체가 함께 장기 자랑을 한다고 하면 몇몇 학생들은 거부하고는 합니다. 함께 무대에 나가기 싫은 친구들 말고 자기들끼리 따로 장기 자랑을 하고픈 학생들입니다. 이럴 때는 동학년 선생님들이 함께 정해서 학생들에게 알려 주면 좋습니다. 반마다 모두가 참가하는 장기 자랑을 해야 하고, 개별로 장기 자랑을 원하는 학생들은 따로 할 수 있다고 알리면 학생들도 잘 받아들입니다. 수학여행 전까지 모든 교실에서 장기 자랑 준비로 신이 났습니다. 수학여행 장기 자랑에서 볼거리가 많고 학생들 호응도 참 좋았습니다.

수학여행을 마치고서

수학여행을 마친 다음 날, 우리는 토의와 토론을 했습니다. 먼저 토의로 수학여행에서 좋았던 점과 좋지 않았던 점을 마음껏 이야기 나눴습니다. 토의에는 모두가 참여하여 모두가 발표하도록 했습니다.
이렇게 이야기 나눈 내용이 이어지는 토론에서 근거가 되었습니다.

좋았던 점
- **인호** 서로에 대해 잘 알게 되었다. 샤워를 같이했기 때문에.
- **화영** 교관들이 좋았다. 재미있게 지도해 주셨다.
- **해린** 같이 이야기 나누며 걸었기 때문인지 덜 힘들었다.
- **태희** 매점에서 사 먹어서 좋았다.
- **유빈** 석굴암처럼 책으로만 보았던 것을 봐서 좋았다.
- **유진** 먹고 싶은 것만 먹을 수 있었다.
- **대현** 레크리에이션 좋았다.

좋지 않았던 점
- **유찬** 담당 교관이 두 반에 한 명이라…….
- **지우** 교관이 너무 다그쳤다.
- **호진** 방이 너무 작고, 시계가 없었다.
- **민식** 친구들끼리 싸웠다.
- **유빈** 화장실 시설이 아쉽다.
- **문경** 박물관에서 유물 볼 시간이 없었다.
- **지민** 화장실 위치가 불편했다.
- **화영** 매점이 하나라 사람이 몰렸다.
- **우진, 예찬** 경주까지 가는 데 시간이 너무 오래 걸렸다.
- **태희** 교관이 설명할 때 집중을 하지 않고 흙을 만졌다.
- **해린** 장소 이동하려고 줄 설 때 교관들이 화를 냈다.
- **하늘** 추웠다.
- **다빈** 이동할 때 남학생들 장난이 심했다.
- **성준** 물 마실 곳이 없었다.
- **경현** 잘 때 문을 열고서 잤다.
- **선영, 유진** 교관들이 약속을 어겼다.

- **지훈** 너무 많은 곳을 갔다.
- **신혁** 친구들이 차 안에서 〈쿵푸팬더〉만 봤다.
- **지우** 월드컵 예선을 못 봐서 아쉬웠다.
- **인호** 아픈 사람이 있었다.
- **태영** 일어나는 시간이 빨랐다.
- **준호** 휴게소를 적게 갔다.
- **대현** 수련회가 더 좋았다.(바깥 공기가 산이라 좋았다.)

　　토론은 학급 전체 토론으로 이끌었습니다. 논제는 '수학여행은 경주로 가지 말아야 한다'로 했습니다. 경주에 다녀온 따끈따끈한 여러 경험을 살려 참 알찬 토론을 펼쳤습니다.

동학년 수학여행 준비 모임

2013년 5월 21일

오늘 여섯째 시간에 5학년이 다 모였다. 시청각실에 모이니 가득 찬다. 3월에도 한 번 모였다. 3월에는 5학년이 함께 지킬 것들을 이야기했다. 허심탄회하게 이야기 나누길 바랐지만 그게 잘되지 않았다. 그래도 함께 모여서 이야기 나누는 것은 언제나 가치 있다.

부장님께서 수학여행 준비를 총괄하고, 나는 자료집과 준비 모임을 맡았다. 너무 많지 않으면서 학생들에게 정말 도움이 되는 자료집을 몇 장이라도 만들려고 한다. 오늘은 수학여행 첫 모임이다. 물론 오늘 학생들과 만나기 위해 동학년이 몇 번 이야기를 나눴다. 그 내용을 학생들에게 알리는 날이다. 학생 모두와 함께 이야기 나누고 싶지만, 그게 잘 안 되는 구조다. 학생수가 너무 많은 탓이다. 그래서 더 자세한 것은 교실에서 반에서 이야기 나누기로 했다.

먼저 아이들을 모으고서 준비한 파워포인트로 시작한다.

'어휴, 시끄러워.'

좁은 교실 두 칸을 붙인 시청각실에 일곱 반이 모였으니 소리가 장난 아니다. 그리고 어찌나 울리는지. 조용하게 만드는 게 먼저다.

"자, 5학년 하면 반 이름 말해요. 5학년!" 했더니, 아이들이 "○반" 하는데, 두 반 정도가 손뼉을 이어서 친다.

"그럼 이렇게 해요. 내가 5학년 하면, 반 이름 말하고 손뼉 다섯 번에 손 머리 하면서 '쉿!' 하기. 자, 해 볼까요? 5학년!" 하자 "○반. 짝짝 짝짝짝 쉿!" 하며 손 머리 한다. 물론 그렇다고 일순간에 조용해지지는 않는다. 모두가 함께 들어야 할 곳, 꼭 알아야 할 것에서 지금 약속으로 눈을 모은다. 오늘 쓴 눈을 모으는 방법은 몇 가지가 더 있다. '5학년'으로 한계가 있을 때는, "손뼉 3번, 손뼉 2번, 손뼉 1번, 손 무릎, 눈은 여기." 하거나, "자, 내 눈 보세요. 지금 손가락 몇 개?" 하며 눈을 모은다. 어쨌든 아이들 눈 모으는 게 쉽지는 않다.

사실 이럴 때, 지금까지 난 고함으로 해결했다. 내 인상에, 내 성격에, 내 욕이면 "야!" 한마디면 조용하다. 그런데 그러고 싶지 않다. 우선 내가 그래서 좋을 게 없다. 나도, 듣는 아이들도. 무엇보다 조용하게 있는 아이들마저 기분 나쁘게 할 필요가 없다. 조금 시끄럽다가도 조용하게 눈만 모으면, 전

122

달할 것은 다 전달할 것이라 여긴다. 무엇보다, 아이들은 관심이 가는 이야기에는 저절로 눈길을 준다고 생각한다. 물론 아직도 잘하는 아이보다 잘하지 않는 아이들이 먼저 보이는 건 사실이다.

파워포인트에 여행 가는 곳 사진을 넣었더니(설명은 하지 않았다.) 장 수가 꽤 많다. 가는 곳은 사진으로 넘기고서 이번 설명 자리에서 우리가 강조할 것에 더 집중한다. 다름 아닌 안전(차, 견학, 숙소)과 미션, 주의할 점이다. 아래와 같이 여러 안내가 이어진다.

"자, 첫날 숙소에서 가장 궁금한 게 저녁에 언제까지 놀 수 있을까 하는 것일 거예요. 그래서 우리가 여러분에게 미션으로 그 기회를 갖도록 준비했어요. 가는 장소마다 방별로 미션을 줄 건데, 그 미션을 다 완수한 방에는 한 시간 또는 두 시간 자유 시간을 주도록 할게요. 미션을 잘해 보세요."

'모둠이 함께 점심 먹는 모습 사진으로 찍어 담임선생님께 보내기', '먹은 자리 깨끗하게 정리하고서 사진 찍어 보내기', 'OO에서 다 같이 높이 뛰어 발이 땅에서 떨어진 사진 보내기', '외국인에게 어느 나라에서 왔는지 친절하게 묻고 사진과 나라 이름 보내기' 따위로 미션을 정했다. 가는 곳마다 두 가지 정도의 미션을 주었다.

"여러분이 또 궁금한 게 손전화, 휴대폰일 것 같아요. 그래서 지난주에 선생님들이 의견을 나눴는데, 부모님이 여러분이 수학여행을 잘하고 있는지 궁금해하실 수 있으니, 가져와도 되는 것으로 했어요. 그런데 꼭 지켜 줘야 할 게 있어요. 그걸로 게임하면 안 돼요. 왜냐하면 수학여행도 수업이 이어지는 것이거든요. 그리고 카톡이나 문자로 친구들 험담을 하거나 하면 안 돼요. 사진은 마음껏 찍어도 되는데, 찍으면 안 되는 게 있어요. 친구들 이상한 모습은 절대 찍으면 안 돼요."

(난리다.)

"또 유적지 가는 곳마다 기념품 파는 곳이 있는데, 우리 선생님들이 살 수 있는 곳을 알려 줄게요. 그곳에서만 사는 것으로 해요."

"무엇보다 개인 행동을 하면 안 돼요. 함께하도록 하세요."

이렇게 5학년 학생들과 함께하는 이야기 시간, 아니 수학여행 전달 시간을 가졌다. 오늘도 몇 번이나 말했듯 모두가 안전하고 즐겁게 수학여행을 잘 마치길 바란다. 그렇게 되도록 나도 도와야지 하는 마음을 다시 한 번 갖는다.

찬성 측이 불리한 토론 가운데 하나가 빼빼로데이입니다. 아무래도 찬성 측 논리가 많이 떨어집니다. 토론 자료를 준비하며 그걸 알기에 토론에서 이기기 위해 서로 반대를 하려고 합니다. 그렇지만 실제 토론에서 찬성과 반대는 무작위로 정합니다. 그다음 주에는 찬성과 반대를 바꿔서 토론했습니다. 모두가 찬성과 반대를 경험하기 위해 두 번에 걸쳐서 했습니다.

아이들이 토론을 할 때 빼빼로데이 행사를 하지 않아야 한다는 주장이 강합니다. 그렇게 토론에서 내세운 주장은 불현듯 스스로의 생각에 영향을 끼칩니다. 토론에서 맛볼 수 있는 참 좋은 경험입니다.

8

빼빼로데이

찬반 토론

빼빼로데이 한 주 전

빼빼로데이를 주제로 찬반 토론을 했습니다. 논제는 '교실에서 빼빼로데이 행사를 해야 한다'로 했습니다. 이 토론이 참 흥미롭습니다. 논제가 저희들 삶과 잇닿은 터라 좋아합니다. 모두들 찬성 측을 하려고 합니다. 그렇지만 미리 편을 나누지 않고, 찬성과 반대를 모두 준비하도록 합니다.

토론하는 날, 아이들 반응은 달라져 있습니다. 서로 반대 측을 하려고 합니다. 찬성 측이 불리한 토론 가운데 하나가 빼빼로데이입니다. 아무래도 찬성 측 논리가 많이 떨어집니다. 토론 자료를 준비하며 그걸 알기에 토론에서 이기기 위해 서로 반대를 하려고 합니다. 그렇지만 실제 토론에서 찬성과 반대는 무작위로 정합니다. 그다음 주에는 찬성과 반대를 바꿔서 토론했습니다. 모두가 찬성과 반대를 경험하기 위해 두 번에 걸쳐서 했습니다.

아이들이 토론을 할 때 빼빼로데이 행사를 하지 않아야 한다는 주장이 강합니다. 그렇게 토론에서 내세운 주장은 불현듯 스스로의 생

찬성 측	반대 측
영중 11월이 되면, 기말고사 때문에 머리가 아프다. 머리를 식힐 수 있어서 필요하다. **동훈** 빼빼로를 하나도 받지 못하면, 머리를 식히기는커녕 스트레스가 쌓인다. **영중** 많이 받은 사람이 주면 가능하다. **희윤** 자기가 받은 것을 나눠 준다고 했는데, 친구에게 받은 것을 주는 것은 친구 정성을 무시하는 것 같아서 절대 주고 싶지 않다. **진경** 친구가 만든 것이 아니거나 산 것을 여러 개 받았으면 주는 것도 가능하다. **혜원** 생일 선물로 연필 열두 개 들어 있는 것을 받아도, 하나라도 주면 친구의 정성을 무시하는 것 같다. 진경이에게 선물을 줬는데 그것을 나눈다면, 나도 마음이 상할 것 같다. **이슬** 빼빼로를 받은 정성을 다른 친구에게 줄 수 있지 않나?	**혜원** 빼빼로를 훔치는 사람이 있다. 4학년 때 11월 11일에 원통에 들어 있는 빼빼로를 사서 갔는데, 남학생들이 달라고 해서 안 줬더니 수업 시간에 훔쳐서 자기가 먹었다. 자기의 양심을 어겨 가면서까지 할 필요가 없다. **우진:** 잃어버린 책임도 있지 않나? **혜원** 첫째 시간에 훔쳐 가서 쉬는 시간에 찾았는데 뚜껑을 덮었는데 또 가져갔다. **진경** 4학년이니 나쁜 뜻으로 그러지는 않을 것 같고 그냥 먹고 싶어서 그랬을 것이다. **혜원** 나쁜 뜻 없어도 훔쳐 먹으면 나쁘다. **민영** 훔쳐 가기 전에 나눴어야 하는데, 그러지 않아서 그랬던 거다. **혜원** 보통 때 저를 때리던 아이인데, 빼빼로데이라고 주고 싶은 마음이 없었다. 안 줘서 잘못이라면 그건 모순이다.

각에 영향을 끼칩니다. 토론에서 맛볼 수 있는 참 좋은 경험입니다.

토론에 이어 토의로 우리 반에서는 빼빼로데이 행사를 하지 않기로 했습니다. 그 대신에 '빼빼로데이 바르게 알리기 운동'과 '연필 깎

기 대회'를 하기로 했습니다.

빼빼로데이 바르게 알리기 운동 1

빼빼로데이 사흘 전

미술 시간에 '빼빼로데이 바르게 알리기 운동'을 하려고 짝 또는 모둠별로 팻말을 만들었습니다. 여러 종류의 종이를 주고서, "자, 이 것으로 팻말을 만들어 보세요." 했습니다. 그러니 서로 머리를 맞대고 어떤 것을 만들지 생각을 나눕니다. 함께 생각을 모읍니다. 이렇게 짝이나 모둠끼리 하는 토의에서는 학생들이 이야기 나누며 생각을 모아 내는 힘이 참 좋습니다.

만드는 팻말을 살피니 설문 조사를 하는 것도 있고, 빼빼로 통을 붙이고서 성분을 분석한 것도 있습니다. 글자 한 자 한 자도 색깔을 넣어 꾸미거나 다른 색깔 종이로 오려서 글자로 붙이며 멋을 내기도 합니다. 완성한 팻말에 남학생들은 실과 시간에 쓰다 남은 나무토막으로 손잡이를 만들어 붙입니다.

빼빼로데이 바르게 알리기 운동 2

빼빼로데이 이틀 전

"내일 정문과 후문으로 나눠서 빼빼로데이 바르게 알리기 운동을 해 보세요. 그런데 정문에 있는 사람은 차를 조심해야 하고, 다른 사람들에게 피해를 주면 안 돼요. 우리는 우리 생각을 알리는 거지, 빼빼로데이를 하지 말도록 하는 것은 아니니까요. 그 판단은 우리가 하는 것을 보고서 스스로 해야 하니까요."

누가 정문과 후문에서 할 것인지 의견을 나누더니 번갈아 가면서 하기로 결정합니다. 모두가 나가야 하는지 묻습니다. "모두가 다 나가면 좋겠지만 개인 판단은 존중받아야 한다고 생각해요. 그러니 참가 여부는 개인 판단에 맡길게요."

2010년 11월 10일
빼빼로데이 바르게 알리기 운동

　오늘 아침에 우리가 만든 팻말을 가지고 나가서 빼빼로데이 바르게 알리기 운동을 했다. 같이 나간 사람은 정호, 나, 승조, 치현, 재주, 영중이었다. 아마 다른 애들은 정문에서 했을 것이다. 한강은 28분쯤에 후문으로 들어올 때 "나도 같이 운동해 주지." 했다. 한강은 자기가 대장인 것처럼 말한다. 여자애들도 열심히 했다. 내일은 오늘보다 더 열심히 해야겠다는 생각이 들었다. 가장 적극적으로 한 사람은 승조였다. 승조는 지나가는 애들한테 "넌 빼빼로데이가 있어야 한다고 생각해? 아니면 없어야 한다고 생각해?" 이렇게 말한다. 그것도 얼굴 처음 보는 아이들한테 그런 것이다. 승조의 용기가 대단하다. 나는 그냥 팻말만 들고 기호 1번 빼빼로, 기호 2번 누드 빼빼로, 기호 3번 중국 빼빼로 했다. 재미있었다.

상록초등학교 6학년 김준수

2010년 11월 11일

　학교를 나왔을 때 "우오, 춥다. 그리고 누가 루시퍼 팻말 가져간 거야." 하고 생각했다. 정문에 오는 사람들이 많아 창피해 뒷문으로 간 애들이 많은지 정문에는 아무도 없었다. 같이 나온 희윤이는 후문으로 간 친구들을 데리러 가고 나와 이우진이 남았다. 처음에는 너무 춥고 좀 부끄러워 팻말에 얼굴을 가리고 팻말을 번쩍 들었다. 그러다 보니 팻말을 보는 애들이 1, 2학년밖에 없었다.

희윤이가 오고, 원래 정문에 서야 하는 다솔, 혜진, 소연이 왔다. 주진이는 좀 학교에 늦게 와 합류하고, 마지막에는 혜원, 유진, 혜민, 상벽이가 왔다. 그렇게 많이 모이니 점점 자신이 생겼다. 그래서 난 팻말을 얼굴이 보이게 내리고 소리쳤다. "빼빼로는 루시퍼, 빛나는 가래떡입니다." 이러니 보는 사람이 많아졌다. 그래서 더욱 좋았다. 잠시 뒤 청소하시는 머리 빨간 할머니께서 "애들은 추위도 모르고 하네." 하셔서 더욱 뿌듯했다. 꼭 온몸에 온기가 생겨나는 느낌이었다. 99번 버스에 있는 사람들도 철문 트럭 아저씨도, 군대 다니는 오빠도 모두 우리를 쳐다봐 주며 웃어 주었다. 우리 반은 서로서로 보듬어 주는 그러면서 크는 따뜻한 반 같다.

상록초등학교 6학년 김효수

알리기 운동은 아침 8시부터 정문과 후문에서 합니다. 빼빼로데이를 찬성하는 학생들은 나오지 않을 것이라 생각했는데 모두가 다 나와서 합니다. 이런 활동이 놀이로 재미있으니 그렇습니다. 알리기 운동(캠페인)에 낯설고 날씨도 추우니 처음에는 쭈뼛거리는 우리 학생들입니다. 그렇지만 조금씩 용기 내어 곧 자기주장을 큰 소리로 외칩니다. 바로 '참여'입니다. 내 주장을 남들에게 내보이는 기회가 우리 학생들 성장에 큰 힘이 될 것이라 생각합니다.

11월 11일 빼빼로데이에도 알리기 운동을 합니다. 이렇게 알리기 운동을 해 보면 늘 같은 모습에 기분이 좋습니다. 정말이지 빼빼로 과자를 들지 않은 아이들이 많습니다.

아침 일찍부터 나와서 빼빼로데이 바르게 알리기 운동을 했으니, 할 말이 많습니다. 마치고 교실에 들어오자마자 웅성거립니다. "아침에 알리기 운동했던 이야기를 글로 써 보세요." 하며 겪었던 이야기, 들었던 생각을 글로 쓰게 했습니다. 그리고 아이들은 돌아가면서 자기가 쓴 글을 발표합니다.

2005년 11월 11일, 고생한 보람

아이들 일기

"빼빼로데이 반대 운동입니다."
"한번 보고 가세요."
추운 날씨에 계속해서 홍보를 하지만,
아무도 봐 주지 않고, 씩 웃고 간다.
그때, 어떤 할아버지께서 오시더니 이런 말을 하신다.
"추운 날씨에 고생들 하는구나."
하고 어깨를 툭 치며 씩 웃고 가신다.
순간, 지금까지 고생한 것이 싹 날아간다.

의왕초등학교 6학년 배정렬

2009년 11월 10일, 학교 앞 정문에서

아이들 일기

학교 앞 정문에서
"빼빼로데이 반대한다!"
선생님들은 한번 보고 얘기하며 가신다.
"한번 보세요."
6반 3반 선생님이
"이런 거 왜 하니?"
잘하고 있는데 그 말 하니 기운이 쭉 빠진다.

상록초등학교 6학년 나용수

"우리가 하는 것은 빼빼로데이를 바르게 알고 하자는 것, 한 번쯤 곰곰이 생각해 보자는 이야기를 하는 거지, 빼빼로데이를 모두 하지 말아야 한다는 것은 아니라고 봐요. 우리는 우리 생각을 알리는 것이고, 생각이 다른 사람들은 그 사람대로 할 것이고. 내일 빼빼로데이 아침에도 알리기 운동을 해 봐요. 장소는 오늘 했던 곳과 다른 곳에서 하고, 내일은 빼빼로데이니 빼빼로를 가지고 오는 사람에게 안 좋은 말을 하면 안 될 것 같아요. 그냥 우리는 우리 생각만 말하는 거지요. 우리 모습을 보고, 오늘 학급에서 찬반 토론을 했다는 선생님이 계셨어요. 보람이 커요."

대안 활동–연필 깎기 대회

이렇게 토론을 하고, 빼빼로데이 바르게 알리기 운동을 하니 우리 반은 과자를 아무도 가져오지 않습니다. 아이들이 빼빼로를 가져온 다른 반의 들뜬 분위기에 비해 조금 주눅이 든 모습도 보입니다. 그래서 준비한 것이 연필 깎기 대회입니다. 미리 하루 전 알림장에 준비물로 연필 깎을 수 있는 칼을 가져오도록 알리고, 빼빼로데이에 연필을 선물로 나눕니다.

"자, 우리 연필 깎기 대회를 해 볼게요. 먼저 깎는 방법을 설명할게요. 오늘 활동에서 다치지 않는 게 가장 중요해요. 다치면 안 되니 정말 조심하세요. 연필을 깎을 때는 엄지손가락으로 이렇게 살짝 밀어서 깎아요."

정말 정성껏 깎습니다. 사실 아이들은 칼을 잡는 방법이나 엄지손가락으로 칼을 밀어내는 동작이 서툽니다. 깎고 또 깎아 새 연필이 몽당연필이 되기도 합니다. 20분 정도 시간을 주는데, 처음에는 정말 낯설어하던 아이들도 연필 깎는 것이 조금씩 손에 익었는지 연필 모양이 제법 나옵니다. 잘 깎은 것을 가려 뽑아 칭찬도 합니다. 물론 즐기는 자리이니 말로 칭찬할 뿐 보상물을 주지는 않습니다.

민영 예전에 연필깎이가 없어서 엄마가 다 깎아 줬고 난 보기만 했는데, 잘 깎아지네.

정호 처음에는 어려웠는데, 하다 보니 깎는 건 그럭저럭 쉬운데 모양 만드는 건 어려웠어.

상록초등학교 6학년

2004년 11월 11일 목요일, 날씨 별로 쌀쌀하진 않았다.
빼빼로데이보다 재밌었던 연필 깎기

선생님이 갑자기 돌발 제안을 하신다. 수업 중에.
"자 오늘은 연필 깎기 대회를 한다."
'아, 그래서 선생님이 커터 칼을 가져오라 하신 거구나.'
그래도 어떤 걸 할까 고민하신 선생님께 박수. 하하.
자. 일단 떨리는 마음으로 연필을 하나 받고 조심스럽게 깎았다가 검정색 심이 보일 기미를 안 보여 그냥 팍팍 깎았다. 가위손이 되어서.
복구는 옆에서 보기만 하고. 정말 애들이 집중할 때는 "스윽스윽." 이 소리밖에 안 났다.
내가 사진을 찍게 되었다. 찍는데 애들이 신경을 안 썼다. 오호. 애들이 집중하고 있으니까 다들 이쁘게 나오는 것 같았다. 뭐 하도 연필이 안 깎여서 인상 쓰고 찍은 복구와 심각했던 효댕이는 예외지만.
나도 그래도 노력은 했는데 그냥 조금 울퉁불퉁하고. 내 나름대로는 다듬는다고 다듬었지만 '으으.' 손이 맘대로 움직이질 않았다.
곰의 손으로 뭘 하겠어. 하하.
어쨌든 재밌던 연필 깎기였다.

의왕초등학교 6학년 황수라

집에서 식구와 토론하기 - 빼빼로데이 필요한가?

주마다 식구들과 함께할 수 있는 주말 과제를 냅니다. 빼빼로데이에 맞춰 우리 교실에서 했던 똑같은 논제로 토론을 하도록 했습니다. 월요일에 돌아가며 주말 과제로 나눈 토론 이야기를 발표합니다. 아버지와 어머니가 서로 다른 생각이라서 싸울 뻔했다는 민영이의 말에 다 같이 크게 웃었습니다. 치열하게 토론을 벌인 모양입니다. '그러니 민영이가 교실에서 토론을 참 잘하는구나.' 하는 생각도 듭니다. 이렇게 식구가 하나의 주제로 이야기를 나누는 기회가 더 많았으면 하는 바람도 갖습니다.

아이들 일기

2010. 11. 14 일요일

엄마 빼빼로데이는 없어져야 한다. 우리나라의 명절도 아니고 빼빼로 회사 상술로 돈을 쓰게 한다.

유진 연락하지 않는 친구들에게 이걸로 마음을 나눌 수 있다.

아빠 그럼 떡으로 전할 수 있거나 편지로 전할 수 있다.

유진 빼빼로데이는 해야 한다. 빼빼로 문화를 알려 수출을 해 우리나라 문화를 알릴 수 있다.

유정 빼빼로데이는 없어져야 한다. 빼빼로데이는 원래 농업인의 날이다.

유진 빼빼로를 쌀로 만들어 농업인들에게 힘이 되면 된다.

유정 농업인의 날인데 농사짓는 사람들의 마음을 느낄 수 없다.

유진 빼빼로데이는 해야 한다. 친구랑 친해질 수 있다.

유정 못 받은 친구들은 소외감을 느낄 수 있다.

공유진

2010. 11. 14 일요일

엄마 빼빼로데이는 없어져야 한다. 이유는 그 빼빼로 만드는 상인이 돈을 벌기 위해 만든 것이기 때문이다.

아빠 아들이 받아 온 빼빼로를 억지로 먹어야 한다.

나 빼빼로데이는 없어져야 한다. 이유는 빼빼로에는 안 좋은 성분이 많고, 작년에 아몬드 빼빼로에서 벌레가 나왔다는 일도 있어서다.

동생 11월 11일은 농민의 날이지만 우리 어린이들은 빼빼로데이라고 많이 알고 있기 때문이고 사람들 간에 마음을 전하는 뜻깊은 날이라고 생각한다.

김영중

아이들은 어린이 회의 때 안건으로 북녘 수해 지역 어린이 돕기를 올렸습니다. 회의는 굉장히 치열했습니다. 며칠 시간을 줬더니 자료까지 준비해서 자기 의견을 펼칩니다. 남북 관계로 민감한 사안이라 그런지 집에서 부모님의 의견도 아이들의 말에서 엿보입니다. 그만큼 치열했습니다. 이런 모습은 토론하는 버릇이 들어서 그런 것 같습니다.

9

북녘 수해 돕기

2010년 상록초등학교 6학년 5반

2010년 여름, 북한에는 큰비가 내렸습니다. 이에 신의주 지역에서는 물난리를 겪었습니다. 이렇게 물난리를 겪은 곳에 있는 어린이들에게 긴급 구호 물품으로 쌀을 보내는 행사를 '남북어린이어깨동무'에서 합니다.

이런 뜻깊은 행사에 우리 반이 함께하면 좋겠다는 생각이 들었습니다. 그래서 우리 반 아이들에게 행사의 취지를 설명했습니다. 그러고서 물었습니다. "여러분, 우리 북녘 어린이를 위한 수해 돕기에 함께하는 것이 어떨까요?" 했습니다. 그랬더니 이 내용을 어린이 회의에서 나누자고 합니다. 이렇게 이야기하며 함께 의견을 모으자는 당당한 말이 참 흐뭇합니다. "그럼 집에도 이 내용을 잘 말씀드려 보세요. 그러고서 어린이 회의에서 여러분이 결정하세요. 그 결정에 나도 따르도록 할게요."

'북녘 수해 돕기를 할 것인가?' 어린이 회의

아이들은 어린이 회의 때 안건으로 북녘 수해 지역 어린이 돕기를 올렸습니다. 회의는 굉장히 치열했습니다. 며칠 시간을 줬더니 자료까지 준비해서 자기 의견을 펼칩니다. 남북 관계로 민감한 사안이라 그런지 집에서 부모님의 의견도 아이들의 말에서 엿보입니다. 그만큼 치열했습니다. 이런 모습은 토론하는 버릇이 들어서 그런 것 같습니다.

찬성과 반대의 의견을 나눕니다. '불쌍하니 도와야 한다.'는 찬성과 '북한은 도와도 딴짓을 한다.'는 반대의 근거가 많습니다. 서로 생각이 달라 찬성과 반대가 팽팽하게 엇갈립니다. 그렇지만 토론을 자주 하는 아이들이라 감정을 드러내고 싸우거나 그러지는 않습니다. 치열하지만 중심이 무너지지는 않습니다. 토론은 갈등을 풀기에는 좋지만 해결점을 찾기에는 한계가 있습니다. 그래서 토의로 저절로 이어 갑니다.

'북녘 수해 돕기 어떻게 할까?'라는 의제가 던져집니다. 토론에서 이어진 토의라, 찬성 의견에 반대할 필요는 없다는 의견을 내보입니다. 결국, 모두가 함께하는 방향을 찾지는 못했습니다. 이번 행사는 원하는 사람만 참여하기로 했습니다. 모두가 함께했으면 하는 바람대로 되지는 않았지만 이 문제를 푸는 과정은 참 수준 높은 모습을 보였습니다.

이렇게 해서 북녘 수해 지역 어린이 돕기 운동을 시작했습니다.

모금 운동

　모금 운동은 학급 임원이 주축이 되어 스스로 하도록 했습니다. 여자 부회장인 소연이가 작은 천 가방을 가져와서 그곳에 돈을 모읍니다. 돈을 낸 아이들 하나하나 이름을 써 가며 기록을 남깁니다. 백 원에서부터 천 원, 만 원까지 아주 다양한 돈이 모입니다. 이렇게 자기가 할 수 있는 만큼 내며 마음을 모으는 모습이 참 기특합니다.
　'난 얼마를 내는 것이 적당할까?' 잠시 고민했습니다. 아니, 사실은 깊이 생각했습니다. 이런 성금이야 많으면 많을수록 좋겠지만 아이들에게 보이는 모습이 있으니 적당한 금액을 내는 것이 공감대 형성에는 더 낫겠다 싶었습니다. 그래서 결정한 금액은 2만 원이었습니다. 돈을 소연이에게 내며 아이들에게 이렇게 말했습니다. "여러분, 내가 내는 2만 원은 뜻이 있어요. 사실 선생님이 달마다 '어깨동무'에 후원금으로 2만 원을 내거든요. 그래서 2만 원을 이번 모금에 내기로 했어요."
　쑥스럽게도 아이들은 손뼉을 쳐 줬습니다.
　그런데 그 며칠 뒤 재미있으면서 부끄러운 일이 생기고 말았습니

다. 효수가 5만 원을 가지고 온 것입니다.

2010년 9월 9일

　엄마께 내일까지 북녘 돕기를 해야 한다고 말씀드렸다. 엄마는 화장대로 가시더니 거기에서 5만 원을 가져오셨다. 엄마는 "북녘 돕기는 꼭 해야 하는 거야." 하셨다. 우리 엄마가 이렇게 멋진 사람인지 몰랐다. 우리 엄마가 자랑스럽다.

김효수

　효수가 쓴 이 일기를 소개하자, 아이들은 나에게 쳤던 손뼉보다 훨씬 더 큰 손뼉으로 칭찬했습니다. 물론 효수도 참 좋아했습니다. 효수는 이번 수해 돕기 행사에서 큰 것을 배웠지 싶습니다. 나누는 행복과 함께 부모님의 큰 행동에서 돈으로 살 수 없는, 5만 원보다 훨씬 큰 가치를 느꼈지 싶습니다.

2010년 9월 15일

　어느 날 선생님께서 '북녘 수해 돕기'를 하자는 의견을 내셨다. 우리 반 친구들이 그 말에 찬성하여서 이 일이 시작되었다. 처음에는 나도 찬성을 했지만 막상 이 일이 시작되니까 북녘 수해 돕기에 낼 돈으로 내가 갖고 싶어 하던 것을 살 수 있는데 그 돈을 가지고 그것도 북한을 돕는 데 쓴다니까 돈을 안 내고 고민을 하고 있었다. 근데 성금을 낸 사람이 10명 정도 됐을 때 우리 반 친구 효수가 5만 원이라는 큰돈을 냈다. 알고 보니 효수는 부모님께 우리 반에서 북녘 수해 돕기를 한다는 말씀을 드렸더니 "북한을 돕는 일이니 당연히 도와야지!" 하며 내주신 돈이었다. 이 이야기를 듣고선 북한을 돕는 일이 우리 한민족을 돕는 일인 걸 알게 되었다. 그리고 다음 날 나도 내 돈을 가져와서 냈다. 그런데 내가 갖고 싶어 하던 걸 샀을 때보다 왠지 더 마음이 뿌듯해지는 보람을 느꼈다. 왜 사람들이 남을 돕자고 하는 지 새삼 깨달았다. 이번 북녘 수해 돕기로 북한도 우리나라랑 한민족이라는 것, 남을 도왔을 때의 보람 등 많은 것을 배웠다. 이번 계기로 이런 일들이 얼마나 보람차고 얼마나 기쁜 일인지를 알게 되었다.

김소연

바자회

"북녘 돕기 운동으로 모은 돈이 생각보다 적습니다. 그래서 안건으로 다시 올립니다."

그렇게 다시 회의에서 의논을 해, 바자회를 하기로 했습니다. 물론 원하는 아이들만 하기로 했습니다. 처음부터 끝까지 강요는 하지 않았습니다. 참가하는 아이들은 즐거운 놀이로, 뿌듯한 마음으로 참가하길 바랍니다. 참가하지 않던 아이들도 몇은 뒤늦게 참가하기도 했습니다.

"오늘은 두 시간 이어서 공부를 하고, 둘째 시간 마치고서 20분 쉬는 시간을 줄 테니 쉬면서 바자회 준비해 온 사람은 그때 물건을 팔아요. 나도 준비해 온 게 있어요."

"뭔데요?" 하며 관심을 보입니다. 제가 가지고 온 것은 집에서 준비해 온 인절미입니다. "내 떡은 2개에 백 원." 하며 나도 떡을 팔았습니다. 검은콩 고물로 만든 인절미인데, 한 통을 다 팔았습니다. 떡을 판 돈은 8천 6백 원입니다. 그걸 북녘 돕기 성금으로 넘겼습니다. 저도 신나게 떡 팔고서 좋은 일에 돈을 넘기니 기분이 좋습니다. 상현이는 책을 팔고, 혜원이는 여러 물건을 가져와서 팔았습니다.

두 주 동안 했던 북녘 수해 돕기는 이렇게 마쳤습니다.

 아이들 일기

2010년 9월 18일

북녘 돕기 바자회를 했다. 학용품, 책 들을 팔았다. 집에 필요 없는 거 필요한 사람들에게 팔고, 그 돈으로 착한 일도 해서 기분이 좋다. 평소에 이런 일 할 수 있는 기회는 얼마 없는데 왠지 내가 행운아가 된 것 같아 좋다.

이혜원

전달식

두 주 동안 학생들과 함께 모은 돈은 16만 원 정도였습니다. 그 돈을 남북어린이어깨동무 사무실에 전달했습니다. 전달하는 모습은 일부러 사진으로 찍어 학급 누리집에 올렸습니다. 옛말에 오른손이 한 일을 왼손이 모르게 하랬지만, 제 생각에 이렇게 가치 있는 일은 널리 알려야 한다는 생각이 컸습니다. 무엇보다 자기들이 낸 소중한 돈이 잘 전달되는 모습을 보며, 어떻게 쓰이는지 아이들이 관심을 갖도록 하기 위함이었습니다.

(사진에도 비밀이 있습니다. 어린이문화연대 모임에서 돈을 전달했는데, 마침 그곳에 있던 두 분, 우리 반 아이들이 잘 아는《두근두근 탐험대》만화 작가 김홍모 님, 어린이 노래를 만드는 백창우 님을 자리에 모시고 찍었습니다. 연예인(아이들에게는) 같은 분이 손뼉 치는 모습에 우리 반 아이들은 참 좋아했습니다.)

사진을 본 아이들은 댓글을 아래와 같이 쓰며 좋아하고 관심을 가졌습니다.

> **상벽** 제가 낸 돈이 북한의 누구에게 힘이 될지 궁금하네요!
> **영중** 나의 돈을 과연 누가 쓸지 궁금하군.

이렇게 모은 성금을 남북어린이어깨동무에서 북한 어린이들에게 쌀로 전달합니다. 하루는 어깨동무 사무실에서 연락이 왔습니다. 임진각에서 북한에 전달하는 행사를 하는데, 우리 반 아이들이 함께하면 좋겠다는 요청이 왔습니다. 학교 관리자도 쉬이 승낙하여 우리 반에서 넷이 임진각 행사에 참여하게 되었습니다. 또 작은 고민거리

가 생겼습니다. 누가 행사에 갈 것인지 정해야 했습니다. 그래서 또 회의를 했습니다. 회의에서는 성금을 많이 낸 친구가 가자고 했습니다. 저도 그 뜻에 동의했습니다. 우리가 이 행사에 참여할 것이란 것을 알고 했던 것이 아니었기에 아이들 뜻대로 해도 괜찮겠다고 생각했습니다. 그렇게 우리 반 아이들도 함께 행사에 참여해 뜻깊은 시간을 가졌습니다.

 아이들 일기

2010년 10월 15일

오늘 북녘 돕기 행사 어린이 대표로 나, 효수, 소연, 준혁, 희문이랑 같이 갔다. 갈 때는 내가 멀미를 해서 아무 말 없이 갔다. 가서 잠시 쉬다가 행사를 시작하였다. 나는 계속 가만히 있었다. 그리고 임진각을 구경했다. 거기서 본 것은 경의선 증기 기관차, 비망록 1950, 평화누리, 평화누리에 있는 흔적, 전망대에 갔다. 그것도 제일 감동인 게 기관차다. 전쟁이 너무 가혹한 흔적을 남겼다. 그리고 점심으로 햄버거를 먹었다. 맛있었다. 오늘 참 재미있었다. 그리고 오면서 애들이랑 제로 게임, 손가락 게임, 끝말잇기 등 많은 게임을 했다. 갔다 오길 정말 잘 했다고 생각한다. 오늘 쌀 50만 톤을 보면서 북한 친구들이 잘 먹었으면 좋겠다.

황재주

스스로 만들어요

작은 것도 함께 만들기

교실에서 한 해 동안 살다 보면 뭔가 새로운 일이 생기고, 결정해야 하는 순간이 계속 생깁니다. 그때 어떤 결정으로 학급에 녹아들게 할 것인가에 대한 이야기입니다. 물론 이 정도는 담임이 혼자서 쉽게 정할 수 있습니다. 또한 정할 필요도 없이 그냥 흘려보낼 수도 있습니다. 그렇지만 학생들과 함께 만들어 가는 교실을 꿈꾼다면, 함께 이야기 나누길 권합니다. 아주 작은 것이라도 함께 이야기 나누면 훨씬 더 빛깔이 살고, 새로운 생각에 놀라기도 합니다.

10
작은 것도 함께 만들기

교실에서 한 해 동안 살다 보면 뭔가 새로운 일이 생기고, 결정해야 하는 순간이 계속 생깁니다. 그때 어떤 결정으로 학급에 녹아들게 할 것인가에 대한 이야기입니다. 물론 이 정도는 담임이 혼자서 쉽게 정할 수 있습니다. 또한 정할 필요도 없이 그냥 흘려보낼 수도 있습니다. 그렇지만 학생들과 함께 만들어 가는 교실을 꿈꾼다면, 함께 이야기 나누길 권합니다. 아주 작은 것이라도 함께 이야기 나누면 훨씬 더 빛깔이 살고, 새로운 생각에 놀라기도 합니다. 그럼 그 작은 것을 하나씩 살피겠습니다.

　학급에서는 여러 가지 일이 일어납니다. 아침 활동-수업-쉬는 시간-점심시간-종례-청소 등과 같이 하루에도 참 많은 일이 있고, 주마다 달마다 새로운 일과 꾸준히 반복하는 일이 있습니다. 그 가운데 꾸준하게 되풀이하는 일에는 제 나름의 이름을 정합니다. 그 이름을 정할 때 학생들의 의견을 반영해서 정합니다. 이렇게 정한 이름은 그 한 해만 쓸 수도 있고, 꾸준하게 가지고 갈 수도 있습니다. 저희 반은 가지고 갑니다.

　이렇게 학생들과 함께 만든 이름을 오랫동안 우리 반 활동으로 가져가고 있습니다. 이름이 있어서 우리 반 학급 활동을 꾸준하게

'아침햇살' 날짜와 이름 정하기

2004년 9월 4일

수업 마치고 잠깐 회의를 한다.

1반 부장 선생님이 하시는 것을 배워 우리 반도 일주일에 한 번씩 아침에 산에 오르기로 했다.

"어떤 요일로 할까?"

결과는 수요일!

"그럼 우리 모임 이름은 뭐로 할까?"

'아침이슬', '아침햇살', '새벽' 등이 후보로 거론되었는데, 결국 아침햇살로 정했다.

"그럼 몇 시까지 모일까?"

6시 30분으로 정해졌다. 그런데 7시로 해도 될 것 같다. 아침이 짧아지니 좀 천천히 잡아도 될 것 같다. 10여 명이 참가할 것 같다.

문제는? 당연히 나다. 혹시나 가기로 한 전날 과음을 하거나 늦게 일어나 시간에 못 맞추면 어쩌지? 처음 해 보는 학급 경영이고 내년 학급 경영의 큰 축으로 생각하고 있는 자연 체험의 작은 시작이니 힘들더라도 해 보자.

아래는 2014년 아침햇살 모습이다.

챙기는 데 힘이 덜 듭니다. 해를 마칠 때 우리 반 활동 이름을 다 써 두고서 평가를 합니다. 또 2월 말에 다음 학년도 계획을 세울 때도 활동 이름을 쓰고 어떻게 할 것인지 써 봅니다. 이렇게 활동마다 우리 반만의 이름이 있으니 우리 반만의 활동을 잘 지켜 갈 수 있는 것 같습니다. 학생들도 우리 반 활동에 이름이 있으니 재미있어합니다. 활동을 소개하며 언제 만들어진 이름이다 하면 관심을 갖습니다. 물론 새로운 이름이고, 자기들이 정하는 것도 참 좋은 방법인 것 같고, 그렇게 하시는 선생님들도 계시기도 합니다.

길에 버려진 책

2012년 4월 7일

　6월에 있을 국가수준평가(일제고사)를 위해 학교에서 문제를 모은 책을 제본했다. 파란색으로 된 책으로 4학년부터 지금까지 배운 내용의 정리와 문제가 있다. 그 책을 모두에게 한 권씩 줬다.

　수업을 하다가 짬이 날 때 조금씩 본다. 그런데 그게 신나는 일이 아니다. 학생들도 4학년 때 배운 내용을 다시 푸는 게 고역이다.

　"우리 이 책 이름이나 정해 볼까?" 했다.

　학생들도 흔쾌히 그러자며 관심을 보인다. 이런 활동이 재미있는 게다. 자기들이 마음껏 이름을 정할 수 있으니.

　칠판 한구석에 동그라미를 크게 그린다. 위에 '파란 책 이름 공모'라고 제목을 썼다.

　"자, 여기에 파란 책 이름을 공모할게요. 한 사람에 하나씩 쓸 수 있어요. 정해진 제목을 모든 책에 쓰도록 할게요. 물론 그 이름을 쓰기 싫은 사람은 안 써도 되겠지만 함께 정했으니 쓰는 게 더 재밌겠죠?"

　"네, 다 써요." 하며 목소리가 신났다.

　"공모에 당첨된 사람에게는 선물이 있어요."

　"뭔데요?"

"내 사인. 그 사람 책에는 내가 사인을 크게 해 줄게."

"에이." 하면서 웃는다. 우리 반은 보상이 이런 거다. 그냥 행복과 웃음을 나누는 게 보상이다. 물건으로 주는 일은 없다. 그걸 아이들도 이제는 잘 안다. 쉬는 시간에 아이들이 나와 쓴다. 동그라미 안에 가득 쓴다.

하루를 마칠 때 이야기했다.

"와, 참 많이도 썼네요. 그럼 이 가운데 하나를 정할게요. 정하는 방식은 읽을 테니 손을 들도록 하세요. 다수결로 두 개만 우선 남길게요. 꼭 하나에만 들지 않아도 돼요. 자기가 마음에 드는 것에는 다 손을 드세요."

이렇게 해서 남은 것은 '길에 버려진 책'과 '옛날 책'이다.

두 개를 두고서 이 책을 공모한 선영이와 민식이 이야기를 듣는다.

"4학년 때부터 배운 내용이 있으니 옛날 책으로 하면 좋겠습니다."

선영이 말이다.

"저는 이 책을 보기 싫어 버리고 싶어 정했습니다."

민식이가 웃으며 말한다.

그러고서 투표. 결과는 '길에 버려진 책'이 큰 점수로 이겼다. 제목이 조금 거시기 하지 않느냐는 말에 괜찮단다. 그럼 나도 괜찮은 거다.

아이들과 함께 일제고사를 준비한다고 학교에서 만들어 준 책에 이름을 만든 이야기를 쓴 교육 일기입니다. 일제고사를 그 당시 참 강조했습니다. 강조라기보다 강요라는 말이 더 맞을 겁니다. 제가 할 수 있는 것은 일제고사 이야기를 하지 않는 것, 이 책을 풀지 않는다고 혼내지 않는 것 정도였으니 부끄럽습니다. '길에 버려진 책'이라는 이름이 흔히 생각하는 좋은 말은 아닙니다. 그런데 그 이름 안에 아이들 생각이 잘 담겼음은 사실입니다. 물론 우리 반도 바른 말 고운 말을 살려 쓰려고 애씁니다. 그런데 이 책만은 달랐습니다. 이 책을 보는 현실, 그리고 그 책을 보고서 봐야 하는 시험이 정말 싫었던 겁니다. 그 뒤부터 이 책 이름을 정하기 전과 확연히 달라졌습니다. "자, 다 푼 사람은 수학 정리한 책(또는 파란 책) 보세요."이라던 말이, "자, 다 푼 사람은 '길에 버려진 책' 주워서 보세요." 합니다. 그러면 아이들도 웃습니다. 책을 내며, "그럼 '길에 버려진 책' 좀 볼까?" 하며 또 웃습니다.

문집 제목

아이들이 쓴 글을 묶어서 문집을 냅니다. 주마다 내기도 하고, 달마다 내기도 합니다. 1학년을 삼 년 이어서 한 적이 있습니다. 이때는 두 달에 한 번 정도 책으로 문집을 엮어서 냈습니다. 삼 년을 마치니 아이들 글 모은 문집과 한 해 알림 편지 모음까지 모두 열여덟 권의 책을 묶게 되었습니다. 이렇게 많은 책을 낼 수 있었던 것은 학부모와 함께 만들었기에 가능했습니다. 글을 고르고, 쓰는 것은 학급에서 저와 아이들이 하고, 쓴 글을 풀로 붙이는 일은 어머니들이 맡아서 해 주셨습니다. 마지막 교정과 인쇄소 연락은 제가 맡아서 했습니다.

고학년은 조금 다르게 냈습니다. 고학년은 자주, 쉽게 문집을 냅니다. 자주 낼 때는 책이 아닌 종이를 몇 장 찍어서 줍니다. 스테이플러로 찍은 몇 장의 문집이지만 아이들은 참 소중하게 봅니다. 그곳에 자기들 이야기가 담겼기 때문입니다. 이렇게 자주 내는 문집은 학기 말이나 연말에 책으로 묶어 내고 있습니다.

이렇게 문집을 책이나 묶음으로 낼 때, 문집 이름을 아이들이 쓴 글에서 가려 뽑습니다. '매를 벌어요. 매를.'은 1학년 우현이가 어머니에게 혼날 때 들은 말이 그대로 문집 제목이 되었습니다. '구름이랑 햇볕은 사이가 좋다. 햇볕을 안아 준다.'는 1학년 민욱이가 하늘 보고 쓴 글에서 뽑았습니다. '그거 상추라고 이놈아'는 6학년 예지가 시골집에 가서 상추를 풀이라고 하니 할아버지가 하신 말씀입니다. 이렇듯 아이들이 한 말이나 쓴 글로 제목을 가려 뽑습니다.

아래 글은 문집 제목으로 뽑은 글과 문집 제목으로 뽑힌 아이가 보이는 반응입니다. 먼저, 의왕초등학교 1학년, 참사랑 8기였던 유진이 어머니가 쓴 마주 이야기입니다.

마주 이야기

2006년 6월 4일
선생님도 거짓말쟁이다. 뭐!

"이유진! 너 왜 엄마한테 거짓말했어. 껴안기 인사 잘한다고 했잖아."
"엄마, 선생님이 거짓말 치는 거야. 맨날은 아니야. 진짜로."
"그래도 네가 잘 안 하니까 선생님이 엄마한테 얘기하는 거지."
"선생님도 거짓말쟁이다. 뭐!"
"뭐가?"
"맨날 잘난 척해."
"어떻게?"
"'난 너무 미남이지! 너무 잘생긴 것 같애'. 이렇게."
"선생님 잘생기지 않았니? 엄마는 잘생긴 것 같은데."
"뭐가! 머리는 뽀글뽀글하고. 진짜 헤헤헤."
"나는 껴안기 인사 잘한다." 10번 외쳤습니다.

의왕초등학교 1학년 이유진 어머니

157

어머니가, 유진이가 하는 말을 그대로 써 준
글입니다. 유진이 어머니와 이런저런 이야기 나
누다가 유진이가 나랑 껴안기 인사를 잘하지 않
는다는 말로 시작한 말다툼입니다. 유진이에게
제가 하는 말, "미남이지?" 하는 말이 거짓말이
라고 어머니에게 대꾸합니다. 그 모습이 참 재미
있습니다. 이 글에서 저는 '선생님도 거짓말쟁이다. 뭐!' 하는 글을
문집 제목으로 뽑았습니다.

2005년 7월 14일
엄마! 1등상이야?

"유진아, 문집 가지고 왔니?"

"(장난스럽게) 네, 네, 여기 있어요. 엄마! 그런데 엄마가 쓴 마주 이야기가
문집 제목이 됐어! 이것 봐! 신기하지!"

"어디 보자. 진짜네! 와, 신기하다. 진짜로 엄마가 쓴 마주 이야기가 제목
이네. 표지도 예쁘고. 호호호!"

"○○○ 엄마는 하나도 안 썼대. 막 신경질 부렸어. 내가 '우리 엄마 거다!'
하니깐 '그래 잘났다!' 그랬어. 이것 봐 엄마! 엄마 거가 제일 많아!"

엄마와 딸은 세 번째 소중한 문집 제목을 보곤 너무 좋아서 흥분을 감추
지 못했어요.

"엄마가 마주 이야기 많이 아주 많이(두 팔로 아주 힘껏 동그라미를 그리
며) 잘 쓴다고 우리 선생님이 엄마한테 상 주셨나 봐! 그치 엄마! 1등상이
야?"

"그래. 1등상이다. 엄마가 유진이 얘기 많이 많이 잘 들어 주었다고 선생님
이 엄마한테 상 주셨네. 마주 이야기 1등상!"

"엄마! 상 받으니깐 기분 좋지? 봐! 엄마 얼굴 빨갛게 되잖아!"

158

"웅, 너무 좋아. 엄마 가슴이 콩콩콩 뛴다!"

"엄마! 그렇게 좋아? 내가 이다음에 상 또 받게 해 줄게!"

"진짜? 유진이가 어떻게?"

"내가 학교 갔다 와서 학교에서 있었던 일 많이 많이 엄마한테 얘기해 주면 되지! 다음부턴 하루에 백 개씩 써. 또 상 받게."

＊문집을 받을 때마다 그 기분 너무 설레고 좋지만 이번 문집은 정말이지 좀 더 많이 특별하게 다가옵니다. 제목 때문이겠지요. 유진이 말처럼 선생님께서 주신 상이라 믿고 싶네요.

우리 아이 말 열심히 귀 기울이고 잘 들어 준 상. 마주 이야기를 적으며 저도 모르는 사이에 참 많은 공부를 했더라구요. 마주 이야기를 적기 위해 잘 들어 준 것인지는 잘 모르겠지만 아이의 말을 중간에 끊지 않고 끝까지 들어 주는 버릇이 생겼습니다. "그래, 그랬구나.", "유진이는 왜 그렇게 생각했어?" 비록 철부지 말이지만 맞장구도 쳐 주고 한마디라도 더 끌어내기 위해 한 번 더 물어 주니 아이는 저 잘난 듯 즐거워하며 마구 쏟아 내더라구요. 그리고 끝에는 늘 아이 눈높이에서 정당한 이유가 있다는 것을 깨닫게 되었습니다.

의왕초등학교 1학년 이유진 어머니

참사랑 8기로 살며, 유진이 어머니는 하루도 빠지지 않고 이렇게 마주 이야기를 써 주셨습니다. 대단한 노력에 정말 고마웠습니다. 물론 그 노력에 대한 보답으로 문집 제목으로 삼은 것은 아니었는데, 이런 큰 기쁨을 줬다니 일부러 했어도 좋겠다는 생각도 들었습니다. 제목에 올라간 작은 글 하나가 이렇게 사람을 기쁘게 합니다.(그건 큰 아이들도 마찬가지입니다. 자기 글이 스테이플러로 찍는 문집에 제목으로 실렸다고 어머니와 이모에게까지 자랑했다던 6학년도 있었습니다.)

문집 제목을 뽑을 때는 저 혼자서 임의로 하기도 하고, 아이들과 함께하기도 합니다. 제목을 함께 뽑을 때는 문집 모둠이나 제가 대여섯 개의 문집 제목을 먼저 가려 뽑습니다. 그러고서 그 제목을 칠판에 크게 씁니다. 그러면 아이들은 자기 마음에 드는 제목에 동그라미 표시를 합니다. 또는 두 개씩 보여 주며 하나씩 올리는 토너먼트 방식으로 하나를 고르기도 합니다. 이런 방식을 활용하여, 학교에서 주최하는 여러 행사*에서 우수 작품을 선정하고 있습니다. 문집과 다른 점은 담임이 마지막 두 개를 두고서 결정한다는 점입니다.

> 담임이 적정 수 작품 추천 ▶ 학생들이 두 개 남김 ▶ 두 개 중에서 담임이 정함

지구를 위한 한 시간

> '지구를 위한 한 시간(Earth Hour)' 운동은 환경부와 세계자연보호기금(WWF)이 함께하는 환경 캠페인으로서 탄소 배출량 감축과 기후 변화에 대한 인식 제고 및 실천을 위해 만들어졌습니다. 2007년부터 매년 3월 마지막 주 토요일 오후 8시 30분부터 1시간 동안 전등을 모두 소등하는 운동이며, 152개국 총 7천여 개 도시가 참여하고 있는데요, 그 사례로는 프랑스 에펠탑, 뉴욕 타임스퀘어, 시드니 오페라하우스, 태국 왕궁 등이 있습니다.

'지구를 위한 한 시간'을 우연히 봤습니다. '우리 반도 주말 과제

● 아직도 학교에 행사가 참 많습니다. 행사를 주최하는 취지는 다 공감이 가지만, 그 진행은 여전히 상을 주는 방식을 벗어나지 못하고 있습니다. 많은 혁신학교에서는 행사의 취지도 살리면서 상 때문에 학생들을 힘들게 하지 않고 잘 운영한 사례가 있을 것입니다. 그런 사례가 조금 더 적극적으로 일반 학교에까지 보급되기를 기대합니다.

로 해야겠다.'는 생각이 들었습니다. 금요일 6교시에 칠판에 '지구를 위한 한 시간'이라 크게 썼습니다. 먼저, 이 행사를 소개합니다.

"우리도 내일 8시 30분부터 한 시간 동안 전기를 끄고 함께했으면 해요. 여러분은 어떤가요?"

"네. 좋아요."

"그럼 우리가 전기를 끈다면 무엇을 할 수 있을까?"

"잠을 자요."

나도 아이들도 함께 웃습니다.

"참 좋은 생각이에요. 또 어떤 게 있을까요?"

- 촛불로 책을 봐요.
- 플래시를 써요.
- 식구가 함께 외식을 해요.
- 지옥 훈련(담력 훈련)을 해요.
- 나가서 운동해요.
- 학교 운동장에 가서 괴담 말하고 놀아요.
- 사우나(찜질방)에 가요.
- 쇼핑을 해요.
- 어두운 데에서 숨바꼭질을 해요.
- 어두운 데에서 술래잡기를 해요.
- 기타를 연습해요.
- 여름이면 곤충 채집하며 놀아요.
- 그냥 밖에 나가요.
- 도서관에 가서 책을 읽어요.
- 귀신 놀이를 해요.
- 큰 마트에 가서 시식을 해요.
- 친구 집에 가요.

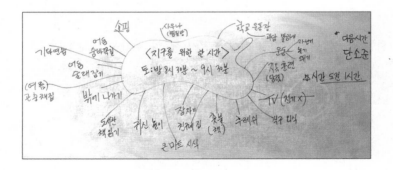

이렇게 이야기 나누니 참 재미있습니다. 무엇을 할 수 있는지 말하는 아이들도 듣는 아이들도 웃습니다. 말대로 하는 모습을 떠올리니 재미난 겁니다. 그리고 혼자 생각할 때보다 선택할 수 있는 많습니다. 그러면서도 쉽지 않을 것 같기는 합니다. 한 시간이라는 시간이 짧지 않다는 생각도 듭니다.

"자, 도전하는 시간은 한 시간인데, 그걸 다 못 하더라도 도전은 해 보세요. 도전을 했는데 10분만 성공할 수도 있죠. 그것도 성공이니까요."

"네."

"여기에 나온 많은 것에서 내가 할 수 있는 것을 정해 보세요. 내가 말하지 않은 것이라도 괜찮아요. 그리고 내일 저녁 8시 30분에 문자를 보낼게요. 잊었다가도 문자 받으면 해 보세요. 혹시 부모님께서 '뭐야, 이런 걸 다 하라고 하고.' 하는 부모님은 안 계시겠죠.(하하하.) 그럼 내일 우리 모두 도전해 봐요."

그렇게 주말 과제를 즐겁게 맞았습니다.

"어디에 걸까?"

군포문화재단에서 3월 26일이 안중근 의사 순국일을 맞아 '안중근 의사 순국 104주기 추모'로 '안중근 의사 탐구 일지'와 '안중근 의사가 남긴 글'을 학급에 학생 수만큼 주었습니다. 학생들에게 하나씩 주고서 '안중근 의사가 남긴 글' 옆에 안중근 의사처럼 한 손가락을 접고서 손바닥을 찍는 활동을 많이 하는데, 우리 반은 글 옆에 자기 손을 따라 그렸습니다. 그러고서 그 안에 색을 칠하며 꾸몄습니다.

"우리 한 곳에 손을 모아서 교실에 걸게요. 하나에는 여학생 모두의 손을 그려서 담고, 다른 하나에는 남학생 모두가 손을 그려요. 그리고 꾸며 보세요."

그렇게 모여서 손을 담았습니다. 이야기 나누며 담습니다. 그 모습만으로 참 좋습니다. 남학생과 여학생 모두 손을 다 담아 꾸몄습니다.

"자, 다 만들었네요. 이것을 어디에 붙일 것인지 정하도록 해 봐요. 어디가 좋을까요? 의견을 말해 주도록 하세요."

주상이가 손을 듭니다.

"교실 문에요."

"어떻게?"

"앞문에 하나, 뒷문에 하나요."

"네. 또 다른 의견요."

"저는 벽 가운데에 양쪽으로 하나씩요. 선풍기 아래요."

소희 의견입니다.

"또 다른 의견 있나요?"

예찬이가 손을 들었습니다.

"저는 저기요."

"저기가 어디죠?"

"저기 뒤에 청소함 위에요."

"아, 네. 알겠어요."

"그럼 여기 세 군데 의견이 나왔어요. 앞뒤 문, 양 옆, 그리고 뒤에 청소함 위네요. 셋에서 둘로 수를 줄여 볼게요. 손을 들어 보세요."

앞뒤 문이 열이 넘게 많고, 양 옆이 둘, 청소함 위가 넷입니다.

"자, 그럼 앞뒤 문과 청소함 위 두 군데가 남았네요. 이 둘로 조금 더 이야기 나눌게요."

"앞뒤 문에 달면 좋겠다고 한 사람은 누구죠?"

"저요."

주상이가 손을 듭니다.

"앞뒤 문에 달자고 말한 까닭을 말해 줄래요."

"네. 앞문과 뒷문에 하나씩 달면, 문 열고 나갈 때마다 볼 수 있기 때문입니다."

"혹시 이 의견에 다른 생각 있나요?"

수인이가 손을 들고 말합니다.

"앞뒤 문에 붙이면 찢어질 수 있습니다."

소희도 손을 들어 이야기합니다.

"특히 전담 수업 가려면 줄을 서는데, 뒷문에 줄을 서는 여학생은 괜찮을지 몰라도, 앞문에 남학생들이 줄을 서서 많이 찢어질 것 같습니다."

예찬이도 손을 듭니다.

"뒤로 기대어도 찢어집니다."

"그럼 이번에는 예찬이가 청소함 위에 걸자는 의견 말해 주세요."

"네. 청소함 위는 한꺼번에 다 달 수 있고, 안전합니다."

"다른 생각 있나요?"

주상이가 손을 듭니다.

"그런데 그곳은 잘 안 보입니다."

더 이상 의견이 없습니다.

"자, 지금까지 교실 앞뒤 문에 달자는 의견과 청소함 위에 달자는 의견으로 두 개가 나왔는데, 앞뒤 문에 붙이면 찢어질 수 있다는 반론이, 청소함 위는 잘 안 보일 수 있다는 반론이 있었어요. 둘에서 하나에 손을 들어 주기 바랍니다."

손을 드는데, 교실 앞뒤 문에 넷이고 나머지가 모두 청소함 위입니다. 세 군데로 했을 때와 그 결과가 완전히 바뀌었습니다. 그런데 교실 앞뒤 문에 달자고 말하던 주상이도 청소함 위에 달자고 손을 들었습니다.

"주상이는 왜 생각이 바뀌었죠?"

"교실 앞뒤 문에 달아도 잘 안 보이는 건 마찬가지일 것 같아요."

"아, 그렇군요. 그럼 우리 작품은 청소함 위에 달도록 할게요. 그리고 우리 오늘 주상이는 참 좋은 모습을 우리에게 보여 주었네요. 우리가 흔히 내가 낸 의견이 있을 때는 그 의견이 조금 힘이 약하고

맞지 않은 것 같아도 잘 꺾지 않아요. 그걸로 계속 밀고 나가는 경우가 많죠. 그런데 오늘 주상이는 자기 의견을 꺾고서 다른 사람 의견을 받아들였어요. 이렇게 자기 생각을 바꿀 수 있어야죠. 정말 고마워요."

내 친구를 지키는 한마디

굿네이버스와 함께하는 '내 친구를 지키는 한마디'를 했습니다. '친한 캠페인'이라며 내가 들어서 나를 지켜 준 한마디가 내 친구를 지켜 주는 한마디가 된다는 취지로, 그 말을 아이들 모두가 하나씩 써 보는 활동입니다. 한마디씩 쓰는 포스트잇이 있고 그 포스트잇을 붙이는 큰 종이도 함께 있습니다. 아이들에게 포스트잇을 나누어 주었습니다. 노랑, 연두, 분홍, 주황 네 가지 빛깔입니다. 원하는 빛깔로 가져가도록 했습니다.

"내가 들어서 힘이 되었던 말이 다른 사람을 지키는 한마디가 될 수 있어요. 무슨 말로 할 것인지 써 보세요. 정성껏. 글을 쓸 때는 말하지 않았으면 좋겠어요."

다 쓴 아이들부터 칠판에 있는 종이에 붙입니다.

"여러분 모두가 하나씩 써 줬는데, 모두가 참 좋은 말이죠. 그런데 굿네이버스에서 이 가운데 하나를 골라 우리 반 한마디로 정해서 알려 달라고 해요. 어떻게 할까 궁리하다가 여러분과 함께 정했으면 해요. 정하는 방식은 토너먼트로 할게요. 토너먼트는 둘씩 견줘서 더 많은 사람이 좋다고 한 것이 올라가는 방식이죠. 내가 1번과 2번으로 나눠 한 번씩 불러 주면 그것에서 하나를 골라서 손을 들어 주세요. 그런데 두 가지만 미리 알려 줄게요. 첫째는 누가 썼는지는 묻지도 않을 것이니 내가 쓴 글이라고도 말하지 말았으면 해요. 그냥 그 말만 생각하세요. 둘째는 다른 사람들이 무엇에 손드는지 신경 쓰지 않았으면 해요. 듣고서 나에게 힘이 되는 말에 손을 들어 주면 좋겠어요."

"네."

"자, 그럼 시작할게요. 1번 '포기하지 마', 2번 '같이 노력하자', 1번 '포기하지 마'(수를 헤아린다.), '2번 같이 노력하자'(수를 헤아린다.)

네. 그럼 2번 '같이 노력하자'가 올라갈게요."

이렇게 견줘서 열넷을 남겼습니다. 남은 열넷을 견줘서 일곱을 남겼습니다.

"이제 8강전이네요."

"아, 떨려."

"지금 일곱이 남았으니 하나를 더 보탤게요. 어떻게 할까?"

고민하다가 밥 친구에게 하나 고르게 했습니다. 그랬더니 '포기하지 마'를 고릅니다.

이렇게 여덟은 8강전을 거쳐 네 개를 남겼습니다.

'넌 세상에서 단 하나뿐인 아이야.'

'네 꿈은 이루어질 거야. 넌 할 수 있어!'

'너와 함께라서 좋아.'

'힘내! 넌 할 수 있어!'

네 개를 들려 주니 여기저기서 '아!' 하는 소리가 났습니다. 모두가 좋답니다. 그러며 고르기가 힘들답니다.

"4강전 첫 번째는 1번 '넌 세상에서 단 하나뿐인 아이야', 2번 '네 꿈은 이루어질 거야. 넌 할 수 있어!' 손 들어 주세요."

"아, 어떤 걸로 해. 아."

'넌 세상에서 단 하나 뿐인 아이야'가 더 많습니다. 이어서 두 번째는, '너와 함께라서 좋아'가 많습니다.

"자, 이제 마지막 둘이 남았네요."

"아, 정말 미쳐. 어떡해."

"자, 둘에서 하나를 골라 볼게요."

"선생님, 이거는 눈 감고 하면 안 될까요?"

"그래요. 그것도 좋네요. 자, 여러분 눈을 감아 보세요. 그리고 손 들어 봐요."

"1번, '넌 세상에서 단 하나뿐인 아이야', 2번, '너와 함께라서 좋아'입니다."

수를 헤아리니 1번이 더 많습니다.

"1번이 더 많네요. 그럼 우리 반 말은 '넌 세상에서 단 하나뿐인 아이야'로 할게요. 이제 이 말을 쓴 사람 알아볼게요. 누구죠?"

"저요." 하며 호찬이가 손을 듭니다.

"우리 호찬이에게 손뼉을 한 번 쳐 줘요."

"그럼 '너와 함께 라서 좋아'는 누구였죠?"

저 뒤에서 수정이가 손을 듭니다. 수정이에게도 손뼉을 쳤습니다.

"이 두 말을 우리 칠판에 써 둘게요." 하며 칠판 양쪽 끝 위에 두 말을 썼습니다.

비 오는 날, 무엇을 할까?

날씨가 꽤 덥습니다. 이런 날은 비라도 시원하게 내리면 참 좋겠습니다.

"자, 오늘은 이 책을 읽어 줄게요."

"와."

아이들은 책 읽어 주는 것에도 적응을 마쳤습니다. 이제는 책 읽어 주는 시간을 참 좋아합니다. 주에 한두 권 읽어 주고 있습니다. 미리 읽어 줄 책 몇 권을 칠판에 세워 둡니다. 세워 둔 책을 들고 읽습니다. 오늘은 《비 오는 날 만나요》입니다. 책을 다 읽고서, 이야기 나눕니다.

"이 책 제목을 보면, 비 오는 날이죠. 비가 오면 무엇이 좋아할까요?"

"텃밭이요."

"그렇겠죠. 그리고 비가 오면 우리는 무엇을 할 수 있을지 이야기 좀 해 봐요. 비가 오면 무엇을 할 수 있을까요?"

"관찰이요."

"뭘 관찰할 수 있지?"

"지렁이요."

"그렇겠네. 또?"

"식물이요."

"그래요. 풀이나 물방울도 볼 수 있겠네."

이렇게 나누며 나온 이야기는 또 이런 것들이 있습니다.

흙(만지기, 밟기, 마을 만들기) – 비 맞기(머리, 손, 팔뚝, 얼굴)

"비 맞기요."

"그런데 산성비 때문에……"

"에이, 괜찮아. 맨날 맞는 것도 아니고 조금인데."

"모래 던지며 놀아요."

먹기-비 모으기(우산, 병, 손바닥) – 놀이(첨벙, 튕기기)

"그건 안 돼. 위험해서 그건 안 돼."

빗소리 듣기 – 그림 그리기(흙, 종이에 떨어진 비)

"우와, 우리 비 오면 정말 할 게 많네요. 6월에는 장마도 지고 비가 많이 올 건데, 비 오면 수업 마치기 전에 일찍 나가서 비 맞고 놀아요."

"네."

"참, 비가 오면 꼭 가져와야 할 게 있어요."

"우산이요."

"그건 당연한 거고."

"……"

"준비물로 이건 챙겨야 하는데. 비 올 때마다."

"수건?"

"맞아요. 수건이죠. 비 올 때마다 나가서 이렇게 많은 활동을 할 건데, 이렇게 좋은 것도 하다가 멈추고 교실에만 있어야 하는 일이 생길 수도 있어요. 그게 뭘까요?"

"……."

"뭐냐면, 비 오는 날 잘 놀았는데 다음 날 이런 전화나 문자가 오면 안 돼요. '선생님, 어제 우리 ○○이가 비로 감기가 들어 학교에 못 가요.' 하는 문자나 전화요. 비 오는 날 신나게 놀아도 아프면 안 돼요. 비 오는 날 감기에 안 걸리려면 어떻게 해야 할까요?"

"수건으로 닦아요."

"그렇지."

"몸을 따뜻하게 해요."

"그렇지. 수건으로 닦고 집에 바로 가야 해요. 그렇지 않고 젖은 옷으로 더 놀거나 다른 곳에 들르면 몸에 찬 기운이 들어와서 감기에 걸려요. 그러니 집에 가서 바로 샤워를 하거나 옷을 갈아입고서 학원 가거나 다른 일을 해야 해요. 이거 지킬 수 있을까요?"

"네."

"그리고 우산으로 장난치면 위험하니 그것도 조심하며 놀아요. 자, 그럼 우리 비가 오기를 기다려요."

"네. 아, 지금 비 오면 좋겠다."

나는 기타를 듭니다. 〈비 오는 날 일하는 소〉 노래를 부릅니다. 잔잔한 노래가 참 좋습니다.

비와 함께 한 첫날

2014년 6월 3일 화요일

"선생님, 비가 안 와요."

"아, 정말, 안 돼."

"아냐. 오고 있잖아."

"와!" 하는 아이들.

"선생님, 비가 또 와요."

"비 계속 왔잖아."

"아뇨. 두 번 그쳤다가 세 번째 와요."

그러고 보니 점심 나들이 때 비가 오지 않았지.

오후에 미술 수업 두 시간 하려는데 비가 온다.

"오늘 미술은 조금 더 집중해서 빨리 마쳐야 해요. 잘 들어 봐요. 지금이 1시 5분인데, 2시 10분에는 청소하고서 알림장을 써야 해요. 그리고 2시 20분에는 나들이 갈게요. 그래야지 일이십 분이라도 놀 수 있지."

"네."

오늘은 특별한 나들이다. 비 오는 날 나들이. 아침 글똥누기에 비 이야기가 많다. 비가 와서 젖어서 싫다는 글도 많지만, 여느 때와 달리 비가 오니 기대가 된다는 바다의 글도 있고, 준엽이는 마음이 들뜬단다. 정연이는 비가 와서 할 게 많단다.(정연이가 할 게 많다고 한 까닭은 지난주에 《비 오는 날 만나자》를 읽고서 비 오는 날 할 수 있는 여러 일을 이야기 나눴기 때문일 게다.) 어제 지원이가 쓴 일기도 오늘 비 오는 날 놀 것에 기대감이 가득

하다.

정말 2시 10분에 청소와 알림장을 쓸 수 있다. 그렇다고 미술을 대충한 게 아니다. 아이들은 집중해서 했다.

"자, 이제 나가자."

모두 구령대에 모여 가방을 내려 뒀다. 수건을 꺼내 머리에 두르는 아이들이 많다. 나는 바람막이 옷으로 모자를 쓰고 비를 맞는다. 나는 비 맞는 게 좋다. 언제든 나갈 때는 비를 맞는다. 그래서 옷도 하나 더 가지고 온다. 내가 우산을 안 쓰니 남학생도 몇이 우산을 안 쓴다.

"얘들아, 너희들은 쓰지?"

"괜찮아요. 조금 맞는데요. 뭐."

"그래라 그럼."

그러고서 운동장을 한 바퀴 돈다. 그냥 도는 거다. 특별히 하는 게 없다. 텃밭을 지나간다. 텃밭에서는 모두가 한 곳으로 눈길이 모인다. 우리 텃밭이니. 토마토가 키가 많이 커서 넘어간다. 주성이가 들어가더니 나무를 구해서 받쳐 준다. 우리는 텃밭을 지나 공원으로 간다.

"자, 여기에 모여 보세요."

하고는 작은 나무 두 개가 나란히 서 있는 곳으로 아이들을 모았다.

"자, 설명할 게 있어요. 나무 밑이라 비를 맞지 않으니 우산을 내려 보세요. 그리고 내 말을 들어 봐요. 자자, 우산 안 벗은 ○○, △△ 우산 접으세요. 그리고 나를 봐요. 그러니까…….." 하고는 나무를 한 손으로 잡고 흔들었다. 다른 한 손으로 그 모습을 사진으로 담는다. 이어서 반대편 나무도 잡고서 흔든다.

"악!" 하며 놀라지만 도망가는 아이(몇은 있지만)보다 좋다고 웃는 아이들이 더 많다. "와! 하하하." 하며 금세 좋다는 소리가 크다.

"더 해 줄까요?"

"네."

"그럼 보자. 우리 저 나무 밑으로 가자."

그러고서 다른 나무로 함께 옮긴다.

"자, 나무를 흔들 테니 얼굴을 하늘로 하세요."

"와! 악! 하하하."

신나게 비 맞았다.

"자, 오늘은 여기까지 할게요. 이렇게 신나는 비 오는 날 활동을 못 할 수 있다고 했는데 무엇 때문이라고 했죠?"

"감기요."

"그래요. 수건 가져온 사람은 바로 닦고, 가방에 있는 사람은 가서 바로 닦으세요. 그리고 집에 바로 가요."

"네!"

비 오는 날이 많았지만 우리에게는 오늘이 첫날이다.

우리는 비 오는 첫날을 이렇게 맞았다.

발표하는 차례는 번호대로 발표해도 좋고, 앉은 자리 차례로 하는 것이 보통입니다. 사실 이것보다 더 좋은 것은 발표를 하고 싶은 학생부터 하도록 하는 것이 훨씬 분위기를 부드럽게 합니다. 조금 더 재미있게 하고 싶다면, 차례를 뽑는 무작위 컴퓨터 프로그램이나 번호를 써넣은 통에서 하나씩 뽑아서 발표하도록 하면 학생들이 끝까지 집중하게 이끌 수도 있습니다. 학생들이 자기가 고른 열 가지를 발표할 때 그 까닭까지 말하도록 하는 것도 좋습니다. 물론 학생들이 이런 활동에 부담을 갖기도 하지만 주장에 근거를 말하는 연습까지 할 수 있는 장점이 있습니다. 발표하는 내용은 다른 학생들이 볼 수 있도록 칠판에 써 줍니다. 쓰는 사람은 담임이 할 수도 있지만, 진행을 맡아야 하므로 학급 임원에게 쓰도록 하는 것이 무난합니다

11

우리 반 10대 사건

누구에게나 살아온 모습을 돌아보는 시간은 더 나은 미래를 위해 꼭 필요한 것 같습니다. 그건 우리 개인의 삶뿐 아니라 학급살이에서도 마찬가지입니다. 삶을 돌아보는 시간으로 가장 좋은 것은 일기 쓰는 시간이라 볼 수 있습니다. 학급살이에서도 날마다 종례 시간에 하루를 돌아볼 수 있습니다. 한 주라면 어린이 회의 시간도 참좋습니다. 한 달이라면 학급 문집을 엮어 함께 살피며 돌아보는 시간을 가질 수도 있습니다. 여기에서 소개하는 '우리 반 10대 사건'은 학기 또는 학년에 돌아보는 활동입니다.

학기와 학년을 마치는 7월이나 12월 또는 2월에 아이들과 한 학기 또는 한 해를 돌아보는 시간을 갖습니다. 7월에는 1학기를 돌아보는 시간으로, 2학기를 계획하는 데 좋은 바탕이 됩니다. 12월 또는 2월에는 시기의 특성으로 2학기를 돌아보지만 그것은 곧 한 해를 돌아보게 되어, 다음 한 해를 사는 바탕이 되기도 합니다. 다만 2월에 살피면 조금 늦은 감이 있어 그전에 있었던 기억을 떠올리는 데 어려워하기도 한다는 점은 고려해 볼 부분입니다.

"자, 이번 주말 과제는 지금까지 우리가 지낸 모습을 돌아보며 기억에 남는 열 가지를 찾아보는 거예요. 달에 한두 개 정도면 10개가 되겠지요. 시간이 오래 지났기에 잘 생각이 나지 않을 수가 있어요. 그럴 때는 무엇을 참고할 수 있을까요?"

"일기요."

"그래요. 여러분이 지금까지 쓴 일기장을 하나씩 돌아보세요. 그러다 보면 그때 있었던 일이 머릿속에 그림처럼 그려질 거예요. 과제를 하기 위해 본 일기장인데 보다 보면 지난 내 모습에 재미가 있을 거예요. 일기장이 아니면 또 어떤 것을 참고할 수 있을까요?"

"학급 누리집요."

"그래요. 학급 누리집에는 우리가 날마다 쓴 알림장도 있고, 영근 샘이 쓴 우리 반 교실 일기도 있어요. 그것을 참고해도 좋고, 여러 활동을 찍은 사진들도 있어요. 그것을 참고한다면 지금까지 우리가 지내던 모습을 엿볼 수 있겠죠. 그것에서 열 가지만 찾아오세요."

이렇게 학기를 마치며, 학기에 가장 기억에 남는(좋았던, 행복했던, 아팠던, 억울했던) 열 가지 일을 학생마다 정하도록 합니다. 위와 같이 주말 과제로 내는 것도 좋지만 그런 과제가 잘되지 않는다면 창

2009년 6학년 1학기 결과

1. 영근 샘과 추억(27)
2. 물총 놀이(중간고사 마친 기념)(26)
3. 현장학습에서 맨발 마라톤(24)
4. 나들이(산에서 진달래, 아까시나무, 찔레 따위)(24)
5. 운동회(23)
6. 피구 대회 우승, 잔치(20)
7. 아침햇살(17)
8. 수원 화성 들살이(13)
9. 연극 대회와 음식 만들기(1기 모둠 하나 되기)(13)
10. 비 맞기(12)

비 오는 날 축구(11), 눈치 게임(10), 기말고사(9), 최용신 기념관 나들이(8), 《몽실 언니》 다 읽어 준 날(7), 기타 동아리(7), 참기팔(기말고사 마치고 팔 딱거리며 노는 날, 6), 문집(5), 학부모 공개 수업(3), 노무현 대통령 분향소 찾은 날(2), 밥친구(2), 시로 여는 아침(2), 현섭이 전학(2), 일기 쓰기(2), 연극 놀이(2), 사회 야외 수업(연도 맞추기)

2009년 7월 14일

　　많은 학생들이 1학기 동안 가장 기억에 남는 것으로 담임과 한 여러 활동을 뽑았습니다. 책 읽어 준 것, 첫 만남, 기타와 노래, 첫날 이름 넣어 노래, 현장학습, 다친 날, 화난 날, 삐친 날, 한복, 손전화 하수구에서 주워 준 날 같은 이야기였습니다. 이것들도 모두 뜻이 있는 나름의 활동이기에 다음 연도부터는 하나로 묶지 않고 떼어 냈습니다. 또한 화내고 삐친 것을 이야기할 때는 얼굴이 후끈거립니다. '2학기에는 조금 더 나를 다스리자' 하는 생각이 절로 듭니다. 이런 발표 시간이라도 이런 말을 들을 수 있어 좋습니다. 두 번째는 더운 여름에 놀았던 물총 놀이였습니다. 그리고 현장학습 갔을 때 안산 호수공원의 호수 둘레를 맨발로 한 바퀴 돌았던 기억을 떠올렸습니다. 힘들었기에 이렇게 오래 남습니다. 또한 학교 앞에 있는 산에 놀러가는 것도 골랐습니다. 6월에 읽어 준 《몽실 언니》 책을 일곱이나 고른 것이 눈에 띕니다. 그 당시 노무현 전 대통령 서거에 분향소 찾은 날도 학생 둘이 골랐습니다.

체 시간이나 교과 시간을 활용해서 해도 좋습니다. 함께 자기들이 쓴 일기장을 보기도 하고, 컴퓨터실을 활용하여 학급 누리집의 여러 기록을 참고할 수도 있습니다. 이것도 어렵다면 친구들과 함께 이야기를 나누며 기억에 도움을 줄 수도 있습니다. 그런데 이럴 때는 주말 과제로 혼자서 돌아볼 때보다는 나오는 내용이 한정되는 아쉬움도 있습니다.

이렇게 준비한 열 가지 일을 발표하는 방법은 아래와 같습니다.

1. 첫 번째 학생부터 자기가 고른 열 가지를 발표합니다. 발표하는 차례는 번호대로 발표해도 좋고, 앉은 자리 차례로 하는 것이 보통입니다. 사실 이것보다 더 좋은 것은 발표를 하고 싶은 학생부터 하도록 하는 것이 훨씬 분위기를 부드럽게 합니다. 조금 더 재미있게 하고 싶다면, 차례를 뽑는 무작위 컴퓨터 프로그램이나 번호를 써넣은 통에서 하나씩 뽑아서 발표하도록 하면 학생들이 끝까지 집중하게 이끌 수도 있습니다. 학생들이 자기가 고른 열 가지를 발표할 때 그 까닭까지 말하도록 하는 것도 좋습니다.

"제가 고른 것은 ○○○입니다. 왜냐하면 ○○○ 때문입니다."

물론 학생들이 이런 활동에 부담을 갖기도 하지만 주장에 근거를 말하는 연습까지 할 수 있는 장점이 있습니다. 발표하는 내용은 다른 학생들이 볼 수 있도록 칠판에 써 줍니다. 쓰는 사람은 담임이 할 수도 있지만, 진행을 맡아야 하므로 학급 임원에게 쓰도록 하는 것이 무난합니다.

2. 첫 번째 학생이 발표할 때마다 같은 내용을 발표한 학생들도 손을 들게 합니다. 만일 첫 번째 학생이, '우리 반 텃밭 가꾸기'를 골

랐다면, "자, 여러분 중에서 우리 반 텃밭이 열 가지에 들어 있는 학생도 손을 들어 주세요." 합니다. 그때 손을 드는 학생 수를 '우리 밭 텃밭' 옆에 써 줍니다. 이렇게 첫 번째 학생이 발표하는 열 가지에 하나하나 같은 것을 고른 학생들이 손을 들게 하여 그 수를 함께 써 줍니다.

3. 첫 번째 학생이 발표를 마치면, 다음 학생이 이어서 발표합니다. 이때 발표할 때는 첫 번째 학생이 말한 내용과 겹치지 않아야 합니다. 두 번째 학생이 정한 열 개에서 첫 번째 학생 발표 가운데 네 개가 겹쳤다면 그것은 첫 번째 학생 발표 옆에 숫자로 포함이 되었기 때문입니다. 따라서 두 번째 학생은 준비한 열 개에서 네 개를 뺀 여섯 가지만 발표합니다. 발표하는 방법은 첫 번째 학생의 발표와 마찬가지입니다.

4. 이렇게 세 번째, 네 번째 학생으로 계속 이어 갑니다. 모두가 발표하지 못하고 끝날 수도 있습니다. 왜냐하면 앞에서 발표한 많은 것에 내가 준비한 열 가지가 모두 포함되기 때문입니다. 이렇게 차례로 가며 하나라도 아직 발표하지 않은 사람이 모두 발표하도록 하여 준비한 모든 내용이 다 드러나도록 합니다.

학생들이 뽑은 결과를 보면 여러 생각이 듭니다.

첫째, 한 학기 동안 학생들이 기억에 남는다는 활동이 참 많습니다. '우리 아이들이 몇 가지나 기억하며 추억으로 담을까?' 하며 그 수를 헤아리면, 아무리 생각을 떠올려도 서른 개가 넘지 않습니다. 그런데 학생들과 함께해 보며 그 수를 헤아리며 깜짝 놀랐습니다. 2012학년 6학년 학생들은 1, 2학기 모두 신기하게도 같은 수의 활동이 나왔습니다. 그 수는 60이었습니다. 한 학기 동안 60개, 한 해에는 120개(겹치는 게 몇 가지 있지만)의 활동을 뽑았습니다. 이처럼 우리 학생들은 정말 많은 활동을 찾아냅니다.

둘째, 학생들이 공통으로 좋아하는 활동이 있다는 것입니다. 물놀이, 음식, 아침햇살, 기타 동아리 같은 활동은 해마다 학생들이 좋아하는 활동입니다. 그러니 이 활동을 계속 살려서 하지 않을 수 없습니다. 그러며 해마다 학생들의 높고 낮은 수준과 관심 정도에 따라 실정에 맞게 조금씩 변화를 주고 있습니다.

셋째, 학생마다 소중하게 여기는 것이 다 다릅니다. 어떤 학생은 아무도 고르지 않은 '연필 깎기 대회'를 골랐던 기억이 납니다. 궁금해서 "왜?"하니 옆에서 다른 친구가 대신 말합니다. "1등 했잖아요." 합니다. 그렇습니다. 아무도 뽑지 않은 것이지만 자기 나름의 잣대로 고릅니다. 이렇게 따지면 한 명만 고른 활동들이라고 가치 없는 활동이 아닙니다. 누군가에게는 올 한 해 가장 기억에 남는 일이 되기도 합니다.

오랜 시간이 걸리지 않는 활동이지만, 이 활동은 함께 만들어 가는 교실로서 꽤나 소중한 시간입니다. 교실에서 학급 경영은 교사의 철학과 학급 경영 운영 방침이 중요한 잣대입니다. 하지만 함께 만들어 가는 교실을 꿈꾸기에 이러한 학생들의 의견을 모으는 과정은 꼭 필요합니다.

2012년 6학년 5반 1학기 결과

1. 우리 반 텃밭(24)
2. 이비에스(24)
3. 물놀이(24)
4. 8자 줄넘기 우승(22)
5. 아침햇살(15)
6. 신재생 에너지(15)
7. 운동회(13)
8. 마니또(13)
9. 기타 동아리(12)
10. 토론(12)

연극 놀이(11), 노래 자랑(9), 시험(8), 음식 만들기(8), 현장학습(7), 첫 만남(7), 반 대항 티볼(7), 기타 공연(6), 모래 놀이(6), 임원 선거(6), 아카시아 파마(5), 화났을 때(5), 몰래카메라(5), 나들이(4), 꿈이(4), 짝 바꾸기(4), 문집(4), 화장실 상담(4), 개똥이네 편집 회의(4), 비빔밥(3), 최용신 기념관(3), 박스 꾸미기(3), 아이스크림(3), 상담 전문가(4), 축구(3), 사회 발표(3), 영근 신화(3), 배움 짝(3)

2012년 7월 19일

아이들이 정한 결과를 보니 텃밭에 스물넷이 나온 것은 전혀 예상하지 못한 결과였습니다. 유난히 비가 오지 않은 여름에 하루에 두세 번씩 물을 주고, 풀을 뽑고 했던 것이 이렇게 아이들에게는 소중하게 남았나 봅니다. 이때 이비에스에서 〈선생님 우리 선생님〉 방송 촬영을 한 주

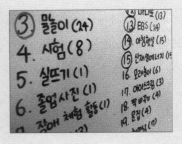

동안 했습니다. 그러고서 20분 남짓 방송으로 나왔습니다. 그러니 텃밭과 함

께 24명으로 가장 많은 것은 당연한 결과라 여깁니다. 또한 더운 여름날에 물놀이로 시원하게 놀았던 물 싸움도 당연히 많은 학생들이 뽑았습니다. 8 자 줄넘기는 스포츠 클럽 학년 대회에서 여학생들이 우승한 것인데, 여학생 과 함께 많은 남학생들도 골랐습니다. 그 까닭은 여학생들이 연습할 때 남학 생들이 함께 도와주면서 했기 때문입니다. 아침햇살은 주에 한 번 아침 일 찍 만나 함께 산에 오르거나 가까운 공원에서 놀다가 각자 준비한 아침밥 을 함께 먹는 활동입니다. 희망자만 하는 활동인지라 나왔던 학생들이 기억 에 남는 활동으로 골랐습니다. 이 밖에도 신재생 에너지 체험관 현장학습, 마니또, 기타 동아리 같은 것도 많은 학생들이 기억에 남는 활동으로 골랐 습니다. 열둘이 토론을 고른 것을 볼 때 토론을 좋아하는 학생들이 많음을 알 수 있습니다. 예상 밖의 결과였습니다.

2012년 6학년 5반 2학기 결과

1. 음식 나눠 먹기(23)
2. 토론 촬영(22)
3. 피구(21)
4. 수학여행(17)
5. 학예회(17)
6. 눈싸움(15)
7. 이글루(12)
8. 사회 발표(10)
9. 짝 축구(8)
10. 아침햇살(8)

첫눈(7), 중학교 배정 원서(7), 빼빼로 알리기 운동(7), 티볼(5), 연극(5), 밤, 고구마(4), 기타 공연(4), 다문화(4), 강남 스타일(4), 뜨개질(4), 연필 깎기 대회(4), 면담(3), 축구 시합(3), 불우 이웃 돕기(3), 서예(3), 모둠 바꾸기(3)

2012년 12월 24일

6학년 2학기 모습을 살펴봅니다. 아이들은 모두가 한 가지 음식을 가져와서 펼쳐 놓고 먹었던 '음식 나눠 먹기'를 가장 많이 뽑았습니다. 아마도 이 행사를 하고서 얼마 지나지 않았기 때문에 이 행사를 가장 많이 뽑은 듯합니다. 두 번째는 원격 연수를 찍기 위해 촬영을 여러 번 했는데 그래서인지 그걸 많이 뽑았습니다. 늘 있던 일이 아니고 카메라 앞에서 토론했기 때문이지 싶습니다. 다음은 스포츠 클럽 대회로 했던 피구입니다. 이때 피구는 1등을 하지 못하고 2등을 했는데도 이렇게 많은 학생들이 골랐습니다. 추운 날씨에도 아침 일찍 나와서 함께 연습했으니 어쩌면 당연히 오래 남을 추억이기도 합니다. 다음은 6학년이 되면서 가장 많이 기다렸던 수학여행입니다. 그리고 우리 반 교실 학예회를 뽑았습니다. 학부모를 모시고서 교실에서 학예회를 열었는데 여러 사람이 보는 앞에서 발표하며 떨렸던 마음이 오래 남습니다. 다음은 겨울 자연 놀이로 즐겼던 눈싸움과 이글루 만들기입니다. 눈이 펑펑 내리는 날에는 교실에 있을 수가 없습니다. 함께 나가 처음에는 눈을 던지며 놀다가, 어느덧 흠뻑 젖어 눈에 뒹굴고 놉니다. 이글루는 눈이 오는 날 네모난 통을 준비하여, 네모난 통에 넣은 눈을 빼어 내면 벽돌 모양이 되고 그걸 쌓아서 모양을 만듭니다. 물론 이글루 만들기지만 그렇게 잘 만들지는 못합니다. 그래도 한두 시간 추운 날씨에도 손이 꽁꽁 어는데도 신나게 노는 게 우리 아이들입니다.

2013년 5학년 3반 1학기 결과

1. 물놀이(18)
2. 기타 동아리(17)
3. 나들이(17)
4. 음식 만들기(15)
5. 마니또(13)
6. 영근 신화(12)
7. 운동회(12)
8. 아침햇살(10)

9. 교실에서 영화(10)
10. 마을 세우기(8)

사회 파워포인트 발표(8), 기말고사(6), 옛이야기(6), 스포츠 클럽 대회(5), 영근 신표 비빔밥(5), 토론(5), 문집(4), 밥친구(4), 첫날 노래(4), 먹방(3), 엠비시 방송(3), 공원에서 연극(3), 학급 회의(3), 피구 연습(3), 개미 키우기(3)

　5학년 1학기를 지내고서 해 보니, 또 다릅니다. 더운 여름에 수돗가에서 친구들과 신나게 놀았던 물놀이를 가장 많은 아이들이 뽑았습니다. 학교에서 흠뻑 젖으며 논 기억이니 당연한 결과입니다. 그리고 기타 동아리를 17명이 뽑았는데, 1학기에 기타 동아리가 17명이었던 것과 잘 맞아떨어집니다. 언제나 아이들이 좋아하는 활동은 음식 만들어 먹는 시간입니다. 그런데 요즘은 토요일에 학교를 오지 않으니 이 활동을 하는 데 조금은 제약이 있습니다. 그렇지만 6교시 마지막 시간에 하면, 학원 가기 전에 든든하게 배를 채울 수 있다고 좋다며 맛나게 먹습니다. 학기 말 행사로 한 번 했던 마니또를 뽑았습니다. 앞서 밝힌 것처럼 가장 최근에 한 것이니 그럴 수밖에 없습니다. 영근 신화를 열두 명이 골랐습니다. 제 어린 시절을 들려주는데 이렇게 많은 아이들이 좋아하니 조금 부담스럽기도 하면서 재밌습니다.

스스로 풀어요

싸운 아이들은 하나같이 자기는 억울하다고 말합니다. 다른 아이가 먼저 시비를 걸었고, 먼저 때렸다고 합니다. 정말 억울하게 일방으로 했을 수도 있지만, 많은 경우 순간 화가 나서 싸우는 경우가 더 많습니다. 그래서 서로가 쓴 글을 바꿔 가며 봅니다. 서로를 이해하려면 상대방의 마음을 알아야 합니다. 서로가 쓴 글을 보면 상대방의 마음을 알 수 있습니다. 그런데 서로가 쓴 글을 보고서 한 번 만에 상대의 마음을 헤아리기는 어렵습니다. 그래서 쓴 글에 댓글을 쓰고, 또 바꿔 보고를 반복합니다.

12

싸움을 글과 토론으로 풀기

교실에서 싸움이 자주 일어납니다. 나서 지금까지 살아온 방식이 서로 다릅니다. 어떤 일을 겪을 때 생각도 서로 다릅니다. 그러니 싸움이 일어나는 건 당연한 일인지도 모릅니다. 많은 아이들이 함께 살기에는 우리 교실이 좁디좁습니다. 그러니 지나가다 부딪혔다고 싸우기도 합니다. 서로 모르는 아이들이 만난 학기 초에는 더 많이 싸웁니다. 이렇게 싸움이 일어날 때 그것을 푸는 방법도 교실마다 다 다릅니다.

흔히 선생님이 판정해 줍니다. 선생님이 싸운 아이들의 이야기를 듣고서 잘잘못을 따져 풀어 줍니다. 아이들 가르친 경험이 많으니, 아이들 이야기를 조금만 들어도 싸운 모습들이 눈에 그려집니다. 또 아이들 모습(억울해하거나 울거나)에서도 누가 잘못했는지 드러나기도 합니다. 보통 때 그 아이가 하던 모습도 함께 겹쳐집니다. 그렇게 선생님이 판정해도 대부분 틀리지 않습니다. 그러니 으레 그렇게 선생님이 판정해 주고는 합니다.

그런데 사람이 신이 아니니 실수가 있기 마련입니다. 아이들 말을 믿어야겠지만, 그 말만 믿고서 판단해 일을 잘못 그르칠 수도 있습니다. 저도 초임 때 이런 경험이 많이 있었습니다. 여학생 한 명이 우리 반 여학생들 여섯이 저를 욕했다고 한 말만 믿고서, 그 여섯에게 벌을 줘 십여 년이 지난 지금까지 미안해하는 일도 있었습니다. 그때 분명 여섯은 욕을 한 적이 없다고 말했지만, 저는 제 감정대로 그 말은 믿지 않고 혼만 냈던 겁니다. 그 친구들이 지금은 웃으면서 추억이라고 말하지만, 그때 그 여섯 아이들은 얼마나 억울하고 속상했을까 생각하면 부끄럽기 짝이 없습니다.

선생님이 판정해 주는 게 문제를 빨리 풀 수 있는 방법입니다. 그렇지만 그것으로 아이들이 진정 반성하고(물론 벌을 받으며 반성하겠지만) 새로운 약속을 마음에 품는 것을 기대하기는 힘듭니다. 그냥 잘못에 혼난 정도로 생각하고 넘깁니다. 마음으로 느끼지 못할 때가 많습니다. 그러니 시간이 흘러도 아이들 싸움은 줄어들지 않습니다. 그러니 아이들 스스로 푸는 게 좋습니다. 이런 학급 문화를 세울 필요가 있습니다. 스스로 잘잘못을 따지며 반성하고 자기와 약속합니다.

싸움을 글로 풀기

아이 둘이 싸웁니다. 작은 싸움은 자기들끼리 푸는 경우가 많으니 지켜보는 때가 많습니다. 금세 싸웠다가도 웃으며 노는 게 아이들입니다. 그런데 제법 크게 싸우는 모습도 볼 수 있습니다. 이럴 때는 어떻게든 빨리 싸움을 멈추게 해야 합니다. 씩씩거리며 싸우는 아이 둘을 겨우 떼었습니다. 그 둘을 데리고 아무도 없는 연구실이나 특별실로 갑니다. 아무도 없는 곳에서는 훨씬 더 자신을 돌아보기에 좋은 분위기입니다. 그런 공간이 없다면, 교실을 이용합니다. 씩씩거리는 두 아이에게 종이를 두 장 줍니다.

"자, 이 종이에 왜 싸웠는지 쓰세요." 어떤 아이는 도리어 저에게 묻습니다. "반성문요?" "아니. 반성문이 아니고, 싸운 이야기를 쓰는 거야." 합니다. 그러며 둘에게 조금 더 말을 덧붙입니다. "싸운 이야기를 자기 처지에서 아주 자세하게 쓰세요. 왜 싸웠는지, 어떻게 싸웠는지도 다 쓰세요. 욕을 주고받았다면 그 욕까지 다 써 주세요." 하면 아이는 종이에 자기가 싸운 억울한(자기 처지에서는) 이야기를 쏟아 냅니다.

그럼 왜 글로 쓰면 좋을까요?

시간이 필요합니다

싸웠을 때 싸운 아이들을 불러서 왜 싸웠는지 물으면 흥분해서 말을 제대로 하지 못합니다. 그러면서 화가 풀리기는커녕 더 크게 화를 내는 경우를 많이 볼 수 있습니다. 아직 흥분이 가라앉지 않아 그렇습니다. 그래서 필요한 게 시간입니다. 흥분한 자기 마음을 다스릴 수 있는 시간이 필요합니다. 왜 싸웠는지 말로 묻지 않고 이렇게 글로 쓰게 하면 적어도 10분에서 몇 분 정도는 걸립니다. 글에 집중하는 동안 씩씩거리던 호흡이 조금씩 가라앉음을 볼 수 있습니다. "시간이 약이다."는 말이 딱 맞습니다.

화를 다 쏟아 낼 수 있습니다

싸운 아이들을 불러서 물으면 둘 모두 억울함을 이야기합니다. 물론 어느 한쪽이 먼저 잘못을 하는 경우가 많지만 그래도 서로 억울하다 말합니다. 그 억울함을 쏟아 낼 수 있도록 해 스스로 마음을 푸는 시간을 갖는 게 필요합니다. 그래서 글을 쓰도록 합니다. 글을 쓰면 자기가 억울한 마음을 글로 다 풀어낼 수 있습니다. 앞에서 반성문이 아니라 싸운 이야기를 쓰는 것이라고 말한 까닭입니다. 자기 처지에서 억울한 이야기를 다 쏟아 내도록 해 자기 마음을 먼저 다스리기 위함입니다.

상대방의 마음을 이해합니다

싸운 아이들은 하나같이 자기는 억울하다고 말합니다. 다른 아이가 먼저 시비를 걸었고, 먼저 때렸다고 합니다. 정말 억울하게 일방으로 했을 수도 있지만, 많은 경우 순간 화가 나서 싸우는 경우가 더 많습니다. 그래서 서로가 쓴 글을 바꿔 가며 봅니다. 서로를 이해하려면 상대방의 마음을 알아야 합니다. 서로가 쓴 글을 보면 상대방의 마음을 알 수 있습니다. 그런데 서로가 쓴 글을 보고서 한 번만에 상대의 마음을 헤아리기는 어렵습니다. 그래서 쓴 글에 댓글을 쓰고, 또 바꿔 보고를 반복합니다.

*싸움을 쓴 글은 토론의 많은 요소*를 품고 있습니다.

싸움을 쓴 글은 토론의 요소인 입론, 반론, 교차 조사를 모두 갖고 있습니다. 싸운 아이들이 가장 먼저 쓴 글은 '입론'에 가깝습니다.

물론 싸우고서 쓴 글이라 논리보다 감정에 치우친 면이 있지만 자기의 주장을 제대로 폈다고 볼 수 있습니다. 보통 입론은 4단논법**으로 논증을 하며 씁니다. 싸움 글도 이 특징을 모두 가지고 있습니다.

주장	"~한다."	"난 억울하다."
논거	"왜냐하면"	"왜냐하면 쟤가 먼저 때렸기 때문이다."
설명	"예를 들어"	있었던 일을 자세하게 보기로 든다.
정리	"그래서, ~한다."	"그래서 난 억울하다."

싸움을 글로 쓸 때는 자기의 억울함을 담은 글만큼 중요한 시간이 서로가 쓴 글을 바꿔서 보는 것입니다. 즉, 상대의 주장을 눈으로 보며 파악하는 과정입니다. 그 친구의 주장이 옳으면 동의하며 사과하고, 그렇지 않으면 그 글이 그르다며 또 글을 씁니다. 그렇게 글을 읽고서 쓰는 댓글은 '반론'의 성격을 띠고 있습니다. 그런데 글을 읽다가 궁금한 것도 있습니다. 그럴 때 질문을 쓰는 아이들도 있습니다. 이렇게 궁금한 것을 질문을 하는 것은 토론에서 '교차 조사'이기도 합니다.

또한 토론을 정의할 때 토론의 좋은 점으로 토론 당사자들끼리 갈등을 푸는 데 도움이 된다고 흔히 말합니다. 즉, 사안(논제)에서 첨예하게 갈등을 겪고 있는 당사자들이 토론 과정을 겪으며 갈등을 풀 수 있기 때문입니다. 그렇듯 이렇게 싸움을 글로 쓰는 것으로도 토론의 좋은 점이라는 갈등을 푸는 모습을 볼 수 있습니다. 싸운 까

● 토론의 요소에는 여러 가지가 있습니다. 간단하게 살펴보자면, 주장을 펼치는 입론(안)이 있고, 상대 주장의 논리 허점을 하나하나 짚는 반론(반박)이 있습니다. 또한, 토론 참가자들이 묻는 활동이 교차 조사(교차 질의)이며, 토론에 따라, 요약, 마지막 초점 같은 요소들이 있습니다.
●● 4단논법은 논증으로 주장을 펼 때 흔히 씁니다. 주장-논거-설명-정리로 이뤄지는 과정을 거칩니다.

김인호 심대현이 뒤에서 공기를 하면서 뒤에서 떠들길래 내가 좀 뒤돌아서 조금 조용히 좀 하라 했다. 근데 심대현이 자꾸 '닐손 닐손 김닐손'이라는 거다. 나도 짜증 나서 돼지라고 놀렸다. 근데 부모님께서 내게 손수 지어 주신 이름이 김인호인데 갑자기 나의 이름이 김닐손이라는 것이다. 가뜩이나 짜증 났는데 그때 나는 머리 뚜껑이 열렸다. 물론 먼저 멱살 잡은 내 잘못이 크지만 이름을 갖고 놀리는 것은 도저히 참을 수가 없었다. 처음에 나는 조용히 좀 하라고 충고를 좀 해 주려는데 자꾸 김닐손이라고 한다. 물론 나는 비속어를 너무 많이 사용했다. 그래서 그에 따른 벌을 받아야 한다고 생각한다. 하지만 심대현도 같이 벌을 받아야 한다고 생각한다.

심대현 내가 가만히 자기한테 피해준 것도 없는데 박문경이랑 이야기하고 있는데 갑자기 김인호가 저런 애를 상관하지 말라고 해서 내가 욱해 가지고 김인호한테 닐손이라고 놀렸다. 그랬더니 잘못은 김인호가 먼저 하고 나한테 계속 심돼지라고 놀렸다. 그러면서 갑자기 일어서 가지고, 자기가 김인호라고 했다. 그야 김인호는 맞는데 자기가 먼저 시비 걸었으면서 자기가 먼저 성질을 내서 싸움이 일어나게 되었다.

심대현 조금 조용히 하라고 했긴 했는데 네가 갑자기 박문경한테 저런 애는 상대하지 말라고 그러니깐 그렇지! 자기가 먼저 시비 걸었으니까 나도 너한테 그런 식으로 말한 거 아니야.

김인호 내가 먼저 조용히 하라고 했는데 심대현이 닐손 닐손 김닐손이라고 놀려서 박문경한테 그렇게 말했다. 그리고 김인호가 맞다고 했는데 그때 분명 내 이름이 김닐손이라고 놀렸다.

197

닭을 쓰고, 바꿔 보고, 또 쓰며, 치고받던 아이들이 금세 웃기까지
하는 모습을 보입니다.

김인호 그건 나도 미안해. 근데 닐 손 닐손 김닐손이라는 말이 난 너무 듣기 싫었어. 그래서 난 너무 짜증이 났어. 하지만 그런 말 했던 건 내가 고칠게. 너도 나보고 김닐손이라고 하지 않았으면 좋겠어.	**심대현** 그전에 네가 나한테 박문경한테 저런 애는 상대하지 말라고 했으니까 그런 거 아니야!
심대현 나도 미안해. 이제 너 안 놀릴게. 미안해.	**김인호** 그러니까 내 말은 나도 잘못했어. 그때 네가 닐손이라고 놀려서 짜증나서 그랬다니까.
김인호 미안해. 우리 이제 다시 같이 놀자! 나도 이제 말하고 다 고칠게. 미안해.	**심대현** 알았어. 이해했어. 미안해!
심대현 응.	**김인호** 그럼 됐다.

인호와 대현이는 처음에 자기 처지에서 억울하다고만 합니다. 그
러며 쓴 글을 바꿔 보는데 인호가 먼저 미안하다는 댓글을 씁니다.
이어서 대현이도 그 사과를 받아들이며 미안하다고 합니다. 아이들
은 갈등을 풀고 서로를 이해하게 됩니다.

가끔 싸운 아이들만 두고서 일부러 자리를 뜨기도 합니다. 물론
싸우고서 바로 온 시점은 아닙니다. 글로 한두 번 주고받으며 씩씩
거리던 소리가 잦아들고, 눈빛에서 살기가 빠졌다 싶을 때, 무엇보
다 쓰는 댓글에서 마음이 풀렸음을 알 수 있을 때 일부러 슬쩍 빠

지기도 합니다. 그러다가 돌아오면 대부분 똑같은 모습을 보입니다. 장난 치며 놀고 있습니다. "너희들 지금 뭐해? 조금 전까지 싸우던 녀석들이!" 하며 되려 내가 큰소리를 칩니다. 그러면 마주 보고서 씩 하고 웃는 아이들입니다. 또 가끔은 웃으며 짜증을 내기도 합니다. 싸운 까닭을 글로 쓰고 바꿔 보고 또 쓰는데, 어느 정도 풀린 것을 자기들도 느낍니다. 또 바꿔서 보고 글 쓰라는 저에게 "선생님, 이제 풀렸어요. 갈게요." 하며 애교 섞인 짜증을 내기도 합니다.

다툼을 글로 풀다

영근 샘 일기

점심시간에 8반 선생님이 우리 반 아이 □□와 ○○이 싸우려고 한 것을 보고 데리고 왔다. 교실에서 놀던 모두를 복도로 내보내고 싸웠던 곳에서 말리던 아이에게 물었다. 점심 밥 받으며 남은 고구마 맛탕으로 시작한 말싸움이 커진 거란다.

아직 둘에게는 왜 싸웠는지 묻지도 않았고, 싸움에 관해서는 아무런 말도 하지 않았다. 둘은 긴장하고, 나는 어떻게 해 볼까 고민이 가득하다. '화를 낼까?' 화를 낸다고 될 일도 아니고, 둘이 싸우려고 했던 원인을 푸는 것이 더 필요한 것인데 어떤 방법이 좋을까 하다가 우리 반에서 큰 싸움이 일어나면 쓰는 방법을 썼다.

"자, 여기에 왜 싸웠는지 자세하게 써라."

그러고서 둘은 사물함에 종이를 받치고 글을 쓴다. 아이들도 교실로 들어왔다. 글을 쓰는 둘이 아직도 씩씩거리며 내일 싸우자고 그런다며 다른 아이가 말한다. 그렇지만 그 말도 그냥 넘겼다. 아직 분이 안 풀렸으니 그럴 거라 생각했다. 10분 남짓 지나 둘이 종이를 가져왔다. 글을 읽고서, "자, 이건 네가 보고, 이건 네가 보고서 글 써라." 하고는 둘이 쓴 종이를 상대에게 줬다. 둘은 다른 친구가 쓴 종이를 들고서 뒤에 가서 읽는다. 그러고는 사물함에 기대 또 글을 쓴다.

다시 왔는데 ㅁㅁ은 위에 ○○이 쓴 글에 반박을 했고, ○○은 자기 생각 끝에 미안하다는 말을 썼다. 그러고는 또 그 종이를 반대로 줬다. 그러고서 또 글을 쓰라고 했다. 가져왔는데, 이번에는 반박을 했던 ㅁㅁ는 화해하자며 미안하다고 그러고, 미안하다고 했던 ○○은 실망이라고 그런다. 다시 종이를 줬어. 써 왔는데 둘이 모두 미안하단다. 그래도 한 번 더 줬다. 마찬가지로 미안하다고 그런다.

그 종이를 받고서 둘이 악수를 하게 했다. 그 손을 사진으로 찍었다.

"손이면 되겠지? 얼굴이라도 찍어 줄까?"

"아뇨."

그러고서 미술을 하려고 준비물을 챙겼다. 둘이 모두 종이찰흙을 가지고 간다. 그러더니 ○○가 자기 의자를 가지고 ㅁㅁ에게 가더니 둘이서 함께 만든다. 웃으며. 떠들며. 놀며. 그렇게 둘이 함께 종이찰흙으로 작품을 만들었다. 시키지도 않았는데.

2012년 5월 11일

1학년 아이들과 살 때는 이런 일도 있었습니다. 선주와 상민이가 크게 다퉜습니다. 선주가 크게 웁니다. "이 녀석들, 이리 와 봐. 왜 싸웠는지 글로 써." 하고서 글을 쓰게 했습니다. 두 녀석이 내 자리 옆 교실 바닥에 털썩 주저앉아서는 글을 씁니다. 냅다 씁니다. 무슨 할 말이 많은지 참 많이도 씁니다. "다 썼어요." 합니다. 그 글을 받아서는 서로에게 주며, "이 글 읽어 봐. 읽고서 밑에 하고픈 말 있으며 써." 했습니다. 그러고서 잠시 뒤 웃지 않을 수 없는 모습을 보입니다. 그렇게 화가 나 눈물을 펑펑 쏟던 선주가, "상민아, 이거 무슨 글자야?" 하고 물으니, "어, 그거 ○○야." 하며 상민이가 알려 줍니다. 그러자 선주는 "고마워." 합니다. 아이들 싸움이 그렇습니다. '칼로 물 베기'와 비슷합니다.

싸움을 토론으로 풀기

아이들이 싸웠을 때 토론으로 풀기도 합니다. 사실 싸움이 일어나면 보통은 그냥 지켜보거나(대부분은 스스로 풀어내기에), 글로 쓰며 풉니다. 그런데도 토론으로 풀 때가 있습니다. 토론으로 싸움을 풀 때는 스스로 원할 때가 대부분입니다. "선생님, 토론 좀 해야겠어요. 심판 좀 봐 주세요." 할 때 토론으로 문제를 풉니다.

토론으로 문제 풀기

 아이들 일기

2010년 11월 19일 금요일

　영어 연극 문제로 이우진과 토론을 했다. 역할 때문에 그랬다. 요정을 하겠다는 친구들이 소연, 솔비, 우진 셋이나 되어서 셋이서 가위바위보를 해서 진 이우진이 남은 여자아이 역을 맡게 되었다. 그런데 갑자기 항의를 했다. 그러다 보니 싸움이 일어났고, 해결을 위해서 1:1 토론을 했다. 민영이가 기록을 하고. 처음에는 이우진이 왜 오디션을 봐서 정하지 않고 즉석에서 정했냐고 했다. 나는 시간도 너무 촉박하고 애들도 바쁘고 반대하는 사람이 아무도 없었다고 했다. 그렇게 계속 얘기를 나누다 보니까 왠지 배역이 마음에 안 들어서 그러는 건가 하는 생각이 들어 말했다. 결국 배역이 맘에 안 들어서 따지는 것이라고 했다. 더 얘기를 나누며 본래 정해졌던 배역을 그대로 하기로 했다.(…)

조진경

가끔은 모둠에서 생기는 문제로 다투기도 합니다. 그럴 때 스스로들 풀지만, 토론으로 풀기도 했습니다. 그 두 가지 예를 살핍니다.

사례1
2012년 5월 11일 수학 시간

첫 시간 수학으로 쌓기 나무를 공부했다. "수학과 수학익힘책을 다 푼 사람은 자기 모둠 것 쌓기 나무 서른다섯 개 들고 가세요."

문제는 다 풀고 쌓기 나무로 확인하고 있다. 그것도 다 한 모둠과 아이들은 자기들이 만들고픈 모양을 만들고 있다. 그런데 2모둠에서 작은 싸움이 일어났다. 앞에 앉은 민식이가 뒤로 돌아서 선영이와 싸울 기세다. 쌓기 나무를 가지고 확인하는데 쌓기 나무 개수가 모자라니 서로 먼저 하겠다며 싸운 게다. 공부지만 재미있으니 이렇게 욕심을 부린다. 큰 싸움도 아닌 작은 마찰이기에 스스로 풀길 바란다.

"지훈아, 네가 사회 보면서 토론해라. 호진이는 그 내용을 기록하고."

조금 어리둥절해하더니 말뜻을 알고는, "네." 하고 의자를 돌려서 앉는다.

"민식이 한 번 말하고, 선영이 말하고 그렇게 돌아가면서 서로 주장을 말하도록 해."

가끔씩 슬쩍 보니 공책을 내어 쓰면서 서로 주장을 하고 있다. 더 이상 목소리를 높이는 다툼은 없다. 그러더니 언제 그랬냐는 듯 쌓기 나무로 여러 모양을 만든다.

쉬는 시간 심판을 보던 지훈이에게 "어떻게 되었니?" 하고 물었다.

"네. 다음부터 이렇게 서로 하려고 할 때는 모둠 번호대로 돌아가며 하기로 했어요."

이야기를 나누며 모둠 약속을 하나 정했단다.

사례2
2012년 6월 8일 방과 후

"선생님, 남학생들 때문에 너무 힘들어요."

"그럼 말을 하지."

"말을 해도 안 들으려고 해요."

"그래. 그럼 토론으로 할래? 남학생들에게 하고픈 말을 할 수 있잖아."

"네."

그렇게 모둠 남학생 둘(경현이와 성준이)을 불렀다. 먼저 화영이가 둘에게 가진 불만으로 이야기를 주고받는다. 똑같은 기회와 시간을 주지만, 남학생들은 주어진 시간을 채 쓰지 못한다. 그만큼 화영이 말에 대꾸할 말이 변변치 않은 게다. 그 내용은 대충 이렇다.

- **화영** 영어 시간에 영어 선생님께서 모둠끼리 외우라고 했다. 경현이는 친구와 뛰어다녔다. 성준이는 놀고 있었다. 그래서 내가 하라고 말하니 둘은 도리어 화를 냈다. 그래서 화가 나서 울었는데, 그게 억울하다.
- **경현** 선생님이 말한 내용을 몰랐다. 운 것은 미안하다.
- **성준** 빌린 책을 가져다주러 갔고, 같이하라고 한 걸 몰랐다.
- **화영** 울고 있을 때 너희들이 이런 걸로 왜 우냐고 그러는데, 화가 나서 또 울었다.
- **경현** 생각 없이 말했는데, 사실 그럴 때는 뭐라고 해야 할지 모르겠다.
- **화영** 미안하다는 말을 듣고 싶다.
- **성준·경현** 미안하다.
- **화영** 알았다. 그러니 다음부터는 모둠이 함께할 때 해 주면 좋겠다.
- **성준** 말을 들으니 이해하겠다.
- **경현** 오늘 같은 일은 다시 만들지 않도록 해야겠다. 미안하다.

토론으로 싸움을 풀 때 주의할 점을 몇 가지 살핍니다.

첫째, 규칙을 지켜야 합니다. 규칙을 제대로 지킬 때 흥분한 마음으로 말싸움하던 모습을 바꿔 낼 수 있습니다. 그렇다고 복잡하지 않습니다. 규칙을 딱 하나만 지키게 하는 것입니다. 그건 토론의 원칙*에서 합리성의 원칙입니다. 합리성의 원칙은 토론 참가자들에게 시간과 기회를 똑같이 주는 원칙입니다. 토론에서 찬성 토론자가 2번, 10번의 기회를 가졌다면, 반대 토론자에게도 2번, 10번의 기회를 줘야 한다는 원칙입니다. 즉, 싸운 아이 모두에게 말할 수 있는 기회와 시간을 똑같이 준다는 뜻입니다.

둘째, 되도록 잘잘못을 따져 주지 않습니다. 선생님을 사이에 두고 서로 자기의 옳음을 내세웁니다. 그런 상황에서 선생님이 누군가의 편에 선다면 그때는 도리어 관계를 악화시킬 수 있습니다. 선생님으로서 아이들 주장을 들어 보면 상황이 파악되면서 잘잘못이 한눈에 들어오는 건 사실입니다. 그렇지만 조금 더 기다려 주면서 스스로 문제를 풀 수 있게 하는 것이 좋습니다. 물론 싸움이기에 말만 잘하는 아이(이런 아이들이 힘을 갖고 있는 경우도 많으니)가 이겨서는 안 되겠습니다. 확실한 사실 관계와 상황을 바탕으로 서로 토론하도록 해야 합니다. 즉, 말에 힘이 조금 떨어지거나 약한 아이라면 진행으로 도울 필요가 있습니다.

셋째, 흥분이 가라앉은 상태에서 하는 것이 좋습니다. 토론에서는 흥분하면 진다는 말이 있습니다. 흥분하면 논리가 아닌 감정으로 주장을 펴니 이길 수가 없기 때문입니다. 물론 싸웠을 때 흥분하지

---

* 토론의 원칙에는 합리성의 원칙, 유연성의 원칙, 역동성의 원칙, 듣기의 원칙, 설득의 원칙이 있습니다.-《초등 따뜻한 교실토론》(이영근 지음, 에듀니티, 2013)

않은 상태도 비슷합니다. 상대의 말을 감정이 아닌 이성으로 받아들일 수 있어야 한다는 뜻입니다. 그래서 흥분한 아이들 마음을 가라앉게 해 주는 시간이 필요합니다. 그런데 그럴 시간이 없을 때도 있습니다. 그때는 첫째에서 밝힌 정확한 규칙에 따라서 마음을 가라앉힐 수도 있습니다. '다른 사람이 말할 때는 끼어들지 않는다.' 같은 규칙을 말해 다른 사람이 말할 때 듣고만 있게 하는 것도 시간을 주는 한 방법이라 할 수 있습니다.

지금까지 아이들이 싸우거나 다툼이 있을 때 글과 토론으로 문제 해결하는 방법과 사례를 살폈습니다. 물론 경우에 따라 스스로 풀기도 하고, 말 몇 마디면 될 수 있습니다. 또한, 글과 토론으로 풀지 못하는 골이 깊은 문제도 있습니다. 그럴 때마다 하나의 방법이 아닌 적절한 방법으로 풀어야 합니다. 글과 토론은 그 많은 방법 가운데 하나의 좋은 방법입니다.

또래 중재 활동

참사랑땀 반에서는 또래 중재 모둠이 있습니다. 또래 중재함으로 작은 상자를 두고, 그곳에 또래 중재 신청을 합니다. 또래 중재 모둠은 또래 중재함에 들어온 신청서를 보고서 쉬는 시간이나 방과 후에 또래 중재 당사자들을 불러 또래 중재 활동을 합니다. 또래 중재에 들어오는 내용은 작은 말다툼, 가벼운 싸움, 욕 등입니다. 그런데 그 내용이 심각하지 않은 게 많아 대부분 금방 화해가 된다고 합니다. 또래 중재 결과는 또래 중재 모둠이 담임선생님에게 보고하며, 그 결과는 기록으로 남깁니다. 가끔 또래 중재 모둠에서 해결하지 못하는 문제는 학급 어린이 회의나 담임선생님에게 말해서 함께 풀고 있습니다. 또래 중재 활동은 다음과 같이 진행됩니다.

또래 중재자 선정하기

선생님의 추천이나 친구들의 추천에 의해 또래 중재자가 될 친구를 정합니다.

또래 중재 신청하기

갈등 분쟁

→ 또래 중재 신청(이유, 이름)

→ 또래 중재 신청함에 넣습니다.

→ 또래 중재 신청서를 모아서 기록하고 정리합니다.

→ 따로따로 당사자들을 만나 문제 해결을 위해 중재자를 만날 것을 권유합니다.

→ 또래 중재(이름, 장소, 날짜): 또래 중재 안내장을 작성하여 대상자에게 전달합니다.

→ 또래 중재를 위한 준비를 합니다.

→ 또래 중재 활동

또래 중재 활동하기

또래 중재 활동의 절차와 방법에 따라 활동합니다.

또래 중재

2014년 7월 9일
날씨: 흐리고 축축하다. 오후에 비가 왔다.

　오늘 점심시간에 ○○이와 화장실에 갔다가 ○○이가 파동 파이프에 물을 넣어 뿌려서 옷이 다 젖어서 말렸다. 처음에는 내가 말로 "하지 마!"라고 했지만 계속 입으로도 불고 튀겨서 "또래 중재에 넣는다."고 했더니 넣지 말라고 하다가 짜증을 내길래 더 짜증이 나서 원래 사과하면 안 넣으려고 했던 것을 넣었다. 그러고 나서 학교가 거의 끝나갈 때 노트에 써서 미안하다고 했다. 그래서 민철이(또래 중재 모둠)에게 괜찮다고 해서 마무리됐다. 원래 ○○이는 작년까지 욕도 잘 하고 사과도 안 했는데 바뀌어서 살짝 이상하다고 생각했다.

군포양정초등학교 5학년 3반 이주상

정말 몰랐던 사실이었습니다. 이렇게 자기들끼리 돌아가며 따돌림을 하고 있었다는 것이 놀라 웠습니다. 아이들 반응이 참 색다릅니다. 자기들끼리 했던 따돌림을 그 아이들은 대수롭게 여기지 않는 것처럼 웃기도 했습니다. 물론 긴 시간 따돌림을 당한 둘은 눈물을 펑펑 쏟았지만 말입니다.

이야기를 나누며 푼다고는 했지만, 근본 해결이 되지는 못했음을 잘 압니다. 조금 더 일찍 알았 더라면 하는 생각이 들었습니다. 조금 더 아이들 모습을 자세하게 들여다보기 위해 애써야겠습니다.

13

따돌림

초등학교 고학년 여학생에게 잘 나타나는 특징이 패를 나눈다는 것입니다. 흔히 공부 잘하고 말 좀 하는 여학생 무리와 그 무리에 끼지 못하거나 끼지 않는 여학생들로 나눠집니다.

6학년 친한 친구들끼리 따돌림

참 친한 다섯 여학생

참사랑 13기, 6학년 우리 반에도 늘 붙어 다니는 다섯이 있었습니다. 다섯은 하나같이 공부를 잘하는 편이고, 얼굴도 예쁘면서 꾸미기를 좋아하고, 연예인을 좋아하는 공통점을 가지고 있습니다. 그러니 자기들끼리 노는 것만으로 행복한 아이들입니다. 학기 초에 다른 아이들과 어울리지 않고, 모둠 활동이나 학급 활동에 협조하지 않아 많이 혼도 났습니다. 물론 앞에서 말했듯 초등학교 6학년이 친한 친구끼리 어울리는 것은 자연스러운 일입니다. 그렇지만 학급 분위기를 봤을 때는 적당한 선을 지켜 줘야 하기에 꾸지람을 하기도 합니다. 시간이 흐르면서 학급에 협조하고, 붙임성이 있어 늘 저와 장난치는 아이들이라 가깝게 지냈습니다.

그 다섯끼리는 정말 다툼도 없을 것이라 생각했습니다. 다섯에서 둘셋으로 가끔 떨어져 지내기도 하지만, 곧 함께하는 모습이었습니다. 이렇게 늘 함께하기에 자기들끼리는 전혀 문제가 없을 것이라 생각했습니다. 그런데 그렇지 않았습니다.

문제가 생기다

2012년 10월 29일

신우가 결석을 했습니다. 집에 전화를 하니 집에 있습니다. 아프다는 말에 푹 쉬라는 말만 남기고 끊었습니다. 3교시 체육 전담 시간에 전화가 왔습니다.

"저 내일 은진이, 선생님과 이야기 나누고 싶어요."

"그래? 왜 그러니?"

코를 훌쩍이며 우는 목소리입니다.

"은진이가 다른 아이들과 말을 못 하게 해요."

"그래. 계속 말해 보렴."

"금요일부터 제가 다른 친구들과 이야기를 하려고 하면, 데리고 가요."

"그래? 왜 그럴까?"

"그걸 모르겠어요. 진솔이도 이야기를 하지 않고, 소희, 채현이도 저랑 이야기를 안 해요."

"그랬구나? 친하던 친구들이 다 멀리하는구나."

흐느낍니다.

"네. 그래서 학교에 안 갔어요."

"그래. 오늘은 푹 쉬렴. 내일 같이 이야기 나눠 보자."

"네."

"그리고 그 이야기를 일기로 써 보렴."

"일기로 썼는데, 비밀 일기로 썼어요."

"그랬구나. 그래서 내가 알 수 없었구나."

우리 반은 비밀 일기는 접어 둡니다. 그러면 저도 보지 않습니다. 그게 우리 반 일기 약속입니다.

"그리고 내일 웃으며 와. 보통 때처럼. 그리고 웃으며 지내렴."

"놀 친구가 없어요."

"아냐. 그렇지 않아. 우리 반에는 너희 다섯이 아니고도 많잖아. 화영, 문경, 태희같이 누구랑도 잘 어울려 노는 친구들이 있잖아."

"네."

"어머니 좀 바꿔 주렴."

그렇게 어머니께는 있을 수 있는 일이니 걱정 마시고, 내일 이야기로 잘 풀겠다고 했습니다. 그렇게 하루를 보냈습니다.

함께 울고 웃다

2012년 10월 30일

신우가 학교에 왔습니다. 하루 동안 신우 모습을 살피는데 평소 아무 일도 없던 것처럼 지냅니다. 어제 당부한 것처럼 신우는 다른 친구들과 어울려 잘 노는 모습입니다. 원래 친하던 넷과는 여전히 함께하지 못하고 있습니다.

미술 시간에 소희를 불렀습니다. 소희는 자기 생각을 잘 드러내는 성격이며, 담임인 저와도 관계가 괜찮습니다. 늘상 "선생님을 좋아하지는 않아요. 존경해요." 합니다. 중학교를 대안학교로 간다는 것을 핑계로 이야기를 나누고 싶다고 했습니다. 학교 이야기를 하다가 불쑥 이야기를 꺼내 봤습니다.

"어제 학교에 오지 않았던 신우가 왔는데, 너희들하고 같이 놀지 않던데."

"그게요. 은진이하고 싸워서 그렇게 되었어요."

"그래? 그런데 은진이하고 싸웠는데, 왜 아무도 안 어울려?"

"사실 신우랑 은진이 싸움이 그전 것과 연결이 돼요. 은진이는 신우가 2학기에 자기를 따돌렸다고 생각하고 있거든요. 다른 반 친구에게 들었다고 그래요."

그렇게 이야기가 술술 나왔고, 이번 신우 일을 비롯해 모두가 돌아가며 따돌림을 하고 받았다고 말합니다. 깜짝 놀랐습니다. 3월 초부터 지금까지 그렇게 붙어다니면서 서로 돌아가며 따돌렸다는 게 말입니다. 그런 걸 전혀 눈치도 못 챈 저도 참 한심스럽다는 생각이 들었습니다. 헛웃음이 납니다.

"그럼 이번 일은 신우와 은진이 둘만의 문제가 아니네."

"네."

그래서 모두를 불렀습니다. 책상 여섯 개로 빙 둘러 앉았습니다. 먼저 종이를 한 장씩 줬습니다. 종이에는 따돌림을 당하고 받은 이야기를 간단하게 적도록 했습니다.

먼저 5월에 채현이가 산에 나들이 갔다가 오해를 해(일기장에서 보고 힘을 실어 줬던 기억이 있습니다.) 두 주 정도 함께 놀지 않았다고 합니다. 모임이 아닌 화영, 미성이와 놀며 지냈다며 그때 심정을 드러냅니다. 이어 소희는 한 주 정도 따돌림을 받았는데 잘 생각이 나지 않는다고 합니다. 오래되었고, 잊은 것 같아 넘어갑니다.

은진이는 눈물로 말을 꺼냅니다. 한 달 넘게 따돌림을 받았답니다. 다른 반 아이들과 관련해 자기들끼리 작은 다툼이 있었는데 다른 반 친구들과 함께 따돌렸다고 합니다. 참 힘들었다며 펑펑 웁니다. 그 눈물에 모두가 눈물을 글썽입니다. 그러고 보니 그때 은진이가 나와 함께 많이 놀던 때구나 싶습니다. 친구들과 어울리지 못할 때 나랑 어울리며 놀았던 겁니다. 물으니 그렇다고 합니다. 한편으로 나라도 함께 놀며 힘을 준 것 같아 잠시 흐뭇했습니다. 그때 소희가 힘을 많이 주고, 중재자로 나서 다시 관계를 맺도록 했다고 합니다. 정말 힘들었는지 은진이는 계속 눈물을 흘리며 웁니다.

이어 진솔이가 얼마 전에 문자를 주고받으며 오해가 생겨 한 주 정도 따돌림당했다고 합니다. 그런데 진솔이는 그냥 개의치 않고 놀았다고 합니다. 참 강하게 잘 이겨 냈습니다.

그렇게 서로 한 번씩 돌아가며 따돌림을 시켰고, 이번에는 차례가 있는 것마냥 신우가 따돌림을 받은 겁니다. 신우와 은진이가 오해가 생겼는데 다른 반 아이가 중간에서 말을 잘못 전해 생긴 일이라고 합니다. 신우에게 학교에 오지 않은 까닭을 물으니 또 눈물을 펑펑 쏟아 냅니다. "학교에 와도 같이 놀 사람이 없어 싫었어요." 합니다. 그 말에 모두가 함께 울며 미안하다고 사과합니다. 신우가 말을 이어 갑니다. "그리고 모두 따돌림을 시켜도 소희는 제 옆에 있었어요. 그런데 소희도 지난 금요일부터 안 놀아 주는 거예요. 그래서 더 이상 참기 힘들었어요." 합니다. 소희는 "나도 따돌림받을까 봐 그랬어. 미안해." 하며 웁니다.

그러며 풀렸습니다. 눈물도 말랐습니다. 서로 농담도 주고받습니다. 갑자기 화살이 나에게로 날아옵니다. "선생님이 조금 더 일찍 알았다면 더 일찍 이렇게 풀었을 거 아니에요." 합니다. 모두 덩달아 한목소리로 그럽니다. "맞아요.", "그래. 미안하다."며 헤어졌습니다.

정말 몰랐던 사실이었습니다. 이렇게 자기들끼리 돌아가며 따돌림을 하고 있었다는 것이 놀라웠습니다. 아이들 반응이 참 색다릅니다. 자기들끼리 했던 따돌림을 그 아이들은 대수롭게 여기지 않는 것처럼 웃기도 했습니다. 물론 긴 시간 따돌림을 당한 둘은 눈물을 펑펑 쏟았지만 말입니다.

이야기를 나누며 푼다고는 했지만, 근본 해결이 되지는 못했음을 잘 압니다. 조금 더 일찍 알았더라면 하는 생각이 들었습니다. 조금 더 아이들 모습을 자세하게 들여다보기 위해 애써야겠습니다.

5학년 따돌림을 또래 중재로 풀다

또래 중재

5학년 1학기 도덕 교과서에 갈등 해결로 또래 중재가 나옵니다. 교과서에서 '또래 중재란 같은 또래의 친구가 객관적인 입장에서 다른 친구들의 갈등을 해결하도록 도와주는 것이다.'라고 정의하고 있습니다.

"선생님, 우리도 또래 중재 만들어요." 합니다.

"그래. 그러자."며 또래 중재 모둠을 세웠습니다. 또래 중재 모둠에서 또래 중재함을 만들어 학급문고 위에 올려 뒀습니다. 또래 중재함은 또래 중재 모둠만 열어 볼 수 있습니다.

중재 절차는 간단합니다. 갈등이 생기면, 또래 중재함에 또래 중재 신청을 합니다. 또래 중재 모둠은 주마다 신청서를 확인합니다. 접수한 내용을 바탕으로 따로따로 당사자를 만나 문제 상황을 파악합니다. 그러고서 또래 중재 모둠에 당사자들을 불러 중재 활동을 합니다.

문제 접수

또래 중재 모둠에서 묻습니다.

"선생님, 이거 읽어 보세요. 이건 우리 모둠에서 해야 할까요? 아니면 학급 전체로 해야 할까요?"

> □□□이가 ○○○을 진따라고 놀렸습니다. ○○○은 3학년 때 전학을 왔습니다. 저는 □□□에게 ○○○를 진따로 만들고 싶지 않습니다.

여학생들 사이에서 벌어진 따돌림 관련 문제입니다. "이건 우리 반이 함께 고민하면 좋겠는데. 학급 회의가 좋겠다." 그 까닭은 우리 반에서 잘 일어나지 않는 따돌림 문제이거니와 따돌림을 한다는 □

□□가 우리 반에서도 분위기를 이끄는 학생이기에 그렇습니다.

문제 해결

2013년 6월 21일

6교시 회의 시간입니다. 회의는 늘 하던 대로 흐릅니다. '이번 주에 우리 반에서 아쉬웠던 점과 좋았던 점'과 '바라는 점'을 이야기 나눕니다. 보통 때는 나온 것들을 하나하나 깊게 이야기 나누는데, 오늘은 짧게 하고서 '또래 중재'를 합니다.

또래 중재에 다른 일도 몇 개가 있습니다. 그것들에서도 간단한 것들을 먼저 살핍니다. 그러고서 따돌림 문제를 이야기 나눕니다. 또래 중재 모둠에서 올라온 내용을 발표합니다. "자, 이 내용과 관련해 아는 사람을 말해 주기 바랍니다." 내용인즉, ○○○이 3학년 때 우리 학교로 전학을 와 그때부터 4학년까지 친구들에게서 따돌림을 받았다고 합니다. 그러며 이번 또래 중재에 올라온 □□□이 그 이야기를 과학실에서 다른 여학생에게 ○○○와 놀지 말라고 했다고 합니다. 다른 아이들도 들었다고 하고. 들은 내용 발표가 이어집니다.

□□□가 반론을 펼칩니다. 그런데 과학실에서 이런 말을 했는지가 아닌 3학년 때에 그런 일이 있었다는 것을 강조합니다. 또래 중재 모둠도 처음이고 아직 5학년인지라 지금 중재할 것은 3학년 때 일보다는 과학실에서 그 말을 했는가를 알아보고서 이 문제를 풀어야 하는데 그러지 못합니다. 내가 관여할까 망설이다가 조금 더 기다립니다. 회의가 잠시 멈추더니 이곳저곳에서 내용을 확인하고 어떻게 할 것인지 모임이 열립니다. 정말 심각합니다.

그때 광탁이가 큰 소리로, "아무도 이 이야기 다른 반 애들에게 하지 마!" 합니다. 그 말이 참 감동입니다. 모인 아이들은 어떻게 풀지 고민하고, 다른 아이들은 자리에 앉은 채 고민하고 있습니다. 제 머릿속에서도 풀 방법을 그려 봅니다. 그러며 기다립니다. 더 많은 이야기를 나누며 스스로 풀도록 기다립니다.

다시 또래 중재 위원회에서 회의를 이끕니다.

"다시 한 번 오늘 과학실에서 말한 내용만 말해 주실 분 있나요?" ㅁㅁㅁ가 하는 말을 들었다는 광탁이가 일어나서 말합니다. 광탁이가 들었다는 말에 ㅁㅁㅁ도 자기가 한 말은 인정하고, 잘못 들은 부분은 바로 잡습니다. 다음은 ○○○와 친하면서도 ㅁㅁㅁ와도 잘 어울리는 소희가 일어나 말합니다.

"ㅁㅁㅁ가 ○○○와 어울리지 말라고 말했습니다." 합니다. 씩씩한 소희 목소리에 힘이 없습니다. ㅁㅁㅁ가 반론합니다. "제가 그 말을 했을 때 소희도 맞장구를 쳤습니다." 소희가 할 말이 있는데 못 하고 있습니다. 잠시 제가 도와줍니다. "소희, 할 말이 있으면 하세요." "사실 ㅁㅁㅁ이 나도 따돌릴까 봐 무서워서 맞춰 말했습니다." 합니다. ㅁㅁㅁ도 더 이상의 반론은 없습니다.

"자, 그럼 ㅁㅁㅁ은 ○○○에게 사과를 해 주시기 바랍니다."

"아까 했어요." 하는 소리가 납니다. 조금 전 모여서 이야기 나눌 때, ㅁㅁㅁ이 ○○○에게 사과를 했다고 합니다. 속으로 참 잘했구나 하는 생각이 듭니다. 이렇게 또래 중재를 마쳤습니다.

이제부터는 제 몫입니다. 아픔을 드러내고 이야기 나눴으니 그 아픔을 잘 만져 줘야 합니다. 그리고 이런 아픔이 더 나은 우리 반,

□□□에게도 더 성장하는 계기가 되도록 해야 합니다. 그럴 자신이 있었기에 또래 중재로 하라고 했던 것이기도 합니다. 아픔을 드러내고 함께 성장하기를 바라는 마음이었습니다.

"지금 우리 모두는 이 일로 많이 아플 거예요. 용기 내어서 이걸 또래 중재에 낸 친구도 그럴 거고, 소희도 그럴 거고, 무엇보다 □□□도 그렇겠죠. ○○○도 아플 거고. 그런데 난 칭찬을 하고 싶어요. 지금 우리 반에서 ○○○를 따돌리는 사람 없잖아요. 아니 같이 놀고 기타 치고 노래하며 함께하잖아요."

"다른 반 애들은 아직⋯⋯."

"그건 걔들이 문제인 거죠. 그리고 우리가 그걸 막아 주면 되죠. 용기 낸 사람, 그리고 이 문제를 잘 풀려고 참가한 모든 사람들, 기다려 준 사람들 모두 칭찬해요. 우리가 상처가 났을 때, 아프더라도 꼬매고 약으로 소독을 해야 해요. 그러지 않으면 곪아서 더 큰 병이 되거든요. 우리가 참사랑땀 반으로 만났지만 아직 그전까지 지내던 버릇들이 남아 있어요. 이번에도 그런 경우인 게죠. 그래서 □□□도 이번 일은 남은 버릇으로 모르고 한 실수라 생각해요. 앞으로 그러지 않을 거라 여겨요. 난 오늘 여러분 모습에 감동했어요. 이렇게 스스로 풀려고 애쓰는 모습에 감동했어요. 커 가는 과정이니 아픔을 잘 이겨 내고 우리 함께 가자구요. 지금 이후로 오늘 이야기는 더 이상 꺼내지 않았으면 좋겠어요. □□□나 ○○○ 모두 같이 어울려 놀 거라 생각해요. 그게 우리 반이잖아요. 오늘 참 좋은 모습 보여 줘 고마워요. 우리 함께 손뼉으로 마쳤으면 해요."

함께 웃으며 헤어졌다. 기가 푹 죽은 □□□를 안으며, "아프겠지만 참 좋은 경험이야. 힘내." 하고 인사했습니다. '힘내.' 하고 마음으로 한 번 더 말해 주며 다독였습니다. 친구들과 놀며 집에 가는 ○○○ 에게 한마디 던졌습니다. "○○○, 이렇게 네 옆에는 친구가 많아. 더 자신감 있게 큰 소리로 말해."

"네!"

자기들끼리 한 시간 동안 문제를 푸는 모습에, 아픈 일이지만 참 행복하고 감동하는 순간이었습니다.

> 그 뒤로 더 이상 따돌림으로 이야기는 나오지 않습니다. 그 이후로 □□
> □는 ○○○와 붙어 다닐 정도는 아니지만 거리낌 없이 함께 어울립니다.
> 같은 모둠으로 지내기도 했고, 기타 동아리로 함께하며 공연하러 가는
> 차 안에서 장난도 치기도 합니다. 공연에서 서로 격려하며 기타에 노래
> 를 맞춥니다.

◀ **Tip** 따돌림 예방하기

1. 함께하는 즐거운 교실 만들기
따돌림은 관계를 제대로 맺지 못하기에 일어납니다. 그러니 서로 좋은 관계를 맺도록 애쓸 필요가 있습니다. 함께하는 놀이도 좋고, 짝이나 모둠 또는 학급이 하나 되는 활동을 많이 하는 것도 어울림으로 관계를 쌓을 수 있습니다. 스트레스가 많은 우리 학생들에게는 그것을 풀 수 있는 시간도 필요합니다. 스트레스를 푸는 좋은 방법 가운데 하나가 글쓰기입니다. 그러니 일기를 꾸준하게 쓰도록 돕는 것도 좋습니다.

2. 독서 토론 하기
《까마귀 소년》(야시마 타로 지음, 비룡소, 1996)을 읽고

▶따돌림 문제는 따돌림을 당하는 아이도 문제가 있는가?

▶토의
• 따돌림 경험이 있나요?(가해 또는 피해, 목격)
• 내가 따돌림 받는다면 어떤 기분일까요?
• 따돌림은 왜 일어날까요?
• 따돌림 없는 교실을 만들려면 어떤 노력이 필요할까요?
• 따돌림 없는 교실을 위해 나는 어떤 노력을 할 것인가요?

221

실로폰이 망가졌네, 어쩌지?

학교에서 달마다 하루를 정해 아침에 학년 전체가 하는 음악 발표회를 합니다. 한 학년이 스탠드에서 공연을 하면, 나머지 전교생은 운동장 바닥에 앉아 구경을 합니다. 그러니 음악 발표회를 하는 날 첫째 시간은 정신이 하나도 없습니다. 사실 이걸 왜 하는지 모르겠습니다. 하지 말자고 말해 보지만, 해야 한다는 고집을 꺾기가 쉽지 않습니다. 아이들에게 자기 실력을 발표할 기회를 주는 것이 꼭 필요하다고 말하는데 사실 그렇게 보이지 않습니다. 학부모들에게 자랑하고픈 마음이 크지 않나 싶습니다.

영근 샘 일기

2010년 10월 30일

　10월에 전교생이 함께하는 음악 발표회를 합니다. 우리 6학년은 리코더 합주를 했습니다. 우리 반 기타 동아리도 함께 발표했습니다. 리코더와 실로폰으로 노래를 맞춥니다. 리코더는 다 있는데 실로폰이 모자라서 4학년 5반에서 열다섯 개를 빌렸습니다. 열흘 정도 실로폰을 교실 뒤 사물함 위에 두고서 연습했습니다. 누구 한 아이에게 특별하게 주지 않고 실로폰이 없거나 안 가져온 사람은 누구나 쓸 수 있도록 했습니다. 동생들이 빌려 준 덕분에 연습을 할 수 있었고 공연을 무사히 잘 마쳤습니다.

우리가 쓴 실로폰을 4학년 5반에 돌려주었습니다. 곧 전화가 왔습니다.

"선생님, 채가 열 개 없고, 실로폰 하나는 망가졌어요."

"죄송해요. 그거 다 채워 드릴게요. 미안해요."

그러고서 아이들에게 이 이야기를 했습니다.

"우리가 쓴 실로폰에 문제가 생겼다네. 채가 열 개 없고, 실로폰이 하나 망가졌다고 해. 우리가 채와 실로폰을 채워 줘야 할 것 같아. 어떻게 하는 것이 좋을까요?"

"실로폰 쓴 사람들이 사서 줘야 할 것 같아요."

"그래. 그럼 실로폰 쓴 사람 손들어 볼래?"

수를 헤아리니 스물이 됩니다.

"근데, 선생님. 저는요, 실로폰도 안 망가뜨렸고, 채도 잘 넣어 뒀어요."

"저도요."

"그래. 그럼 억울하지. 그럼 어떻게 해야 할까?"

그러며 여러 이야기가 나왔습니다.

그렇지만 쉽게 해결이 나지 않습니다.

실로폰을 다 가져와서 자기가 쓴 실로폰을 고른다.

한 명씩 돈을 모아서 산다.

고치고, 채는 따로 산다.

실로폰 쓴 사람이 돈을 모아서 산다.

채는 집에 있는 것을 주거나 산다.

"그럼, 우리 내일 다시 이야기 나눠 보자. 이 일을 어떻게 하는 것이 좋은지 잘 생각해서 오렴."

그날 저녁 학급 누리집에는 온통 실로폰 얘기입니다. 대부분이 어떻게 해야 할지 고민합니다. 그런데 영중이 글이 눈에 띕니다.

'무조건 실로폰 쓴 사람이 물어내야 합니다. 이유는 실로폰을 안 가져온 것도 잘못인데 잃어버렸으니, 그리고 누가 잃어버렸는지 알 수 없으니 무조건 실로폰 쓴 사람이 돈을 모아 해결해야 합니다!'

그러니 이슬이가 댓글로 따끔하게 한마디 합니다.

'영중아, 그럼 빌려 쓴 실로폰을 소중하게 쓴 사람들이 억울하잖아.'

저도 고민입니다. 어떻게 해결하는 것이 우리 반에게 긍정의 힘이 될지.

영근 샘 일기

2010년 11월 2일

아침에 협의실에서 커피를 한잔 합니다. 생각은 실로폰이 떠나지 않습니다. 그런데 이게 웬일입니까. 뜻밖에도 해결할 수 있는 길을 찾았습니다. 3학년 부장님이 실로폰을 한가득 아이들과 같이 들고 옵니다.

"여기는 실로폰 더 없죠?"

"근데 부장님, 그 실로폰 어디로 가는 건가요?"

"이거 자료실요. 아이들이 버린 것을 자료실에 모아다 우리가 썼거든요."

"그래요. 그럼 실로폰 하나랑 채 저 좀 줄 수 있나요?"

"네, 그러세요. 자료실에 실로폰과 채는 충분하니까."

그렇게 상태가 좋은 것으로 실로폰과 채를 4학년 5반에 줬습니다.

그러고서 고민했습니다.

'이거 알릴까? 말까?'

문제가 일어났는데 자기 스스로 푸는 것이 더 좋겠다 싶어 말하지 않기로 했습니다. 아이들에게 얼굴 표정을 조심하며 말을 꺼냈습니다.

"자. 어제 못다 한 이야기를 나눠 보자. 실로폰 어떻게 해결할까?"

혜원이가 일어나 말합니다.

"어제 자기가 쓴 실로폰을 가져가고서 없어진 채와 고장 난 실로폰을 그 사람이 물어 주면 된다고 했습니다. 그런데 사람이 하나만 정해서 쓰지 않고 돌아가면서 썼다고 그건 힘들다고 했습니다. 그래서 저는 실로폰을 다시 가져와서 내가 쓴 실로폰에 종이를 붙입니다. 그럼 그 실로폰을 열어 확인하고, 물어 주도록 하면 좋겠습니다."

혜원이 말이 참 야무집니다.

"그러면 자기가 쓴 것을 어떻게 알 수 있나요? 그건 힘들 것 같습니다. 제가 어제 인터넷으로 실로폰 채 값을 알아봤습니다. 두 개에 천 원이고 택배비가 2천 원입니다. 실로폰은 1만 5천 원입니다."

제훈이가 값을 조사해 왔습니다. 계산하는 아이들이 몇 있습니다.

"우와! 그럼 2만 3천 원이다."

그러자, 효수가 그럽니다.

"이제 우리는 중학교 가니까 실로폰 쓸 일 없잖아요. 우리 것으로 줘요."

"그래? 그럼 자기 것 기증할 사람?"

효수가 잠시 망설이더니 손을 듭니다.

"제 거 줄게요."

"그래. 그럼 실로폰은 효수가 기증했고, 나머지 채는?"

그러자 주진, 혜민, 우진, 준혁, 동훈이도 채 기증을 한답니다.

"그래. 고맙다. 그런데 할 말이 있어. 사실은……."

"구라죠?"

한 녀석이 제 말을 잘라 먹습니다.

"응. 그럴 수도 있어. 그렇지만 잘 들어 봐."

한둘이 야유를 보냈지만 다른 때와 달리 신중한 제 표정에 금세 마음을 가라앉히고 이야기를 듣습니다.

"사실은 오늘 아침에 우연히 실로폰과 채를 구해서 줬어. 그런데 이렇게 그 사실을 숨기고서 이야기 나눈 까닭은 여러분이 일으킨 문제이니 스스로 풀길 바랐어. 그리고 여러분들은 기대한 대로 스스로 문제를 풀었어. 이건 너희들이 해결한 것과 같아. 내가 실로폰과 채를 주지 않았더라도 효수가 준 실로폰과 여럿이 기증한 채를 주면 해결이 되잖아. 그러니까 여러분이 해결한 것이야. 어제부터 이런저런 이야기를 나누며 스스로 해결한 거지."

고개를 끄덕입니다.

"우리 해결을 해 준 효수, 주진, 혜민, 우진, 준혁, 동훈이 그리고 이야기 나누며 문제를 잘 풀어낸 우리 모두에게 손뼉 한번 치자."

4학년 5반 교실

2010년 11월 6일

4학년 5반에게 실로폰을 빌린 고마움을 갚고 싶습니다. 실로폰을 해결한 날 이어진 회의에서 고마움을 표현할 방법을 찾았습니다. 아이들은 기타 동아리가 교실에 가서 공연하면 좋겠다고 말했습니다. 기타 동아리도 찬성했습니다. 4학년 5반 선생님께 전화를 드려 시간을 내줄 수 있는지 여쭈니 내겠다며 좋아하십니다.

둘째 시간에 4학년 5반 교실로 갔습니다. 기타 동아리 모두가 갔습니다. 먼저, 제훈이와 동훈, 정호, 우진이가 수학여행에서 했던 〈외톨이야〉를 기타 반주에 노래했습니다. 4학년 5반 아이들이 아는 노래일 텐데도 긴장한 탓인지 따라 부르는 아이가 적습니다.

다음은 여학생 혜원, 미진, 혜진, 주진이가 경쾌한 셔플 리듬의 〈개똥벌레〉를 불렀습니다. 남학생들과 달리 무대 경험이 적어 걱정했는데 참 부드럽고도 좋습니다. 듣는 아이들도 절로 손뼉으로 박자를 맞춥니다.

마지막은 여학생 앞에는 준수, 치현, 준혁, 상벽이가 앉습니다. 처음 〈외톨이야〉를 노래했던 남학생들은 뒤에서 선 채 공연을 합니다. 열둘이 한꺼번에 크리스마스 캐럴을 이어서 불렀습니다.

이제야 4학년 아이들도 신나게 손뼉 치며 노래를 부릅니다. 마치니 손뼉도 크게 칩니다. 듣는 아이들도, 공연한 아이들 표정이 모두 하나입니다. 모두 앞으로 나가고서 인사를 하며 제가 한마디 했습니다.

"지난번에 실로폰을 빌려 줘서 우리가 준비한 선물이에요. 고마워요. 주말 잘 보내세요."

그래도 다행이다

2010년 11월 6일, 날씨: 춥다.

2교시에 실로폰 빌렸던 반으로 가서 기타 공연을 했다. 〈외톨이야〉, 〈개똥벌레〉, 캐럴을 쳤다. 긴장되기보다는 좀 창피했다. 〈개똥벌레〉 하는데 Bm를 F로 잡고, 캐럴을 하는데 계속 Dm를 이상한 코드로 잡고…… 그래서 '아무

도 모르겠지.' 하면서 계속 다른 사람 눈치 봤다. 그리고 좀 창피해서 웃었
다. 그리고 〈개똥벌레〉 하는데 목소리 크게 나와서 깜짝 놀랐다.

　그래도 애들이 좋아해서 다행이다.

이혜원

함께 커 가요

"칭찬을 뭐라고 할까? '어머니, 수업 시간에 공부를 열심히 해 칭찬합니다. 집에서도 칭찬해 주세요.' 이렇게 할까? 조금 밍밍한가?"

"하하. 네. 다른 걸로 해요."

"그럼 발표를 열심히 해서 칭찬하는 것으로 할까?"

"네. 그거 좋아요."

"그런데 이거 돈 들어. 천 원 정도 드는데, 아깝기도 하고." 하며 뜸을 들입니다.

"그럼 이걸로 해요." 하며 천 원을 가지고 나옵니다.

함께 웃습니다.

14

칭찬으로 행복한 학부모

교육을 살리는 데 학생, 교사만으로 되는 게 아닙니다. 학부모도 함께할 때 가능합니다. 지금 우리네 교육에서 교사-학부모, 학생-학부모, 학부모-학부모 관계를 제대로 세우기 위한 노력이 더 필요합니다. 요즘 많은 학교를 중심으로 다양한 학부모회와 만남이 일어나고 있어 앞으로가 기대됩니다.

학부모님께 문자를 자주 보내는 편입니다. 대부분 학교에서는 학부모님들께 보내는 문자 서비스도 이용하고 있습니다. 그것으로 학부모님께 문자를 자주 드립니다. 학기 초에는 인사도 드리고, 알림장에 쓰지 못한 준비물도 알리고, 학급이나 학교 행사에 참여해 주십사 하는 내용들을 알립니다. 가장 손쉽게 할 수 있는 학부모와의 의사소통인 것 같습니다.

1학년 사례

수업하다가 아이들 집으로 문자를 보낸 이야기입니다. 둘째 시간 수학 공부를 하는데 다 열심입니다. 셋째 시간 도구 쓰임에 대해 이야기를 나누다가 도구가 발달한 이야기를 나눕니다. 손빨래는 세탁기가, 부채는 선풍기가, 집 전화는 ○○○으로.

"집 전화는 뭐로 바뀌었을까?"

"휴대폰요."

"그래. 맞아요. 손전화로 바뀌었지. 집 전화는 줄로 되어 있어 밖에서는 전화를 할 수 없으니."

내 손전화를 들고 보여 준다.

"손전화로 뭘 할 수 있을까?"

"문자도 보내요."

"그래요. 문자를 보낼 수 있어요. 지금 수업 열심히 듣는 사람 부모님께 공부 열심히 하고 있다고 문자 보내 볼까? 참 모둠(1분단)을 보자. 오늘 형주가 참 열심이네. 형주, 아버지에게 문자 보낼까? 어머니에게 보낼까?"

오늘 참 바르게 잘 앉아서 공부합니다.

"음, 아빠요."

형주 말대로 아버지에게 문자를 썼습니다.

"공부를 열심히 해 칭찬을 문자로 보냅니다. 칭찬해 주세요. 영근 샘"

"사랑 모둠(2분단) 볼까? 누구에게 칭찬 문자를 보낼까?" 그런데 뽑기가 쉽지 않습니다.

"사랑 모둠은 다 잘 하고 있어 정하기 어렵네. 우리 가위바위보로 하자."

배가 아파서 아침부터 힘들어하던 우리 반 개구쟁이 민혁이가 뽑혔습니다. 1등을 하자 좋아 웃는 모습을 보니 조금 나아진 것 같습니다.

"땀 모둠(3분단)은 누구를 칭찬하지?"

"현진이요."

누가 현진이 이름을 말합니다. 현진이. 자기 할 일을 참 잘합니다. 자기 할 일을 잘하는 것은 1학년 아이들 눈에도 보이는가 봅니다.

"그래. 현진이로 하자."

이렇게 셋(우리 반은 세 분단)에게 문자를 보내려다가 한 아이만 더 뽑기로 했습니다. 둘러보는데 허리를 꼿꼿하게 세우고 바른 자세로 앉아 있는 홍규가 눈에 띕니다. 홍규 부모님 전화번호를 찾는데 내 전화기에 저장이 되어 있지 않습니다. 홍규에게 전화번호를 넣으라고 내 손전화를 주는데 못 넣습니다. 기억이 안 난다고. 못 보내도 괜찮다며 웃습니다. 환하게 웃는 모습이 예쁩니다.

"자, 그럼 보낸다."

형주, 민혁, 현진이 부모님께 문자를 보냈습니다.

"우리도 해 주세요."

아이들이 자기들도 해 달라고 성화를 부립니다. 별것도 아닌데 괜스레 미안한 마음이 가득합니다.

"그래. 오늘 너희들이 모두 다 잘 했으니 다 보낼까?"

하나하나 다 보낼 수 없으니 인터넷을 이용합니다. 인터넷 문자 서비스 누리집에서 칭찬 내용을 쓰고, 9기 학부모를 한꺼번에 선택한 뒤, 조금 전에 보낸 아이들만 뺐습니다.

"자, 그럼 이제 됐는데, 왜 괜스레 보내기 싫지? 돈도 아깝고."

"돈이 들어요?"

"그럼 돈이 많이 들지. 그래도 보내야 하나?"

"그래도 보내 주세요."

"그래? 그럼 10분만 더 너희들 공부하는 것 지켜보고 보내자."

보낼 거지만 조금 더 재미있는 상황을 만들고 싶습니다. 슬기로운 생활로 가위와 풀 쓰는 법을 익히는 시간입니다. 색종이를 오리고 잘라 종합장에 붙입니다.

"종이가 바닥에 떨어진 것이 없어야 문자 보낼 수 있다."

좀 치사하지만 효과는 좋습니다. 어느 정도 시간이 지나고 정리도 끝났습니다.

"이제 그럼 문자 보내고 나들이 나가자."

"와. 좋아요. 지금 보내세요."

"그런데 바로 보내기가 안 되고, 내가 숫자 셀 테니까 너희들은 힘을 넣어 줘. 5, 4······."

"3, 2, 1, 와!"

교실이 터질 듯 큰 목소리로 숫자를 헤아립니다.

"아, 웃는 얼굴을 한 사람이 적어서 못 보내겠는걸."

"와!"

더 환하게 웃으며 즐거워합니다.

"정말 예쁘다. 이거 사진 한 장 찍고 보내자."

"와!"

"이제 보낸다. 5, 4, 3, 2, 1, 보냄."

"와! 정말 보냈어요?"

"그럼 보냈지."

"와!"

"집에 가서 이렇게 하면 더 좋겠다. 부모님께 문자 이야기를 말하지 않고 모른 척하는 거야. 그럼 어머니가 문자 이야기 하겠지? 그러면 그때 수업을 아주 잘해 칭찬받았다고 하는 거지."

"네. 그거 좋아요."

"그리고 나 혼자만 칭찬받았다고 해. 그러면 분명 더 좋아하실 것 아냐?"

"그래도 다 받았으니 알지 않을까요?"

"그럼 이렇게 말씀드려. '엄마, 나 혼자 문자 받았는데 이거 다른 사람들에게 자랑하면 다른 동무들에게 미안하니까 나 혼자 문자 받은 거 다른 사람에게 말하지 말고 비밀로 하자.' 이렇게 말하는 거지. 어때?"

"네. 그거 좋아요."

"그럼 오늘 집에 가서 칭찬받아."

"네!"

교실 밖으로 나들이를 다녀오니 손전화에 답장이 많이 와 있습니다.

문자를 보고 나니 마음이 조금 뒤숭숭합니다. 하나하나 칭찬한 것이 아니라서. 다 같이 칭찬한 것이 못내 미안합니다. 모두가 잘했기에 칭찬한 것이지만 마음이 그렇다 하더라도. 혹시 한꺼번에 보낸

것을 부모님들이 알았을 때 이런 감동이 식지 않을까 하는 걱정이 됩니다. 보통 때 아이들에게 하나하나 좀 더 관심을 가지고 작은 칭찬이라도 해야지 하는 생각이 듭니다.

- **경륜 부모님** 언제나 기분 좋게 해 주시는 선생님 정말 멋지세요.
- **홍규 부모님** 부족한 홍규를 이쁘게 봐 주셔서 진심으로 감사드립니다.
- **희진 부모님** 선생님 예쁘게 봐 주셔서 정말 감사합니다. 많이 많이 칭찬하겠습니다.
- **현진 부모님** 고맙습니다.
- **가람 부모님** 철들었나 봐요. 감사합니다.
- **신영 부모님** 네, 고맙습니다.
- **제윤 부모님** 제윤이가 2학기 들어 적응도 금방 하고 공부도 열심히 잘하니 대견하네요. 선생님 덕분입니다. 감사드려요. 제윤이에게도 항상 고맙게 생각하고 있습니다. 늠름하고 용기 있게 잘해 주어서요.
- **희원 부모님** 안녕하세요. 선생님, 고맙습니다.
- **희준 부모님** 선생님 덕인데요. 고맙습니다.
- **준영 부모님** 선물 문자 감사합니다. 준엽이뿐만 아니라 저도 힘이 솟네요. 좋은 하루 보내세요.
- **동훈 부모님** 선생님께서 재미나게 해 주셔서 아이들도 흥이 났나 보네요.
- **채원 부모님** 네에, 고맙습니다.
- **주현 부모님** 감사합니다.
- **정림 부모님** 감사합니다. 선생님의 배려에 감동입니다.
- **다혜 부모님** 감사합니다.
- **민혁 부모님** 걱정했는데, 선생님 문자에 안심이 되네요. 고맙습니다.
- **형주 부모님** 무지 고마워서 답장 드립니다. 선생님 건강하세요.

6학년 사례

둘째 시간 영어 전담을 마치고 교실에 들어와서 컴퓨터실 갈 준비를 합니다. 일기장을 내고서 문집에 실을 일기 한 편씩 골랐습니다. 쉬는 시간인데도 열심히 듣고 찾는 모습이 보기 좋습니다.

"너희들 이렇게 잘하니 집에 칭찬 문자 하나 보낼까?"

"……."

"자, 여기 봐."

내가 쓰는 문자 보내는 누리집을 열었습니다.

"여기에서 단체 문자를 보내는데, 이곳에 '수신'이라고 쓰고 보내면, 받는 사람은 '수신'에 사람 이름이 찍혀. 그러니까 신혁 어머니 이렇게 보이는 거지."

"와."

"어떻니? 이렇게 부모님 이름으로 너희들 칭찬을 할까 하는데."

"네. 좋아요."

"칭찬을 뭐라고 할까? '어머니, 수업 시간에 공부를 열심히 해 칭찬합니다. 집에서도 칭찬해 주세요.' 이렇게 할까? 조금 밍밍한가?"

"하하. 네. 다른 걸로 해요."

"그럼 발표를 열심히 해서 칭찬하는 것으로 할까?"

"네. 그거 좋아요."

"그런데 이거 돈 들어. 천 원 정도 드는데, 아깝기도 하고." 하며 뜸을 들입니다.

"그럼 이걸로 해요." 하며 천 원을 가지고 나옵니다.

함께 웃습니다.

"하하. 그건 됐고. 그럼 자, 보낸다." 하고서 보냈습니다.

"그럼 여러분은 지금부터 짜야 해. 집에서 무엇으로 칭찬을 받았는지 물었는데, '전체 문자야.' 할 수는 없잖아. 내가 왜 칭찬을 받았는지 지금부터 짜." 하며 몇몇 아이들에게 물었습니다. 아이들도 생각보다 쉽지 않나 봅니다. 내가 칭찬을 하지 않았나 하며 저도 돌아봅니다.

"사회 시간에 발표 수업이니 그거 잘했다고 그러고, '말듣쓰' 시간에도 잘했다고 그러고. 어쨌든 집에서는 나만 받은 거로 해 봐."

"난 연기 잘 못 하는데." 하며 웃기도 합니다.

보내고서 잠시 뒤 역시나 문자 답장이 날아옵니다. 하나하나 아이들에게 밝힙니다.

"띵동."

"자, 준호 어머니 답장 왔다."

아이들이 귀와 눈을 모읍니다.

"내용은, '네, 감사합니다.'네. 첫 번째 축하."

아이들이 손뼉을 치며 함께 좋아합니다. 이어 오는 문자도 아이들에게 소개를 합니다.

이렇게 서른 분 중 스물세 분에게서 답장이 왔습니다. 대현이는 "할머니는 전화를 할걸요." 했습니다. 문자에 익숙하지 않으시니. 전화가 없었지만 예전에 할머니와 나눈 통화에서 느꼈던 할머니의 마음이 아직도 충분히 남아 있습니다. 다른 분들은 바쁘셨을 게고. 아니 그것보다는 좋은 마음을 표현하지 않았을 뿐이라 여깁니다.

저녁에 지훈이에게서 문자가 왔습니다.

'선생님, 저희 엄마가 오늘 피자 사 준대요. 역시 문자는 위대해. 선생님, 감사합니다.'

- **윤성준 부모님** 네. 감사합니다.
- **이하늘 부모님** 네. 감사합니다. 칭찬 많이 해 주겠습니다.
- **강성욱 부모님** 모두 선생님 덕분이에요. 감사합니다.(이 문자에 아이들과 그냥 웃었습니다.)
- **손다빈 부모님** 네. 알겠습니다. 감사합니다. 환절기 감기 조심하세요.(다빈 이가 엄마가 문자를 보낼 리 없는데 왔다면서 신기하다며 놀랍니다.)
- **이예찬 부모님** 네. 감사합니다.
- **김태희 부모님** 네. 감사합니다. 태희가 요즘 학교 가는 일이 참 즐겁다고 하네요.(이 문자를 소개하니 태희가 얼굴을 붉히며 웃으며 좋아합니다.)
- **신지우 부모님** 아, 그래요? 잘 알겠습니다. 신경 써 주셔서 고맙습니다.(아 이들이 가장 많이 웃었습니다. 나도 '아, 그래요?'를 목소 리 바꿔 가며 말합니다. 그럴 때마다 웃습니다.)
- **길호진 부모님** 네. 쌤. 감사합니다. 수고하세요.
- **고석현 부모님** 네. 밤늦게까지 한다고 제가 야단쳤는데 칭찬을 들었다니 다행이네요. 감사합니다.
- **최지우 부모님** 항상 감사합니다.
- **황성건 부모님** 감사합니다. 선생님 칭찬으로 성건이가 잘할 수 있었던 것 같습니다. 기타도 아주 즐겁게 배울 수 있도록 해 주셔서 감사합니다.(내가 고마운 문자입니다.)
- **박문경 부모님** 네. 선생님, 감사합니다. 문경이가 남 앞에서 말을 잘 못 하 는데 용기가 생겼나 봅니다. 요즘 많이 피곤해하고 힘들어 하니 화이팅 한번 외쳐 주세요. ㅎ 수고하세요.("얘들아, 우리 문경이에게 화이팅 함 외치자." "화이팅!")

- **박선영 부모님** 　네. 알겠습니다. 감사합니다.(우리 엄마 까칠하다던 선영이 웃습니다.)

- **유경현 부모님** 　제가 더 행복합니다. 긍정적인 아이로 생활할 수 있게 이끌어 주셔서 감사드려요.

- **이지훈 부모님** 　네. 알겠습니다. 선생님, 감사합니다. 지훈이는 칭찬하면서 해야 할 일을 시키면 아주 잘해요.("지훈이에게 우리 칭찬을 하며 시키자 앞으로는. 지훈아, 정말 자기 할 일 잘하는 지훈아, 옆에 쓰레기 좀 줍자." 지훈이도 씩 웃으며 마지못한 표정으로 쓰레기를 줍습니다.)

- **인호 부모님** 　네. 감사합니다. 상현이네에서 식사 한번 해요. 예빈 맘이랑. 좋은 하루 보내세요.(11기 제자 연호 동생이 인호입니다. 상현, 예빈 모두 11기로 중 3이 된 제자들 이름입니다.)

- **신혁 부모님** 　네. 잘 지도해 주세요. 공부도 공부지만 어린 시절에는 뛰어노는 게 최고의 공부인데 저도 기타 열심히 배워 보라 했어요. 좋은 추억 많이 만들어 주세요.

- **이병현 부모님** 　그랬어요? 많이 칭찬해야겠네요. 감사합니다.

- **한민식 부모님** 　기분 좋네요. 감사해요. 일기를 잘 쓰게 하고 싶은데 매일 얘길 해도 잘 안 되네요. 학교에서라도 쉬는 시간 이용해서 일기 좀 쓰게 하고 싶은데, 선생님이 한번 얘기 좀 해 봐 주시겠어요?(아이들과 많이 웃었습니다.)

- **남해린 부모님** 　네. 감사합니다. 선생님.

- **김태영 부모님** 　네. 감사합니다. 그동안 보내 주신 문자도 감사하구요. 답장 못 한 건 죄송^^ 즐거운 주말 보내세요.(사실 며칠 전 밤에도 아이들에게 전체 문자를 보냈습니다. '사랑해.' 하며. 그때는 이렇게 많은 답장이 오지 않았습니다. 답장과 관계없이 저는 문자를 계속 보냅니다.)

- **이유진 부모님** 　아, 수업 시간이라 답장을 못 보냈네요. 칭찬 많이 할게요. 숙제도 많이 내 주시고요. 수고하세요.(답장을 드리고 싶은데 참았습니다. '숙제는 지금도 많은걸요.' 하고서. 늦게라도 잊지 않으시고 이렇게 답장을 주시니 참 고맙습니다.)

많은 교실에서 이 활동은 하는 것으로 압니다. 칭찬이불이 아닌 '칭찬샤워'라는 이름으로도 많이 알려졌습니다. 운동을 하면 몸에 땀이 납니다. 끈적끈적한 몸, 땀을 샤워하며 씻을 때 개운함은 말로 표현하지 않아도 누구나 느끼는 기분입니다. 이런 샤워의 기분을 말로써 느낄 수 있습니다. 공부로 힘들고, 친구 관계로 힘들 때 친구가 건네는 격려와 칭찬 한마디는 힘을 얻게 합니다.

15

칭찬이불로 따뜻한 학생

날이 차가운 날, 따뜻한 아랫목이 생각납니다. 아랫목에 누워 포근한 이불을 뒤집어쓰면 추위는 간 데 없고, 온몸을 따뜻한 기운이 감쌉니다. 이런 따뜻함을 친구의 말로써 느낄 수 있습니다. 힘들고 지칠 때 친구의 말 한마디가 기운을 얻게 합니다.

많은 교실에서 이 활동은 하는 것으로 압니다. 칭찬이불이 아닌 '칭찬샤워'라는 이름으로도 많이 알려졌습니다. 운동을 하면 몸에 땀이 납니다. 끈적끈적한 몸, 땀을 샤워하며 씻을 때 개운함은 말로 표현하지 않아도 누구나 느끼는 기분입니다. 이런 샤워의 기분을 말로써 느낄 수 있습니다. 공부로 힘들고, 친구 관계로 힘들 때 친구가 건네는 격려와 칭찬 한마디는 힘을 얻게 합니다.

"선생님이 이번 주에 칭찬이불을 한다고 하고서는 하지 않았습니다. 빨리 하면 좋겠습니다."

우리 반 학생들이 어린이 회의에서 한 말입니다. 이렇게 회의에서까지 요구할 만큼 칭찬이불을 하고 싶어 하는 아이들입니다.

칭찬이불, 뭐 대단한 활동이거나 절차가 있지도 않습니다. 아주 간단하며 시간도 오래 걸리지 않는데 이렇게 아이들은 손꼽아 기다립니다.

칭찬이불을 할 때는 빙 둘러앉아서 하는 것이 좋습니다. 빙 둘러앉아서(책상만 돌려도 좋고, 책상을 밀고 바닥에 앉아도 좋습니다.) 진행자(보통 담임)가 오늘 칭찬받을 아이 이름을 불러 줍니다. 그러면 학생들은 그 친구에게 해 줄 칭찬을 생각합니다. 생각을 조금 더 잘 정리하도록, 조금 더 진지하게 생각하도록 글로 써 보게 하는 것도 좋습니다. 한 줄, 한 문단이지만 글로 쓰면 좋습니다. 글로 써 그것을 학급 누리집에 올려 나중에 문집으로 엮어 줘도 좋습니다. 발표는 토의 진행 방법과 비슷합니다. "자, 지금부터 ○○○의 칭찬이불을 시작하겠습니다. 칭찬하실 분은 손을 들어 주세요." 하고서 아무나 준비한 학생이 발표합니다. 물론 부담이 큰 활동이 아니기에 차례대로 돌아가며 발표해도 괜찮습니다. 발표를 모두 마치고서 칭찬이불을 쓴 아이가 느낀 점을 말해도 좋으나, 부담스러울 수 있어 우리 반에서는 하지 않고 있습니다.

칭찬이불을 지금까지는 보통 생각날 때 했는데, 날마다 한 학생씩 돌아가며 하는 것도 좋겠습니다. 우리 반은 '밥친구'라고 날마다 담임과 밥을 먹는 친구가 있습니다. 그 친구와 밥도 먹지만 아침마다 그 친구가 듣고 싶은 노래, 그 친구에게 불러 주고픈 노래를 해 줍니다. 이것과 함께 칭찬이불을 해 주려 합니다. 한 해에 보통 네 번 남짓 밥친구를 하는데, 칭찬이불에서 나오는 칭찬도 시간이 흐르면서 바뀌는 재미도 있을 것 같습니다.

칭찬이불

2013년 9월 9일 월요일

날씨: 민성이가 듣고 싶은 노래로 〈바람이 불어오는 곳〉을 할 만큼 가을바람이 세다.

아침에 은진이가 글똥누기를 보여 주는데 생일이란다.

"그래? 그럼 오늘 축하해야지." 하며 생일 책을 돌렸다. 지금 막 은진이 '생일 책'에 나도 편지를 썼다. 친구들도 편지를 다 써 뒀다. 생일 선물로 '칭찬이불'을 한다. 듣말쓰 수업하다가 대뜸, "오늘 우리 칭찬이불 한번 하자. 내가 칭찬이불 할 사람을 부르면 그 사람 칭찬을 한마디씩 해 주자. 먼저 오늘 생일인 은진이." 하자 서로 하겠다고 손을 든다. "그럼 칭찬을 글똥누기에 글로 써 주자. 우리 반 모두가 다 발표하게. 그리고 그걸 문집에 싣게." 하고서는 글로 남기게 했다. 그리고 쓴 내용을 발표한다.

김은진 칭찬이불　배려심이 좋다.(6) 잘 웃는다. 무엇이든 열심히 한다. 야무지다. 숙제를 잘한다.(6) 친절하다. 토론 준비를 잘한다.(2) 친절하다. 착하다.(5) 공부를 열심히 배운다. 준비물을 잘 빌려 준다. 성실하다. 야무지다. 활발하고 친절하다. 준비물을 잘 챙겨 온다. 친구를 잘 도와준다. 꼼꼼하다.(2) 안 웃을 때는 무섭고 웃을 때는 천사 같다. 명랑하다.

"우와. 그렇구나. 나도 은진이 칭찬할게. 내가 볼 때 은진이는 우리 반에서 하는 활동, 아침햇살이나 기타, 삶 공책, 토론 같은 것을 아주 열심히 하는 것 같아. 다음은 남학생으로 재민이."

재민이 칭찬이불　활발하다.(4) 긍정적이다.(2) 목소리가 무지 크다.(2) 장난은 많지만 상대가 웃을 수 있게 해 준다. 장난을 친다.(2) 착하다. 축구 수비를 잘한다.(2) 재미있고 잘 논다.(2) 장난기가 많다. 장난스럽고 활기차다. 활발하다.(2) 재미있고 장난기가 많다. 여자를 잘 배려해 준다. 장난이 많다. 웃게 해 준다. 다리의 힘이 무척 세다. 활발하게 논다. 재미있다. 끝까지 포기하지 않고, 열심히 노력한다.

"그래. 나도 할게. 재민이는 1학기에 기타를 정말 잘 못했어. 남들 할 때 늘 조금 앉아 있다가 그냥 가고. 그때 내가 말했잖아. 포기하지 않으면 는다고. 그런데 재민이가 그래. 포기하지 않고 날마다 나왔거든. 그 결과 일요일 공연에도 참가하고……." 그러며 재민이 어머님이 보내 주신 문자를 공개하며 읽었다.

재민이 어머니 문자 선생님, 고생 많이 하셨어요. 정말 멋진 무대였어요. 아이들에게 좋은 추억이 될 거예요. 재민이가 1학기 때는 거의 못 따라간 거 알아요. 그래도 끝까지 포기하지 말라는 선생님 말 한마디에 몇 번의 위기를 겪었지만 여름방학에 나름 연습을 하더라구요. 선생님 칭찬에 이제 막 재미를 느끼나 봐요. 다른 아이들보다 느리고 실력이 부족하지만 격려해 주시고 좋은 경험을 할 수 있게 해 주셔서 감사합니다.

"자, 이번에는 정유민"
며칠 아파서 학교에 오지 않았던 정유민으로 칭찬이불을 한다.

정유민 칭찬이불 키가 크다.(3) 힘이 세다.(2) 재미있다.(3) 그림을 잘 그린다.(7) 말이 잘 통한다. 착하다. 글씨가 이쁘다.(2) 웃을 때가 재미있다. 조용하다.(2) 활발하다. 놀 때는 활발하고 다른 때에는 묵묵하다. 얌전하고 조용하다. 항상 활발하게 생활한다. 개성 있고 재미있다. 항상 남을 웃겨 주고 행복하게 해 준다. 준비물을 잘 빌려 준다. 웃을 때 웃기게 해 준다. 웃을 때가 좀 많아졌다. 얌전하고 웃을 때가 이쁘다.

"그럼 나도. 정유민은 그림을 정말 잘 그려. 학기 초에 굵은 선으로 내 모습 그려 준 것을 페이스북에 올렸는데 여러 선생님들이 깜짝 놀랐어. 정말 잘 그렸다면서."

(쉬는 시간에 현서와 몇몇 남학생은 그 그림을 내 전화기에서 보고 놀라기도 했다.)

"마지막으로 민재"

민재 칭찬이불　달리기를 잘한다.(10) 조용하다.(2) 활발하다.(4) 착하다. 항상 열정적이다. 공기를 잘하고 달리기도 빠르다. 운동을 잘한다. 배려심이 많고 학급 일에 열심히 참여한다. 친절하다. 이야기를 잘 들어 준다. 공기를 잘한다. 모든 일을 최선을 다해 열심히 한다. 배려심이 많다. 키는 조그마하지만 운동을 열심히 한다.

"나도 민재 칭찬할게. 민재는 마음이 하늘처럼, 바다처럼 큰 것 같아. 그래서 친구들의 이야기를 아주 잘 받아 주는 것 같아. 키는 작지만 그 마음은 정말 커."
"자, 그럼 다른 사람도 다음에……."
"샘도 해요."
"에이. 안 해."
"해 봐요."
"싫다고 말할 거잖아."
"안 해요. 칭찬할게요. 그럼 저부터 한다요."
"에이. 다음에 마지막에 하자."
"그럼 오늘 1학기 마무리로 다시 하고, 다음에 또 해요."
"칭찬 안 할 거면서. 키 작다. 얼굴 까맣다. 이런 거 할 거잖아."
(보통 때 날 싫다고 말하는 아이들인지라.^^)
"그건 칭찬이 아니잖아요."
"아, 이거 불안한데. 그럼 해 볼까?"
"네!"

영근 샘 칭찬이불　입이 크다. 종아리가 통통하다. 재밌다.(2) 잘 웃고 재미있다. 목소리가 크다.(2) 특별하다. 항상 우리를 웃기게 해 주는 말을 해 주신

다. 고음은 못 하시지만 저음은 잘하신다. 기타를 잘 치시고 노래를 잘 부르
신다. 선생님 같은 선생님은 드물다. 잘 웃는다. 기타를 잘 치신다. 칭찬을 잘
하신다. 똥을 좋아하는 것 같다. 교육을 잘 시켜 주신다. 공부를 재미있게
한다. 노래를 잘 부르신다. 축구를 잘하신다. 장난을 많이 친다. 달리기가 빠
르다. 다리가 오동통통하다. 유머가 많고, 재미있는 이야기를 해 주신다. 운
동신경이 뛰어나시다. 말을 잘하신다. 항상 용기를 주신다. 기타, 운동, 칭찬
등을 잘하신다.

　선생 하고서 처음으로 한 칭찬이불이다. 내 칭찬이불을 말하는데 찡하다.
기대하지도 않은 내 칭찬이다.
　"고맙구나."

"내가 조금 더 정성껏 가르치면 그건 아이들도 학부모도 모두 알아챕니다. 그렇듯 내가 조금만 게으르고 딴생각하면 그것 또한 우리 아이들도 학부모도 압니다. 무엇보다 정성껏 가르치면 제가 행복합니다. 조금만 게으르고 딴생각해도 똥 누고서 닦지 않은 것마냥 찜찜합니다. 그러니 아이들이나 학부모가 기다리는 교실 일기를 안 쓸 수 없습니다. 교실 일기에 우리 반을 담으니 더 잘 살 수밖에 없습니다. 잘 살아야 좋은 일기가 나오고, 일기를 쓰니 잘 살 수 있습니다. 빙글빙글 돌며 우리 반 삶은 더 커 갑니다. 그만큼 아이들도 저도 함께 성장합니다."

16

함께 크는 선생

선생으로서 우리 아이들의 '성장'에 도움을 주고 싶습니다. 공부,
삶, 인격이 모두 조금씩 더 나아지길 바랍니다. 물론 자기만의 성장
이 아니라, 함께 성장했으면 합니다. 담임인 저도 함께 성장하고 싶
습니다. 그런 바람으로 모자란 선생이 아이들과 학부모 말씀으로 성
장해 가는 모습을 조금 드러냅니다.

잔소리 듣는 선생

어제도 이렇게 말했습니다. "오늘도 잔소리 조금만 할게요." 하며
학생들에게 작은 바람을 말했습니다.

잔소리: 듣기 싫게 자꾸 늘어놓는 말-《보리국어사전》

잔소리하면 누가 떠오릅니까? 부모님이 떠오릅니다. 그리고 학교
선생님 생각도 납니다. 잘하라고 하시는 말씀이 자꾸 되풀이되니 학
생들에게는 잔소리밖에 안 됩니다. 그런데 '잔소리는 필요하다'로 토

론을 해 보면, 있어야 한다는 주장에도 힘이 있습니다. 아직 스스로 챙기는 힘이 모자란 우리 어린 학생들에게 듣기 싫더라도 잔소리가 필요하다고 합니다. 올바른 성장을 위해 때로는 듣기 싫은 쓴 잔소리도 필요하다고 합니다. 그런 것 같습니다. 그런데 더 잘했으면 하는 바람은 나이 많은 사람, 어른만 할 수 있는 건 아닌 것 같습니다. 어린 사람도 어른이 더 잘해 줬으면 하는 바람을 말할 수 있습니다. 물론 그런 말을 할 수 있는 관계가 쌓였을 때여야겠죠.

2013년 6월 10일 잔소리하는 채현이

지난주 수요일에 이어 오늘도 잔소리를 많이도 들었습니다. 채현이와 소희입니다. 특히, 채현이는 잔소리가 끝이 없습니다. 어이구나! 잔소리를 쉴 틈 없이 쏟아 냅니다.

먼저 지난주 잔소리를 담아 보겠습니다.

"선생님, 여기는 청소 언제 했어요?"

"거기 3월 초에 했거든."

"그런데 이렇게 먼지가 많아요. 와, 정말. 그리고 여기는요."

"거기도 했지."

사물함 옆 기타 두는 책상 밑을 집중 공격합니다. 3월 초에 하고서 잘 닦지 않던 곳이네요.

"선생님, 선생님 의자 밑에 먼지가 이리 많은데요."

"아냐. 너희들도 알잖아. 내가 날마다 쓸고 닦잖아."

"그런데 이렇게 먼지가 많아요."

애들이 책 꽂아 두는 책장 밑에 빗자루를 넣고서 쓸어 냅니다.

나는 대걸레로 넣어서 닦기만 하던 곳입니다.

"그래. 미안하다."

"여기도 와 보세요."

"또 왜?"

"여기에 먼지 보세요."

"어, 거기 왜 그렇게 있지? 거기는 지난주에도 했는데."

"여기는 날마다 해야죠."

"미안. 알았다."

그러며 신발장 빈칸(신발을 두지 않는)을 닦습니다. 날마다 청소하는 나도 억울한 게 있지만 그냥 듣고만 있었습니다.

오늘도 그 잔소리가 이어집니다. 내가 볼 때는 이 잔소리를 하려고 집에 가지 않고 남아서 청소를 하고 있는 것 같습니다. 자기 자리 청소만 하고서 아이들이 가고 나면 덜 된 곳을 내가 하는데, 얘네 둘은 또 남았습니다. 아니나 다를까 오늘 쉬는 시간에 하다가 못한 창틀을 닦고 있습니다.(오늘 더워서 교실 창문을 모두 한쪽씩 열었습니다. 그런데 위쪽 창문을 열 때 꽃가루가 날렸습니다. 난 정말 꽃가루인 줄 알았는데, 그게 먼지였습니다. 바쁘게 정체를 알 수 없는 봉에

쌓인 먼지를 닦았습니다. 그때 돕던 아이들에 얘네 둘이 있었고, 그걸 보고서 한심했는지 또 남았습니다.)

나는 건물 바깥쪽 위쪽 창을 닦았는데 얘들은 반대 복도 쪽 위쪽 창을 닦습니다.

"선생님, 이거 봐요. 먼지가 이렇게 떨어지잖아요. 5년은 안 닦은 것 같아요."

"아야, 난 올해 처음 이 학교에 왔잖아."

"그래도 닦았어야죠."

맞는 말입니다. 그곳은 올해 닦지 않은 곳이네요.

"그래. 미안타. 아, 정말 잔소리."

"듣기 싫으면 잘해야죠."

"알았어."

티격태격합니다.

"선생님, 여기도 봐요."

"아, 또 어디? 너희들도 알잖아. 선생님이 날마다 청소하잖아. 아까도 했고."

"그런데 여기는 안 됐잖아요."

"어디?"

"여기요."

이번에는 바깥쪽 창틀입니다. 어디서 나타난 솔이도 함께 잔소리를 합니다.

"이리 와 봐요. 하는 방법을 가르쳐 드릴게요."

"그래? 어떻게 하는데."

"있잖아요. 이렇게 모양이 조금 다른 빗자루를 둘 준비해서 하나
는 이렇게 쓸어 모으고, 하나는 밖으로 끌어내요."

"그래. 알았다. 니들 집에 안 가나?"

"청소 다 하고요."

'미쳐 버리겠네……'

"아, 맞다. 오늘 회의 있다. 회의 갈게."

교실을 나왔습니다. 도망 나왔습니다.

"다 하면 가라."

"네."

이럴 때는 참 예쁘게도 대답하네요. 고 녀석들. 협의실로 피신 갔
다가 오니, 창문도 잘 닫고 갔습니다. '어유, 살았네.' 하는데 컴퓨터
에 종이가 한 장 보입니다.

> 명언:
> 앞으로 아주 아주 깨끗이 청소 좀 하세요!!! 소희, 채현, 솔 드림

'내가 졌다.'

2013년 6월 11일 잔소리로 되갚다

어제 소희와 채현이에게 잔소리를 들었는데 오늘은 내가 쏟아 냈
습니다. 특히, 나에게 잔소리 많이 했던 채현이는 오늘 엄청 잔소리
를 들었습니다.

'아, 좋구나! 받은 만큼 돌려 주니.(^^)'

잔소리는 기타 동아리 모임에서 했습니다. 우리 반 기타 동아리,

30명 가운데 17명이 하고 있습니다. 화요일, 목요일 수업 마치고 한 시간씩 기타를 칩니다. 강사는 접니다. 그러니 잔소리를 할 수 있습니다. 3월 말에 시작한 기타 동아리는 주마다 새로운 노래로 기타 주법을 연습합니다. 첫 시간에 기타와 관련된 간단한 설명과 도레미파만 알아보고서 주마다 새로운 노래를 익힙니다. 진도가 빠릅니다. 그렇게 하며 한꺼번에 실력을 쑥 당기는 게 제 방식입니다. 이렇게 계속 우리 반 아이들을 가르쳤고, 마을 어머니들도 가르쳤습니다.

한 시간에서 30분은 함께 기타를 치고, 나머지 30분은 개인 연습을 합니다. 개인 연습 때 다니며 보거나 돌아가며 불러서 도움을 줍니다. 오늘은 처음으로 한 명씩 평가를 한다고 했습니다. 지난주에 배운 〈함께 가자 우리 이 길을〉이라는 곡을 슬로우 고고 주법으로 치는 겁니다. 아이들 일기를 보니, 걱정으로 연휴 동안 연습을 많이 한 것 같습니다. 오늘 점심시간에는 나들이를 가려고 해도 갈 애들이 없었습니다. 다들 앉아서 기타 연습을 했습니다. 가끔은 이런 평가가 있어야 함을 느꼈습니다. 평가에 앞서 함께 노래합니다.

"자, 다 같이 〈구만이〉 하자. 준환아, 시작해라."

〈구만이〉는 칼립소를 연습하는 곡입니다. 우리 반 아이들이 참 좋아합니다. 권정생 할아버지 동시에 백창우 님이 작곡한 노래입니다. 첫 곡이니 아이들 소리가 맞을 리 없습니다.

"에이, 안 맞잖아. 다시."

마찬가지네요.

"다시."

"다시."

"다시."

"노래는 안 부르니. 다시."

"다시."

"다시."

"다시."

"아직도 E7하고 A7을 못 잡으면 어쩌니. E7 잡아 봐."

잡고서 내게 보여 줍니다.

"채현이는 날마다 치면서 코드를 틀리면 어쩌니. 준환인 참 줄, 광탁이 사랑 줄, 이수민 땀 줄 확인해라."

이렇게 A7과 Bm7도 다시 잡습니다.

"자, 그럼 다시 시작하자."

"아직 코드 소리가 안 맞다. 다시."

"다시."

"다시."

그렇게 20분이 지나서야 〈구만이〉를 모두 마쳤습니다.

"자, 그럼 이번 주 노래 확인하자. 권유민부터."

권유민이 〈함께 가자 우리 이 길을〉을 치는데 목소리가 안 나오는지 멈춥니다.

"목이 아파서 노래가 안 돼요."

"그럼 기타만 쳐 보렴."

"다음."

"다음."

"다음."

"다음."

"다음."

(……)

"통과한 사람은 나현, 승민, 정수민, 소희, 이수민, 광탁이. □□, ○○, △△은 오늘은 집에 가. 하나도 못 치는 게 말이 되니. 평가라고 했으면 준비를 해야지. 너희 셋은 내일 다시 평가. 은진이는 주법은 괜찮은데 늦게 시작해서 코드가 아직 서툴고, 현수는 짠짜잔이 너무 짧으니 긁는 소리가 나잖아. 이수민이에게 와서 치는 거 봐. 권유민도 코드를 제대로 못 바꾸고, 준환이는 너무 빠르다. 이로는 쿵쿵과 짠짜잔이 구분이 없어."

다음은 채현이네요. 어제와 상황이 달라져 내가 잔소리를 쏟아냅니다.

"채현아, 넌 코드를 못 잡잖아. 여럿이 칠 때는 표가 안 나지만 혼자서 치면 안 맞다니까. 그리고 손톱이 그렇게 길어서 되겠니."

채현이가 한숨을 쉽니다. □□, ○○, △△ 셋은 마음이 아팠을 거고요. 그 모습에 미안한 마음입니다. 그렇지만 1년밖에 하지 못하는 기타 동아리이니 그래서 그런지 승민이는 기타 동아리를 할 때와 보통 때 내 모습이 다르다고 합니다. 나도 첫날 "기타 동아리 때는 꾸중을 할 수도 있고, 큰소리를 낼 수도 있어. 그게 싫다면 함께하기 힘들어. 그리고 어떤 일이 있어도 그만두지는 마. 못해도 포기하지 말고 따라와. 그럼 실력이 늘어 있을 테니까." 했습니다.

"자, 그럼 지금 시각이 20분이니 통과한 사람은 개인 연습하고, 통과 못 한 사람은 40분에 다시 확인한다. 그럼 연습 시작."

열심입니다. 참 열심입니다. 통과한 아이들이 먼저 가고서 하나하나 다시 확인합니다. 이제는 웃습니다. 마칠 때는 즐거워야 합니다. 그게 제 생각입니다. 웃으며 어깨를 토닥거리고, 칭찬을 합니다. 그러며 웃습니다. 그만두면 안 됩니다. 그러면 산 기타가 아깝고, 좋은 취미 하나 놓치니 말입니다. 무엇보다 동무들과 함께 이렇게 추억을 만드는 게 소중합니다.

함께 정리하며 오늘 연습을 마쳤습니다. 물론 채현이나 소희(소희도 기타 동아리)에게 어제 복수를 하려는 마음은 전혀(!) 없었습니다. 어쩌다 보니 잔소리를 쏟은 거지요. 하늘에 맹세코 사실입니다!

"선생님, 일기 쓰세요."

우리 참사랑땀 반에서 날마다 하는 활동이 몇 가지 있습니다. '희망의 노래', '삶', '글똥누기' 같은 활동입니다. 그 가운데 하나가 '삶을 가꾸는 일기'입니다. 우리 반 학생들이 일기 쓰는 것은 '마음 열기'에서 설명을 드렸습니다. 여기에서는 담임인 제가 쓰는 '교실 일기'를 소개합니다. 선생 하면서 날마다 교실 일기를 썼습니다. 그리고 몇 해 전부터 제가 쓴 교실 일기를 학급 누리집의 알림장 게시판에 날마다 올렸습니다. 학생들에게 날마다 일기를 쓰라고 하니 저도 써야 할 것 같았습니다. 날마다 학생들이 쓴 일기를 보니, 제 교실 일기도 보여 줘야 할 것 같습니다. 물론 공개하는 일기이기에 올릴 때는 민감한 내용을 빼기도 합니다. 이렇게 일기를 쓰며 선생으로 성장하는 이야기입니다.

일기 기다리는 아이들

2013년 10월 2일 수요일

첫 시간은 과학 전담이다.
어제 못 쓴 일기를 쓰려고 학급 누리집에 들어왔다.
빈 일기 칸에 댓글이 눈에 띈다.

- 진솔 그리고 선생님 일기 빨리 올려 주세요. 빨리 빨리빨리빨리빨리빨리 빨리빨리빨리 빨리 빨리요.
- 은진 참 쌤 출장 가셔서 일기 못 올리시는 거죠? 또는 피곤하셔서 말이죠. 일기 내일 올리셔도 돼요.^^ 글고 올리실 때 사진도 같이 올려 주세요!!!

내 일기 올린 것을 보고 은진이가, "일기, 매일 하루가 끝나고 쓰는 거지만 쌤은 '영근 신'이니까 하루 정도만 늦게 쓰는 거 이해할게요. 대신 피곤하거나 졸리거나 아님 바쁠 때 빼고 귀찮을 때는 안 돼요. 꼭 쓰세요."라고 했다.

둘이 며칠을 서로 먼저 내 일기 읽었다고 댓글 쓰더니, 내 일기 보러 들어왔다가 없으니 실망했겠지. 이렇게 기다리는 진솔이와 은진이가 고맙다.

지금 진솔이가 내 일기를 보고 있다. "지금 뭐 쓰세요?", "일기 쓴다. 네 이야기가 들어 있다." 하니 유심히 보더니 지금 갔다. 현수랑 기타 연습한다고 둘이 남아 있다. "어제 출장 가서 못 쓰신 거죠?" 한다. 그 말이 또 고맙다.

출장 가서 못 쓴 거, 피곤해서 못 쓴 거. 맞다. 은진이 말이 맞다. 어제 출장에, 공부 모임에, 사람 만남으로 못 썼다. 이렇게 이해하며 기다려 주는 마음이 고맙다. 그래서 아침에 썼다. 그리고 지금 쓴다. 또 뭐라고 댓글을 쓸까?

"이것으로 일기 쓰세요."

영근 샘 일기

2013년 10월 8일 화요일

일기 글이 떠오르지 않는다.
그래서 퇴근하기 전에, 학급 누리집에 아래와 같이 썼다.

"한글날 잘 보내요.
오늘 무엇으로 일기 쓸까 생각하다가 안 떠올라 미룸."
학급 누리집을 여니 정지은, 은진이와 진솔이가 빨리 일기를 쓰라고 재촉
이다.

정지은 오늘 일기는 날씨도 없고 제목도 없고 딱 2줄.
김은진 일기 주제를 이 중에 뽑아 쓰셔도 되니까 오늘 안에 쓰세요! 1
교시에 노래, 이번 주 노래는 '우리말 노래, 개구쟁이 산복이, 그
런 사람 또 없습니다. 최진사댁 셋째 딸, 밥친구 노래는 구만이(승
민), 칭찬 노래로 나의 노래(재원), 영어는 전담이니까 뺄게요. 사
회는 실학자들의 주장과 활동. 사회 ppt 발표는 나현&솔(교과
서를 잘 설명) 유득공의 발해고, 신경준의 산경표, 유희의 언문
지, 정약전의 자산어보, 체육은 스포츠 스택스를 했어요. 3-6-3,
6-6, 1-10-1과 아슬아슬 컵 쌓기 그리고 세계 기록 동영상도 보
여 줬고요. 미술은 개인이 해서요. 이수민 양과 정지은은 9.6인가
받았고 9.99를 받은 사람도 있었다면서요. 최저 점수는 6.5(정현*
이시라는 분이죠) 그러고는 끝나서 기타 동아리 이번 주 공연 멤
버를 뽑았죠. 남자는 박준환과 전광탁, 그리고 정재민이고 여자는
김은진과 김나현, 그리고 정수민이 뽑혔어요. 일기 오늘 안에 꼭
쓰세요. 제가 힘들게 타자 쳤어요.
김진솔 그리고 우리는 주말 일기를 쓰는데 선생님은 왜 안 쓰세요?

그런데 어쩌나. 이것으로도 쓸 게 없다. 그래서 이 내용으로 일기 썼다. 진
솔이 말처럼 주말 일기도 써 올렸다.

"선생님, 엄마들도 일기 기다려요."

교실 일기를 학급 누리집에 올리니 우리 학생들만 보는 게 아닙니다. 다른 손님들도 보시고, 특히 우리 반 학부모님들도 보십니다. 아마도 '우리 ○○가 오늘은 학교에서 무엇을 하며 보냈을까?' 하며 보지 싶습니다. 우리 은진이와 진솔이가 일기 써 올려 달라고 하듯 학부모에게서도 문자가 옵니다.

2013년 10월 10일 목요일

저녁 9시 32분

유승민 어머니 오늘 일기가 늦어지시네요. 애들뿐만 아니라 엄마들도 아마 기다리는 것 같은데 저만 그런가?

이렇게 교실 일기는 학부모와 함께 생각을 나누는 데 참 좋습니다. 물론 개인 일기가 아닌 공개되는 일기이기에 내용은 개인 일기에서 조금 다듬어 올립니다. 그래서 그런지 교실에서 잘 지낸 일기가 많습니다. 그렇지만 우리 반 모습은 되도록이면 솔직하게 올리고 있습니다. 물론 힘든 이야기를 쓰기도 합니다.

해마다 2학기에는 우리 반 학생들과 함께 시를 씁니다. 1학기에는 목요일마다 좋은 어린이 시를 맛보다가 써 봅니다. 첫날은 좋은 시와 좋지 않은 시를 두 편을 두고서 살핍니다. 잘 쓰려고 하지 말고, 예쁘게 쓰려고 하지 말라고 합니다. 그냥 내 마음 가득 찬 생각이나 감동을 그대로 다 쏟아서 드러내라고 합니다. 이런 이야기를 일기로 썼습니다. 이 일기를 보시고서 준환이 어머님께서 문자를 보내 주셨습니다.

> 선생님, 학급 홈피를 들어가 보니 준환이가 학교를 다니는 게 얼마나 좋은 일인가! 하고 행복해서. 글구 어제 선생님 일기를 열어 보니 시를 아이들에게 읽고, 느끼고, 표현하게 해 주시는 거에 감동(!)했어요. 다양한 체험으로 아이들을 가르치시는 걸 제 맘으로 느낄 때, 감사하고 존경스러운 마음입니다! 제가 교단에 섰다면 특별한 한두 가지 소스만이 다일 뿐, 선생님처럼 당양한 열정이 없었을 겁니다. 정말 '와!'입니다. 준환이도 학급 홈피를 찾아 선생님 마음을 읽고 좀 더 철이 들고 현명하길 바랍니다. 이 녀석은 노는 생각밖에 없어요. 그래도 준환이가 있는 세상이 제일 좋습니다! 이 맑고 새소리가 들리는 평화로운 오전에 선생님 일기가 저에게 또 다른 행복을 느끼게 해 주셔서 문자 올립니다.
>
> 2013년 10월 11일, 박준환 어머니

힘이 납니다. 내가 조금 더 정성껏 가르치면 그건 아이들도 학부모도 모두 알아챕니다. 그렇듯 내가 조금만 게으르고 딴생각하면 그것 또한 우리 아이들도 학부모도 압니다. 무엇보다 정성껏 가르치면 제가 행복합니다. 조금만 게으르고 딴생각해도 똥 누고서 닦지 않은 것마냥 찜찜합니다. 그러니 아이들이나 학부모가 기다리는 교실 일기를 안 쓸 수 없습니다. 교실 일기에 우리 반을 담으니 더 잘 살 수밖에 없습니다. 잘 살아야 좋은 일기가 나오고, 일기를 쓰니 잘 살 수 있습니다. 빙글빙글 돌며 우리 반 삶은 더 커 갑니다. 그만큼 아이들도 저도 함께 성장합니다.

◀ **Tip** 영근 선생 편지

1. 학생에게
아이들과 살다 보면 죄지었다 싶어 미안함에 부끄러울 때가 많습니다. 내 실수를 알고서는 그 미안함을 어떻게 나타낼지 고민입니다. "여러분, 미안해요. 이번에 내가 ○○를 오해한 것 같아요. 다음에는 조금 더 잘 따져서 제대로 판단할게요." 하면 될 것을 그 말이 잘 나오지 않습니다. 이럴 때 '영근 선생 편지'에 말 대신 글을 씁니다.
이렇게 미안한 마음만 쓰는 건 아닙니다. 가장 많이 하는 말은 그냥 사는 이야기입니다. 월요일에는 한 주 행복하게 잘 지냈으면 좋겠다는 말을 많이 합니다. 할 말이 없을 때는 "사랑해." 하고는 세 글자만 크게 쓰기도 합니다. 비가 오는 날에는 "비가 오니 참 좋아. 이런 날 우리 뭐 하면 좋을까?" 하며 묻기도 합니다. 그러면 몇몇은 제 물음에 글자를 남기기도 합니다. 이렇게 학생들과 생각을 나눕니다.

2. 학부모에게
'영근 선생 편지'는 A4 한 장을 여섯 면으로 나눕니다. 여섯 면에는 모두 같은 내용이 들어가고 우리 반 학생 수만큼 인쇄해서 학생들에게 줍니다. 우리 반 여러 모습, 봄나들이에서 자연을 살피는 아이들 모습, 치열하게 토론한 이야기, 수학 시간에 배움을 서로 함께 나누며 공부하는 모습을 글로 써 보입니다. 아울러 우리 반에서 하는 행사를 소개할 수도 있고, 가끔은 아이들이 한 말이나 쓴 글로 아이들 생각을 전할 수도 있습니다. 이처럼 쓸모가 참 많습니다. 이렇게 써 보내는 글에는 어머님들이 답글을 써 주십니다. 써 주신 답글 읽는 재미가 쏠쏠합니다. 이렇게 학부모들과 생각을 나눕니다.

《초등 따뜻한 교실 토론》(2013년 에듀니티 펴냄)에서 '따뜻한 교실 토론'(즐거운 토론, 함께 성장하는 토론, 상대를 존중하는 토론)으로 교실에서 토론 수업을 살려야 한다고 했습니다. '따뜻한 교실 토론'을 할 수 있도록 토론에 필요한 여러 요소와 함께 짝 토론, 2대2 토론, 학급 전체 토론 모형을 소개했습니다. 이런 내용이 교실에서 토론하는 데 도움이 되었다는 분들이 많습니다. 초등학생들과 토론 수업을 할 수 있도록 조금이라도 도움을 드린 것 같아 제 스스로도 기분이 참 좋았습니다.

그러면서도 늘 마음 한구석에는, '수업 시간에 토론을 하면 주장을 잘 펴는데 보통 때는 어떠한가?', '입시를 목표로 하는 토론 수업으로 가는 건 아닐까?', '토론이 삶이 되려면 어떻게 해야 할까?' 하는 고민을 했습니다.

토론 수업에서 주장을 잘 펴는 아이라면, 보통 때 삶에서도 자기 주장도 잘 펴야 합니다. 집에서나 교실에서 자기가 하고픈 주장을 펼 수 있어야 합니다. 그래야만 토론이 입시로 가는 논술 교육의 한 방편이 아니라, 바로 삶이 될 수 있습니다. 이렇게 삶이 되는 토론이 되어야만 학생들 몸속에서 토론이 살아 움직입니다. 이렇게 우리 학생들이 토론을 삶에 담고서 커 갈 때 앞으로 우리 사회는 토론이 살아 있는 사회로 변해 갈 것입니다.

정리하자면, '토론 교실 문화'는 '자기가 하고픈 주장을 펼 수 있는 분위기', '무엇인가 결정할 때 모두가 함께 참여하기', '문제가 생겼을 때 내 일처럼 함께 풀기'를 모두 포함합니다. 토론 수업을 고민으로 출발한 '토론 교실 문화'이지만 '토론 교실 문화'는 토론만으로는 세울 수 없습니다. 토론을 기본으로 '자기 하고픈 말을 솔직하게 드러내는 글쓰기', '말을 귀담아 들어 주는 마주 이야기', '함께 웃으며 하나 되는 놀이'가 한데 어우러질 때 참다운 '토론 교실 문화'를 꽃피울 수 있습니다. 그래서 이렇게 얘기할 수 있을 것입니다.

'토론이 삶이다.'

토론이 삶이기 위한 노력으로, 토론 수업, 토론 교육, 토론 교실 문화를 제대로 꽃피우기 위해 함께하는 초등학교 선생님들이 있습니다. '초등토론교육연구회'(http://cafe.daum.net/debateedu)입니다. 초등토론교육연구회는 함께 공부하고, 실천하며, 나누는 초등 교사 모임입니다.

이 책에 담지 못한 이야기, 토론에 필요한 자료들이 초등토론교육연구회 방에 많이 있습니다. 토론으로 경험한 이야기나 궁금증도 카페에서 함께 나눴으면 합니다. 여러분과 카페에서도 소통할 수 있길 기대합니다.

고맙습니다.

이영근

비전공자를 위한
새로운
진

파이썬 Python
프로그래밍

Dave Lee 지음

아티오 ArtStudio

나는 문과를 전공했다. 대학생이 되자마자 소프트웨어를 공부하고 싶었지만 방법을 몰 랐다. 당시만 해도 소프트웨어를 처음 접하는 학생을 위한 적절한 공부 루트는 없었다. 지금 돈으로 한 달에 백만 원하는 학원도 다녀봤고 500쪽이 넘는 프로그래밍 서적도 수십 권 사서 공부해 봤다. 그러나 소용이 없었다. 쉽게 접근할 수 있는 자료도 없었다. 복수 전공도 2년이나 대학을 더 다녀야 한다고 했다. 그럴 바에야 대학원을 진학하는 게 낫겠다 싶었지만 컴퓨터공학 대학원에 비전공자가 들어가기도 쉽지 않았다. 거짓말 안 보태고 6개월 동안 애걸복걸해서 들어갔다. 그리고 대학원을 졸업한 후에야 비로소 IT업계에 종사하게 되었다. 지금 와서 생각하면 길이 없어서 너무 많은 에너지를 쏟지 않았나 싶다.

소프트웨어를 공부하고 보니 소프트웨어가 그렇게 어려운 분야는 아니었다. 다만 내가 고생한 이유는 소프트웨어를 처음 접하는 사람들을 위한 적절한 교육 콘텐츠가 없었기 때문이었다. 첫 단계를 쉽고 빠르게 익힐 수만 있었다면 훨씬 시간이 단축되었을텐데 그런 자료가 없었다. 지금도 별반 다르지 않다. 프로그래밍을 배우는 일은 프로그래밍 언어를 사용하는 방법을 익히는 일이 아니다. 제한된 명령으로 프로그램(알고리즘)을 스스로 만들 수 있는 사고, 즉 컴퓨팅 사고력을 익히는 일이다. 그러나 프로그래밍 서 적은 프로그래밍 사용법을 상세하게 설명하면서 이들을 활용하면 프로그램을 만들 수 있다고 보여주는데 초점을 맞춘다. 학원도 마찬가지다. 사용법을 익혀도 스스로 프로 그램을 만들 수 있는 역량을 기르지 못하면 아무 소용이 없다.

나에게 4살 아들이 하나 있다. 아들과 자주 놀아주는 성격은 못되지만 나도 아들과 함 께 하는 주말이 기다려진다. 하지만 작년에는 일요일에도 공부를 해야 했다. 먹고 사는 문제 때문이었다. 빅 데이터, IoT 같은 새로운 기술도 공부해야 했고, 영어도 수준을 높여야 했다. 영어만 해도 영어를 늘리려면 하루에 최소 두 시간은 꾸준히 공부를 해야 했다. 기가 찰 노릇이었다. 이 많은 내용을 단시간에 습득하게만 해준다면 내 월급이라 도 다 주고 싶었다. 그리고 남는 시간은 가족과 추억을 만드는데 쓰고 싶었다.

코딩, 즉 프로그래밍도 마찬가지다. IT를 알아야 하는 직장인이나 프로그래밍을 배워 야 하는 학생, 나처럼 비전공자이지만 IT업계로 전직을 하고자 하는 사람이 많다. 이 들이 책 한권으로 빠르게 프로그래밍을 배울 수 있다면 남는 시간을 더 소중한 일에 쓸 수 있지 않을까? 그래서 이 책을 썼다. 프로그래밍을 처음 접하는 분들이 최대한 빨리 스스로 프로그래밍을 할 수 있도록 하는데 초점을 맞추어 가능한한 새롭게 구성했다.

오랜만에 책을 개정했다. 책을 처음 썼을 때는 IT 서적을 한두번 출판한 경험이 있어서 였는지, 그렇게까지 부끄럽지는 않았는데, 개정하려고 보니, 부끄러웠다. 개정판을 너무 업데이트할 수는 없었지만 몇몇 단원을 바꾸었다. 부족하고 아쉬움은 있지만 한 분이라도 이 책으로 시사점이라도 얻는 사람들이 있었으면 좋겠다.

이 책은 코딩을 처음 접하는 이들과 IT 비전공자를 위한 IT 이해 및 코딩(프로그래밍) 교육서이다. 아직 프로그래밍과 IT에 익숙하지 않은 분들을 위해 쉬우면서도 가장 짧은 시간에 학습을 할 수 있도록 핵심만 추려놓았다. 하지만 기존 프로그래밍 책에서 다루지 않은 초보자들이 프로그래밍을 제대로 할 수 있는 방법까지 터득할 수 있도록 꾸며보았다. 이를 통해 IT 비전공자들은 프로그래밍이 무엇인지를 직접 경험할 수 있도록 하고, 프로그래밍을 업으로 하는 것을 고민하고 있는 분들에게는 프로그래밍 기본기와 학습 방법을 알 수 있도록 하였다.

직장 생활과 소프트웨어 강의를 하다 보니 프로그래밍에 어려움을 겪는 여러 분들을 만났다. 어떤 분은 두 권 이상 프로그래밍 책을 일독했지만 상세한 프로그래밍 문법을 배우다가 포기했다고 했다. 프로그래밍 서적에 있는 코드를 키보드로 직접 입력하면서 프로그램을 만들어보았지만 스스로는 프로그래밍을 할 수 없었다고 말하는 분들도 있다. 심지어 어떤 분들은 프로그래밍을 하기 위해 필요한 프로그램을 설치하다가 알 수 없는 오류가 나서 시작도 못해보는 경우도 있었다.

어떤 분들은 프로그래밍 언어는 무조건 C언어로 배워야 한다고 해서 처음부터 C언어 책으로 시작한 분들도 있다. 심지어 초등학생들도 바로 C언어부터 시작하는 경우가 많다. 그러나 C언어는 사용법이 어렵고 직관적이지 않은 부분도 많아 도중에 포기하는 분들이 많다. C언어는 사용법이 어렵기 때문에 작은 프로그램도 초심자가 만들기 어렵다.

또 다른 분들은 쉽게 접근하기 위해 웹 프로그래밍을 배우기도 한다. 그러나 웹 프로그래밍은 프로그램을 만드는데 한계가 있다. HTML은 아예 프로그래밍 언어와는 다른 언어이다. 그러다보니 역시 제대로 된 프로그램을 만들 수는 없는 상황에 놓인다.

최근에는 소프트웨어가 다양한 분야에 쓰이고, 많은 회사에서 판매하는 제품에 소프트웨어로 만든 기능이 들어가는 경우가 많다. 그래서 기획, 전략, 영업직 또한 소프트웨어를 잘 알지 못하면 제 역할을 하기 어려운 경우도 많다. 이러한 연유로 컴퓨터와 관련이 없는 문과 전공자들도 최근에는 코딩을 배우려 한다. 하지만 어디에서부터 시작해야할지 모르는 경우가 많다.

프로그래머는 특별한 사고력을 가지는데 이를 컴퓨팅 사고력이라고 한다. 계속해서 새로운 기술이 나오지만 프로그래머들은 일반인과 달리 모르는 기술을 빠르게 이해하고 적용할 수 있다. 이유는 컴퓨팅 사고력이 있기 때문이다. 최근 소프트웨어 중심 사회로 급변하면서 모두에게 컴퓨팅 사고력이 필수가 되고 있다. 그래서 선진국을 중심으로 소프트웨어 교육이 강화되고 우리나라도 정규 교과 과정으로 소프트웨어 교육 과정이 들어가고 있다. 그렇다면 어떻게 컴퓨팅 사고력을 갖출 수 있을까? 결국 사고력은 생각하는 경험을 통해 향상될 수 있는데, 이를 훈련하는 가장 확실한 방법은 프로그램을 스스로 만들면서 온 몸으로 체험하는 것이다.

프로그래밍을 배운다는 의미는 프로그램을 스스로 만들 수 있는 능력을 배운다는 의미이다. 프로그래밍 언어 문법은 프로그램을 스스로 만들기 위해 필요한 도구일 뿐이다. 프로그래밍을 하기 위해 설치해야 하는 프로그램, 즉 PC 환경조차도 결국에는 프로그램을 스스로 만들 수 있는 준비 작업일 뿐이다. 그럼에도 불구하고 기존 프로그래밍 서적들은 프로그래밍 언어 사용법이나 준비 작업을 어떻게 해야 하는지를 설명하는데 초점을 맞춘다. 그래서 프로그래밍 사용법을 설명하면서 이들을 활용하면 프로그램을 만들 수 있다고 보여주는데 초점을 맞춘다. 심지어 초심자는 쓰지도 않을 법한 문법도 세세하게 설명한다. 그렇기 때문에 많은 분들이 사용법과 같은 준비 작업을 배우다가 포기하거나 사용법을 모두 익혔지만 프로그램을 스스로 만들 수 없는 상태가 된다. 세세한 문법을 배우는데 시간도 많이 걸린다.

지금은 전문적인 프로그래머로 10년간 먹고 살고 있지만 필자도 문과생이었으며 위와 같은 책을 통해 교육을 받았다. 그래서 제대로 역량을 개발하는데 시간이 많이 걸렸다. 10년간 프로그래밍을 했지만 세세한 문법을 모두 다 외우고 있지도 않고 실제로 자주 사용하는 문법도 많지 않다. 필요한 문법이 있으면 인터넷으로 찾아보면 그만이다. 핵심은 프로그래밍을 스스로 할 수 있는 역량을 기르는 일이다.
그래서 이 책을 썼다. 책은 크게 네 파트로 구성된다.
첫 번째 파트는 컴퓨터에 대해 큰 그림으로 설명하고 프로그래밍을 배우는 전략에 대해 설명했다.
두 번째 파트는 실제 파이썬 프로그래밍 언어로 기본 명령 사용법을 익히면서 하나씩 매우 간단한 프로그램을 작성해보도록 했다.

세 번째 파트는 대표적인 알고리즘을 활용하여 프로그램을 만들기 위해 필요한 알고리즘을 스스로 만드는 방법을 설명했다.

네 번째 파트는 함수들과 객체지향 프로그래밍, 최신 기술을 포함하는 라이브러리를 활용한 프로그래밍, 그리고 파이썬을 활용하는 다양한 분야에 대해 설명했고, 이를 통해 다음 단계로 나아갈 수 있는 방향을 소개했다.

핵심은 기본 명령을 사용해서 알고리즘, 즉 프로그램을 스스로 만들 수 있는 역량을 기르는 것이기 때문에, 빠르게 해당 역량을 발달시킬 수 있도록 모든 과정을 재구성했다. 그래서 기본 명령을 빠르게 배우고, 알고리즘을 생각하고 연습하는 방법을 설명하고, 사이사이에는 프로그램을 작성할 수 있도록 연습 문제들을 넣었다. 단, 초심자를 위한 책이기 때문에 문제들은 가능한 매우 간단하게 만들었다. 그래서 하나씩 해보면 쉽게 프로그래밍에 다가설 수 있도록 만들었다.

문법도 꼭 필요한 부분만 넣었다. 복잡하고 잘 사용하지 않은 문법은 어차피 처음에 배워도 잊을뿐더러 머릿속만 복잡하게 할 뿐이다. 그 보다는 자주 사용하는 문법만 배워서 프로그래밍을 경험하는 일이 우선이다. 심지어 프로그래밍을 위해 설치해야 하는 프로그램도 처음에는 사용하지 않는다. PC 환경을 설치하는데 시간이 걸리고, 의외로 이 부분에서 알 수 없는 오류로 고생하는 경우도 많기 때문이다. 그래서 간단하게 웹브라우저로 인터넷만 되면 바로 프로그래밍을 시작할 수 있도록 구성했다.

언어도 처음 배우기가 쉬우면서도 다양한 프로그램을 작성할 수 있는 파이썬으로 설명했다. 파이썬은 구글과 같은 글로벌 기업도 많이 사용하고 있고, 빅 데이터, 사물인터넷(IoT), 인공지능과 같은 최신 기술도 파이썬으로 만들 수 있다. 금융, 바이오 등 컴퓨터 분야 이외에 다양한 분야에서도 가장 많이 사용된다. 다른 언어보다 프로그램을 빨리 만들 수 있기 때문에 스타트업이나 글로벌 기업에서도 파이썬으로 작업을 많이 한다. C언어 보다는 향후를 생각하면 더 실용적이다. 그래서 미국, 영국을 포함한 선진국들도 프로그래밍을 교육할 때 C언어보다 파이썬을 많이 가르친다.

이를 통해 초보자가 프로그래밍을 쉽게 시작해서 가장 빨리 배우는 방법을 익힌 다음 제대로 프로그래밍을 작성할 수 있도록 새로운 콘텐츠로 구성하려 노력하였다.

한 가지 걱정스러운 부분은 이 책은 처음에는 쉽게 시작하지만 중반부 이상으로 가면 책이 어렵게 느껴질 수 있다는 점이다. 프로그래밍을 스스로 작성할 수 있는 역량을 기르는 방법을 설명하기 위해 실제로 잘 만들어진 알고리즘을 제시하면서 프로그래밍을 연습하는 방법을 기술했기 때문인데, 사실 이 과정은 쉬운 일이 아니다. 하지만, 이 과정만 스스로 터득한다면 프로그래밍을 절반 이상은 학습했다고 할 수 있다. 따라서 이 책에서는 이 과정을 가능한 효과적으로 연습할 수 있도록 잘 만들어진 알고리즘에 대한 프로그래밍 과정을 상세히 설명했다.

설명을 따라하면서 동일한 사고를 여러 번 연습하다보면 가장 빨리 프로그래밍을 학습할 수 있다. 비슷한 구성으로 프로그램을 작성하는 방법도 설명하였고 실제로 흥미가 있을만한 프로그래밍 예제도 기술하였다. 이를 통해 프로그래밍 사고를 이해하고 작은 알고리즘은 스스로 작성할 수준이 되기를 희망한다.

책에서 제시한 연습문제 예제 소스와 프로그래밍 예제 코드는 아티오(www.atio.co.kr) 자료실이나 다음 사이트에서도 확인할 수 있다.

https://gitlab.com/dave_code/python_book_for_beginner
https://gitlab.com/dave_code/dave_excel_wordcloud_crawling

추가로 책과 함께 파이썬 관련 강의와 자료를 www.fun-coding.org 사이트에 올려놓았다. '잔재미코딩'으로 검색하면, 관련 사이트를 찾을 수 있을 것이다. 또 IT 온라인 강의 관련해서 문의가 있다면, dream@fun-coding.org로 컨택할 수 있다.

컴퓨터를 이해하자

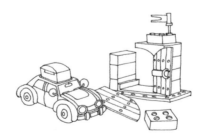

★ 프로그래밍을 처음 배우는 분들을 위한 학습 전략

프로그래밍이란 단어를 간단히 정의해 본다면 컴퓨터에게 일을 시키는 작업이라고 볼 수 있다. 예를 들어, 컴퓨터에게 계산을 수행시키고 싶다면 '더해라', '빼라'와 같이 명령을 전달하면 한다. 그런데 컴퓨터가 수행할 수 있는 기본 명령들은 의외로 매우 단순할 뿐만 아니라 종류도 많지 않다. 하지만, 이들 명령을 조합하면 복잡한 프로그램뿐 아니라 최근 화두가 되고 있는 인공지능처럼 놀라운 일을 컴퓨터가 수행하도록 할 수 있다. 이해를 돕기 위해 레고 블록을 생각하면 된다. 개개의 레고 블록은 기본적인 몇 개의 구조를 가진 작고 단순한 상태로 되어있지만, 레고 블록을 이리저리 끼워 맞추면 성 모양도 만들 수 있고, 자동차 모양도 만들 수 있으며, 하나의 도시를 만들 수도 있다.

▲ 레고를 가지고 다양한 것들을 만들 수 있어

그런데 문제가 하나 있다. 명령을 전달한다는 일이 쉽지 않다. 이유는 사람이 사용하는 언어를 컴퓨터는 곧바로 이해할 수 없기 때문이다. 즉, 컴퓨터는 전자 회로로 구성되어 있는 기계이기 때문에 전구로 따지자면 전구에 불이 켜지는 경우와 꺼지는 경우의 단 두 가지만 이해할 수 있다. 그래서 커지는 상태를 1, 꺼지는 상태를 0으로 하는 디지털 형태로 모든 정보를 표현하게 된다.

따라서 인간이 컴퓨터에게 명령을 내리려면 컴퓨터가 이해할 수 있는 언어로 대화해야 하는데 그것이 쉽지 않아 좀더 편리하게 하는 방법이 없을까 하여 만들어진 것이 프로그래밍 언어이다.

즉, 프로그래밍 언어란 사람이 사용하기 쉽도록 만들어놓은 특별한 언어이다. 물론, 이 언어는 컴퓨터가 곧바로 이해할 수는 없다. 하지만 영어나 일본어를 한국어로 통역해 주는 프로그램처럼 중간에서 프로그래밍 언어를 컴퓨터가 이해할 수 있는 형태로 바꿔서 전달해 주는 프로그램이 있기 때문에 우리는 프로그래밍 언어만 배우면 된다. 이러한 번역 프로그램을 컴파일러라고 부른다. 따라서 우리는 프로그래밍 언어 사용 방법만 익힌 후에 명령을 조합해서 컴파일러에 넘겨주기만 하면 된다.

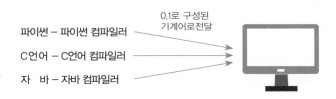

파이썬 – 파이썬 컴파일러

C언어 – C언어 컴파일러

자　바 – 자바 컴파일러

0,1로 구성된
기계어로전달

그렇다고 프로그래밍이 쉬운 작업은 아니다. 프로그래밍을 배우려면 적게는 6개월 많게는 최소한 4년 이상 학습을 해야 한다. 따라서 처음 프로그래밍을 배우려 한다면, 빠르게 프로그래밍을 배울 수 있는 전략을 수립하는 일이 중요하다.

여기에서 짚고 넘어갈 것이 하나 있는데 책을 읽는 독자들은 프로그래밍을 배울 때 어느 부분이 가장 중요할 것이라고 생각하는가? 많은 사람들은 프로그래밍 언어가 가지고 있는 다양한 명령어를 익히는 것이 중요하다고 생각하고 각 명령어를 익히는데 시간을 많이 투자한다. 하지만 일선에 있는 유능한 컴퓨터 과학자나 교육자들은 다양한 명령어 사용법을 가르치는데 집중하지 않는다. 그보다는 기본적인 명령어만 가르친 후 이를 잘 조합해서 간단한 문제를 효과적으로 해결하는 방법을 가르치는데 이를 우리는 알고리즘이라고 부른다.

왜 그럴까? 프로그래밍 언어들은 각각 다양한 명령어가 존재하고 서로 기능이 틀린 것 같지만 내부를 들여다보면 기본적인 명령어는 동일하며, 이 기본 명령이 프로그래밍의 뼈대를 이루고 있다. 건물을 지을 때 뼈대를 잘 만들어 놓는 것이 중요하듯이 프로그래밍도 뼈대를 잘 만들어야 프로그램을 잘 만들 수 있다. 또 단순히 명령어 사용법을 익혀봤자 기본적인 명령을 조합하는 방법을 익히지 못하면 프로그램을 만들기가 어렵다. 핵심은 얼마나 많은 명령어 사용법을 익히느냐가 아니라 기본적인 명령을 잘 조합할 수 있느냐라는 것이다. 많은 사람들이 명령을 잘 조합하는 방법을 익히지 못하고 단순히 다양한 명령어 사용법을 익히는데 집중하기 때문에 프로그래밍을 많은 시간을 들여 배워도 간단한 프로그램 하나 스스로 만들 수 없는 것이다.

그래서 구글, 마이크로소프트, 아마존과 같이 전 세계 가장 뛰어난 프로그래머들이 모여 있는 회사들은 프로그래머를 채용할 때 알고리즘을 잘 작성하는 사람을 채용한다. 특정 프로그램을 얼마나 빨리 만들어 낼 수 있는지, 프로그래밍 언어의 세세한 사용 방법을 알고 있는지는 묻지도 않는다.

그럼에도 불구하고 기존 프로그래밍 서적을 보면 항상 무궁무진한 다양한 명령들을 설명하고 사용법을 익힌 후 프로그램을 만드는 과정으로 진행한다. 그러나 이런 서적은 알고리즘을 익힌 사람이 다양한 프로그래밍 언어를 학습할 때에나 적합한 구성이다. 처음 프로그래밍을 배우는 분들이라면 기본적인 명령어 사용법만을 익힌 후 곧바로 알고리즘을 경험해 보고 스스로 알고리즘을 만들 수 있는 연습 방법을 익히는 것이 좋다.

그래서 스스로 매우 간단한 알고리즘이라도 만들 수 있는 단계가 되면 바로 프로그래밍 기본 단계를 넘어섰다고 이야기할 수 있다. 굳이 복잡한 알고리즘을 처음부터 배울 필요는 없다. 스스로 기본 명령을 사용해서 간단한 문제를 해결할 수 있는 코드를 만들 수 있는 역량만 배우면 된다. 이것이 핵심이다.

그렇다면 알고리즘은 어떻게 배워야 할까? 천리길도 한 걸음부터라고 그렇게 겁먹을 필요없이 어느 하나의 프로그래밍 언어를 선택한 다음, 선택한 언어의 기본 명령을 사용해서 간단한 문제를 해결할 수 있는 코드를 만들 수 있는 역량부터 차근차근 나아가면 된다. 그런 다음 필요에 따라 프로그래밍 언어마다 있는 다양한 명령어 사용법을 익히고 좀더 복잡한 프로그램을 만들면서 전진하면 된다.

여기에서 한 가지 궁금한 점이 있을 수 있겠다. 프로그램을 작성하기 위한 프로그래밍 언어에는 C언어, 자바, 스크래치, 파이썬 등 다양한 언어가 존재하는데 그렇다면 처음 프로그래밍을 배울 때 어느 언어를 선택해야 할까? 혹자는 처음 프로그래밍을 배우는 사람들은 반드시 C언어부터 배워야 한다고 강조하기도 하고, 실제로 그렇게 알고 있는 분들도 많다. 하지만 C언어는 컴퓨터 하드웨어까지 다루기 위해 만들어진 언어이기 때문에 사용법을 이해하기가 호락호락하지 않다. 따라서 기본 명령을 다루는 사용법을 익히는 데에도 시간이 많이 들뿐더러, 다 안다고 해도 기본 명령을 이용하여 프로그램을 만드는 것도 쉽지 않다. C언어는 명령을 사용하는 방법 자체가 어려워 스스로 알고리즘을 만들어보기도 전에 포기하는 분들을 주변에서 많이 보았다. 실제로 C언어는 프로그램 개발 시간도 많이 걸리고 최근 트렌드와도 맞지 않아 하드웨어를 제어하는 시스템 프로그래밍 분야 이외에는 업계에서 많이 쓰이지도 않는다. 필자도 C언어를 현업에서 많이 사용했었지만 최근 5년간은 C언어를 사용해본 적이 없다.

▲ 어느 언어를 선택해야 하지?

이 보다는 훨씬 쉽고 최근 트렌드와도 맞는 파이썬 프로그래밍 언어가 보다 적합하다. 파이썬은 금융, 바이오 등 다양한 분야와 첨단 기술인 인공지능, 빅데이터, IoT에서 많이 사용된다. 프로그램 개발 시간도 적게 걸리고 다양한 함수들이 제공되기 때문에 스타트업과 구글 등 글로벌 기업에서 많이 사용한다. CodeEval이라는 미국 사이트에서 올해 프로그래밍 언어 선호도를 조사한 자료만 보더라도 파이썬이 가장 인기가 높다는 사실을 알 수 있다.

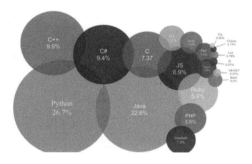

▲ 가장 인기 있는 프로그래밍 언어, codeeval.com

그래서 여러분이 첫 프로그래밍 언어를 선택해야 하는 입장이라면 필자는 단연 파이썬을 추천하고 이 책 역시 파이썬을 기본으로 하여 설명이 이루어지고 있다. 파이썬을 추천하는 이유는 정말 단순해서 배우기 쉽고 코딩하기 쉽기 때문이다. 파이썬은 문법과 의미 구조가 간결하고, 언어의 표현이 쉬워 문제 해결을 위한 알고리즘이나 프로젝트 디자인에 더 많은 시간을 할애할 수 있게 해준다. 앞에서 설명했던 것처럼 프로그래밍은 언어 자체를 배우는 것이 아닌 문제를 해결하기 위한 과정, 즉 알고리즘이 중요한데 동일한 결과물을 만들어낼 수 있다면 어렵고 복잡한 C언어나 자바보다는 배우기 쉽고 적용하기 쉬운 파이썬을 이용하는 것이 당연하다고 생각한다.

파이썬을 첫 프로그래밍 언어로 추천하는 또 다른 이유는 파이썬으로 만들 수 있는 프로그램이 정말 다양하고, 실제로 구글이나 인스타그램 같은 IT 기업에서도 파이썬 언어를 이용해 일을 하기 때문이다. 세계적인 IT 기업들이 파이썬을 선택했다는 것은 그만큼 파이썬이 안정적이고 쓰임새가 많다는 것을 의미하기도 한다.

파이썬을 이용하면 보다 복잡한 프로그래밍 언어와는 달리 단 며칠 만에 기본 명령과 몇몇 함수만 익힌 후에 바로 간단한 문제를 풀면서 알고리즘을 스스로 만드는 것이 가능하다. 그래서 코드를 만드는 연습을 빨리 할 수 있다. 코드를 만드는 연습만 되면 이후에는 필요한 함수들을 배우면서 프로그램을 만들면 된다. 이때 필요한 함수들은 파이썬 함수를 기술해 놓은 책이나 인터넷으로 찾아 사용하면 된다. 인터넷에는 관련 정보가 많기 때문에 인터넷을 잘 활용하면 편리하다. 예를 들어 '파이썬 출력' 키워드 정도로만 검색해도 수많은 함수들을 찾을 수 있다.

이렇게 한 가지 텍스트 기반 프로그래밍 언어를 이용하여 간단한 알고리즘을 스스로 만들 수 있고, 필요한 함수들을 찾아서 프로그램을 만들어 보았다면 드디어 초급 단계를 마스터한 셈이다. 이후에는 파이썬 이외 다른 프로그래밍 언어를 배우는 일도 매우 손쉬워진다. 여러 권의 책을 보면서 책에 있는 코드를 직접 컴퓨터에 입력하고 실행해 보았다고 해도 위와 같은 두 단계를 직접 해보지 않았다면 무용지물이다.

다시 강조하지만 스스로 직접 코드를 생각해서 알고리즘을 구현하여 만들어보는 것이 중요하다. 이게 기본이고 핵심이다. 그래서 이 책은 이러한 핵심에 가장 빨리 집중할 수 있도록 하면서 제대로 연습하는 방법을 기술하는데 초점을 맞추었다.

✱ 비트라는 말을 들어본 적 있는가?

컴퓨터에 익숙하지 않고 처음 프로그래밍을 배운다면 프로그래밍에 본격적으로 들어가기 전에 컴퓨터와 프로그래밍 원리에 대한 간단한 배경 지식을 이해할 필요가 있다. 그래서 다음 장에 들어가기 전에 몇 가지 기본적인 내용에 대해 설명하고자 한다. 딱딱한 내용이므로 가능한 새롭게 기술해보려 했다. 완벽하게 이해할 필요는 없고 처음 프로그래밍을 접하는 분들인 경우 한 번 훑어본다는 마음으로 읽기 바란다.

컴퓨터는 전자회로로 구성된 기계이기 때문에 컴퓨터 구조 및 원리는 복잡하기 그지 없다. 그렇다고 우리가 컴퓨터 원리에 대해 깊이 파고들 필요는 없다. 컴퓨터 원리를 잘 안다고 해서 프로그래밍을 더 잘하지도 않는다. 하지만 프로그래밍도 결국에는 컴퓨터 원리에서 자유로울 수 없고 프로그래밍을 깊게 하다보면 원리와 배경 지식도 이해하고 있어야 잘 할 수 있다.

맨 처음 이야기할 내용은 비트라는 용어에 대한 설명이다. 비트는 컴퓨터 원리 중에서도 가장 기본적인 원리이다. 비트를 이해하기 위해서 우선 컴퓨터와 인간 사이의 소통에 대해 생각해 보자. 소통이란 무엇인가? 사전적 의미는 정보를 상대방에게 전달하여 행동에 변화를 일으키는 행위이다. 우리가 컴퓨터에게 일을 시키려면 컴퓨터와 소통을 해야 한다. 인간끼리 언어를 사용해 소통을 하듯이 인간이 컴퓨터와 소통을 할 때에도 언어를 사용하는데, 우리는 이를 프로그래밍 언어라고 칭한다고 하였다.

서로 다른 매체 사이에 정보를 전달하기 위해서는 정보를 특별한 부호로 바꾸어 전달할 필요가 있다. 여기서 특별한 부호란 상대방과 사전에 약속된 규칙을 말하는 것으로, 상대방이 인지할 수 있는 부호를 사용해서 특별한 규칙을 적용하여 정보를 변환한다. 이때 정보를 특별한 부호로 바꾸는 과정을 '부호화' 또는 '코드화'라고 한다. 코드화된 정보가 상대방에게 전달되면 상대방은 코드를 약속된 규칙에 따라 해독해서 정보를 읽어낸다. 우리가 쓰는 언어도 동일하다. 언어라는 특별한 규칙을 통해 생각을 부호화하고 전달하며, 상대방도 부호화된 생각에 대해 규칙을 적용해서 해독한다.

인간대 인간이 아닌 인간과 다른 상대방과 소통하여 행동에 변화를 일으키려면 두 가지를 우선 파악해야 할 것이다. 첫째로 상대방이 할 수 있는 일을 알아야 하고, 둘째로 상대방이 인지할 수 있는 부호를 알아야 한다. 두 가지를 파악했으면 상대방이 인지할 수 있는 부호를 사용해서 일정한 의사 소통 규칙을 만들어야 한다. 그리고 그 규칙에 상대방이 할 수 있는 일을 부호화해서 보내면 된다.

그렇다면, 컴퓨터가 인지할 수 있는 일은 무엇이고, 인지할 수 있는 부호는 무엇일까? 이를 설명하기 위해 아래 대화를 잠깐 읽어보자.

> "마릴라 아주머니, 다이애나 만나러 잠깐 다녀와도 돼요? 다이애나가 보고 싶어해요. 아주 중요하게 할 이야기가 있대요."
>
> "날도 어두운데 그걸 어떻게 아니?"
>
> 마릴라가 무뚝뚝하게 대답했다.
>
> "다이애나가 창가에서 저한테 신호를 보냈거든요. 우린 초와 판지로 신호 보내는 방법을 정했어요. 창문 턱에 초를 올려놓고 판지를 앞뒤로 흔들어 깜박거리게 하는 거예요. 정말 재미있어요. 두 번 깜박이면 '거기 있니?'란 뜻이고요. 세

번은 '맞다.' 네 번은 '아니다'란 뜻이에요. 다섯 번은 "되도록 빨리 와. 중요한 얘기가 있어."란 뜻이지요. 방금 다이애나는 다섯 번 신호를 보내 왔고, 전 그게 뭔지 궁금해서 참을 수가 없어요."

이 대화는 빨간머리 앤에 나오는 대사이다. 빨간머리 앤은 캐나다 소설가 루시 모드 몽고메리가 1908년 발표한 유명한 소설로, 이전 세대에게는 만화 영화로도 익숙하다. 이 장면은 주인공 앤(Anne)과 그녀의 친구 다이애나가 스마트폰이나 전화가 없었던 시대이기 때문에 가까운 거리에 있는 각자 집에서 미리 약속된 신호로 대화를 하는 내용이다. 판지와 초를 가지고 초를 깜빡이게 해서 깜빡이는 횟수를 가지고 신호를 보내는데, 약속된 신호는 다음과 같다.

> 초와 판지를 사용해 초를 깜빡인다.
> 두 번 깜빡이면 "거기 있니?"
> 세 번 깜빡이면 "맞다."
> 네 번 깜빡이면 "아니다."
> 다섯 번 깜빡이면 "되도록 빨리 와. 중요한 얘기가 있어."

난데없이 빨간머리 앤 이야기를 꺼낸 이유는 이 방법을 조금만 개량하면 컴퓨터가 소통하는 방식을 쉽게 이해할 수 있기 때문이다.
이 방법을 실제로 사용해 보자. 친구가 아파트 건너편 동에 살고 있고, 각자 창문을 통해 서로를 볼 수 있다. 초를 깜빡여보자. 초를 두 번 깜빡여서 '거기 있니?'로 친구를 부른다. 친구는 세 번 깜빡여서 '맞다'로 화답한다. 다시 다섯 번 깜빡여서 '빨리 만나자, 중요한 이야기가 있다'라는 의사 표시를 한다. 이렇게 보니 아주 말도 안 되는 방법은 아니다.

그런데 한 가지 문제가 있다. 결국 좀더 구체적인 이야기는 만나서 해야 한다는 것으로, 이 방법에는 분명 한계가 있다. 방법을 조금 개선해 보면 어떨까? 간단한 방법은 신호를 확장하면 될 것 같다.

초와 판지를 사용해 초를 깜빡이게 한다.
두 번 깜빡이면 "거기 있니?"
세 번 깜빡이면 "맞다."
네 번 깜빡이면 "아니다."
다섯 번 깜빡이면 "되도록 빨리 와. 중요한 얘기가 있어."
여섯 번 깜빡이면 "밥 먹었니?"

. . .

여섯 번 깜빡이면 '밥 먹었니?'를 물어보는 신호를 추가했다. 그래서 친구가 여섯 번 깜빡여서 '밥 먹었니?'를 물어보면, 나는 세 번 깜빡여서 '맞다'를 이야기할 수 있다. 하지만 더 이상 대화를 이어나가기 어렵다. 만약 일곱 번 깜빡이는 신호를 '뭐 먹었니?'라고 정의한다면, 이에 대한 대답이 가능하려면 수백 가지 음식을 다 신호로 만들어야 한다. 더 무리다 싶은 점은 새로운 음식이 나오면 그 때마다 신호를 다시 정의해야 한다는 점이다. 결국 이 방법으로는 의사 소통에 무리가 있어 보인다.

그렇다면 생각을 잠시 달리해 보자. 우리가 가진 수단은 깜빡이는 초 한 개뿐이다. 이 수단을 가지고 의사 소통이 가능한 다른 방법은 없을까? 이것을 이해하기 위해 영어를 생각해 보자. 우리는 영어로 어떻게 의사 소통을 하는가? 영어는 알파벳 26개가 있고, 우리는 알파벳을 나열해서 모든 의사 소통을 한다. 그렇다면 알파벳 각각을 깜빡이는 초에 대입하면 어떨까? 바로 아래처럼 말이다.

두 번 깜빡이면 'A'
세 번 깜빡이면 'B'
네 번 깜빡이면 'C'
다섯 번 깜빡이면 'D'
...
스물일곱 번 깜빡이면 'Z'

자, 이제 'Hi'를 표현해 보자. H를 표현하려면 9번 깜빡이면 되고, i를 표현하려면 10번 깜빡이면 된다. 단지 깜빡이는 횟수를 구분하기 위해 두 알파벳 사이의 정의가 필요한데 이런 때는 알파벳과 알파벳 사이에는 1초 동안 초를 킨 채로 그대로 놔둔다는 규칙을 정하면 된다. 'Yes'도 해보자. 'Y'를 위해 26번 깜빡인 후, 1초 동안 초를 켜두고, 'e'를 위해 6번 깜빡인다. 다시 1초 동안 초를 켜두고 's'를 위해 20번 깜빡인다. 이렇게 하면 어떤 단어든 표현이 가능하여 아래와 같은 대화가 가능하다!

다이애나 : "Are you there"
앤 : "Yes, I am"
다이애나 : "I have an important news"
앤 : "What is it"
다이애나 : "Tomorrow is my birthday"

이거야 말로 솔깃한 방법이 아닌가? 수단은 동일하다. 신호를 만드는 방법을 달리했을 뿐이다. 차이점은 처음 방식은 각 대화를 모두 신호로 만들었지만, 이번 방식은 단지 26개 알파벳만 신호로 만들었을 뿐이다. 처음 방식으로는 수천만 가지 신호를 만들어도 한계가 있는 반면에, 이번 방식은 모든 의사 소통이 가능하다.

우리는 지금 매우 제한적인 수단을 가지고 문제를 해결했다. 그렇다면 이 문제 해결 방법에 있어 장단점이 무얼까? 이 방법은 분명 모든 의사 소통이 가능하다는 장점이 있다. 다만, 대화를 전달하는데 시간이 조금 많이 소요된다는 단점이 있다. 그렇다면 이러한 단점을 개선할 수 있을까?

초와 판지는 낭만적이지만 자유자재로 켜고 끄기가 어렵다. 그렇다면 전구로 대체해 보자. 전구와 전구를 켜고 끄는 스위치가 있다고 가정해 보면 전구로 바꾸어도 동일하게 위 방법은 적용이 가능하다.

▲ 전구 켜지고 꺼지는 상태

초를 사용한 예에서 우리는 초가 꺼지고 켜지는 상태를 통해 깜빡임을 인지했다. 즉, 켜짐과 꺼짐 두 가지 상태를 인지할 수 있었다. 이것을 그대로 전구와 대응해서 깜빡임 과정을 켜짐과 꺼짐 두 가지로 분리해서 방법을 만들어보면 아래와 같이 두 가지 알파벳을 표현할 수 있다.

A: 전구 꺼짐(×)
B: 전구 켜짐(O)

그럼 한 단계 더 나아가보자. 전구가 켜짐이든 꺼짐이든 각각을 표현하는 시간을 1초라고 가정하고 각 알파벳을 표현하는 시간을 2초로 정했다면 다음과 같이 4가지의 알파벳으로 표현이 가능하다.

A: 전구 켜짐(O), 전구 켜짐(×)

B: 전구 켜짐(O), 전구 꺼짐(×)

C: 전구 꺼짐(×), 전구 켜짐(O)

D: 전구 꺼짐(×), 전구 꺼짐(×)

그러면 단계를 좀더 추가해 보자. 알파벳을 표현하는 시간을 3초로 정한다면 아래와 같이 8개의 알파벳을 표현할 수 있고 각 알파벳을 표현하는 시간은 3초가 걸린다.

A: 전구 켜짐(O), 켜짐(×), 켜짐(O)

B: 전구 켜짐(O), 꺼짐(×), 켜짐(O)

C: 전구 꺼짐(×), 켜짐(O), 켜짐(O)

D: 전구 꺼짐(×), 꺼짐(×), 켜짐(O)

E: 전구 켜짐(O), 켜짐(×), 꺼짐(×)

F: 전구 켜짐(O), 꺼짐(×), 꺼짐(×)

G: 전구 꺼짐(×), 켜짐(O), 꺼짐(×)

H: 전구 꺼짐(×), 꺼짐(×), 꺼짐(×)

그렇다면 다섯 단계로 조합하면 어떻게 될까? 즉, 2단계일 때 4가지 조합(2^2)이 가능하고, 3초일 때 8가지 조합(2^3)이 가능했으므로 한 단계씩 늘어날 때마다 2배씩 표현할 수 있는 알파벳이 늘어났으니, 다섯 단계면 32개(2^5)를 표현할 수 있다는 뜻이 된다. 알파벳이 26개 철자가 존재하므로 5단계면 모두 표현이 가능해져 더 이상 단계를 늘릴 필요가 없다.

이제 모든 알파벳을 표현하는데 걸리는 시간은 5초로 일정해졌다. 이전 방법보다 평균적으로 대화를 표현하는 시간도 줄어들었다. 예를 들어, 이전 방법에서 예로든 'Yes'를 표현해 보자. 전구가 켜진 상태를 'ㅇ'로, 꺼진 상태를 '×'로 표시했다.

여기까지 우리는 켜지고 꺼지는 두 가지 표현 수단만을 가지고 간단한 규칙 체계를 만들었고 이 방식을 이용하면 알파벳을 이용한 영어로 모든 의사 소통이 가능하다는 것을 알았다. 무엇을 할 수 있을지 상상이 가지 않는 작은 수단을 가지고 무한대의 의사 소통이 가능하다는 결론에 도달했다. 놀랍지 않은가? 다만, 불편해 보일 수는 있다. 언제 전구를 껐다 켰다를 반복해서 소통을 하겠는가?

하지만 걱정할 것이 없는게 컴퓨터는 이 과정을 인간이 인지하기 어려운 속도로 빨리 할 수 있을 뿐만 아니라 인지를 하는데 있어서 실수도 없다. 바로 이 방식이 컴퓨터가 문자를 표현하는 방식이고 이런 방식(즉, 켜고 끄는 단 두 가지 방식)으로 모든 정보를 전달한다. 정리하면 컴퓨터는 전기가 꺼지고 켜지는 상황을 인지하면서 전기를 자유자재로 켜고 끌 수 있으므로 이를 통해 문자를 빠르게 전달할 수 있다는 뜻이 된다. 따라서 우리는 위와같은 복잡한 전구 개념을 이해할 필요없이 문자를 표현하는 규칙만 세우면 되는데 이러한 규칙을 코드 (code)라고 부른다. code라는 단어를 영어 사전에서 찾아보면 부호 또는 부호화라고 나온다. 즉, 전구가 꺼지고 켜지는 부호를 사용해서 문자를 변환하는 과정이라고 이해하면 된다. 정돈하면 한 마디로 코딩이란 컴퓨터에게 일을 시키기 위해 컴퓨터가 인지할 수 있는 기호를 사용해서 부호화하는 과정이다.

✱ 10진법? 2진법?

독일 철학자 슈펭클러는 숫자와 언어야 말로 인간만이 가진 행위 도구라고 이야기했다. 문자와 숫자는 인간이 익숙하게 사용하는 소통 수단이므로 숫자 없이 문자만으로 소통하기는 어렵다. 그렇다면 컴퓨터의 기본 단위인 비트로 숫자를 표현하는 방법에 대해 살펴보자.

숫자를 어떻게 표현할까를 이야기하기 전에, '수'에 대해 몇 가지만 집고 넘어가자. '수'라는 개념은 고대 사람들이 사냥감이나 부족수를 헤아리기 위한 필요에 의해 만들어졌다고 생각된다. 상황에 따라 만들어지다 보니, 문명에 따라 다른 방식으로 '수'를 표현했다. 인도, 중국, 중세 유럽, 아라비아 모두 각기 다른 방식으로 '수'를 표현하고 사용했다.

보통 인간은 손가락이 열 개이기 때문에 10에 기초한 수 체계가 익숙하다고 생각한다. 하지만, 마야 문명은 20에 기초한 수 체계를 사용했고, 바빌로니아는 60에 기초한 수 체계를 사용했다. 특히 바빌로니아 수 체계는 유럽에 영향을 미쳐서 지금도 시간을 헤아릴 때 1시간은 60분, 1분은 60초등 60에 기초한 수 체계를 사용한다.

이를 조금 더 전문적인 용어로 이야기하자면 진법이라고 말할 수 있다. 0~9까지 10개 숫자로 구성되어 있는 10진법이 우리가 보통 사용하는 진법이다. 진법에 대해서는 학교에서 배우기도 하고, 문제를 통해 연습도 했을 것이다. 하지만 잊었다고 해도 상관없다. 전반적으로 개념만 이해해도 충분하다.

10진법은 앞에서도 설명했듯이 0~9까지 10개의 기호가 필요하다. 그렇다면 컴퓨터는 켜짐과 꺼짐의 두 가지 반응만을 인지할 수 있으므로 2진법을 사용하면 컴퓨터가 이해할 수 있는 숫자를 표현할 수 있지 않을까? 맞다. 컴퓨터는 2진법으로 숫자를 표현한다.

수학에서 2진법은 숫자 부호 0과 1 두 가지를 사용한다. 컴퓨터는 전원 켜짐과 꺼짐을 인지하니까, 켜짐을 이제부터 1, 꺼짐을 0으로 생각해 보자. 기본적으로 2진법의 숫자 표기 방식은 우리가 사용하는 아라비아 숫자 표기법과 동일하다. 가장 중요한 것은 자릿수로서 숫자가 어느 위치에 놓이느냐에 따라 숫자 값이 달라진다. 아래는 10진수 0~9를 4자리의 2진법으로 표현한 예이다.

0: 0000	1: 0001
2: 0010	3: 0011
4: 0100	5: 0101
6: 0110	7: 0111
8: 1000	9: 1001

위의 예와 같이 1씩 증가시키다가 2가 되면 자릿수를 하나 증가시키면 되고, 4가 되면 또 한자리를 증가시키면 된다. 2진법으로 표현된 수를 10진법으로 바꾸려면 아래와 같이 2를 자릿수만큼 곱해주면 된다. 아래는 2진수 0011_2을 10진수로 변환하는 예이다.

$$
\begin{array}{cccc}
0 & 0 & 1 & 1 \\
\times & \times & \times & \times \\
2^3 & 2^2 & 2^1 & 2^0 \\
\| & \| & \| & \| \\
0 + & 0 + & 2 + & 1 = 3
\end{array}
\qquad 0011_2 = 3_{10}
$$

갑자기 머리가 아파지기 시작하는가? 예로 든 것이니 염려하지 않아도 된다. 진법을 공부할 필요는 없고 개념만 이해하면 된다. 정리하자면 전원이 켜짐을 1, 꺼짐을 0으로 생각하면 2진법을 사용해서 숫자를 비트로 표현할 수 있다. 이것이 핵심이다. 무슨 말인가 하면 앞에서 문자도 비트로 표현할 수 있었으므로, 결국 비트로 문자와 숫자를 모두 표현할 수 있다는 뜻이다.

✱ 바코드와 비트의 관계

일상생활에서 많이 접하는 바코드를 사용해서 비트라는 개념에 대해 좀 더 설명해 보기로 하겠다. 우리는 대형마트나 백화점에서 쇼핑을 할 때 계산대에서 계산을 하게 되는데, 이때 계산원은 상품에 붙어있는 바코드를 바코드 스캐너로 읽어서 처리를 하게 된다.

① 바코드를 찍는다(바코드 스캐너로 바코드를 읽는다).
② 결제 금액 확인
③ 결제 시도 및 승인

모든 제품에는 다음처럼 바코드가 스티커나 태그와 같은 형태로 붙여져 있다.

스캔을 했을 때 바코드를 읽어 그에 해당하는 결제 금액을 확인하는 과정은 컴퓨터가 담당한다. 즉, 컴퓨터가 제품을 인지하기 위해서는 바코드를 스캔하는 과정이 필요하다. 스캔은 아래와 같이 빨간 레이저 불빛을 바코드에 쏴서 바코드를 읽는 작업이다.

스캔 작업을 통해 컴퓨터에 전달되는 내용은 무엇일까? 아래 그림 상단부를 잘 살펴보면 상단부에 각 칸이 보일 것이다. 각 칸은 바로 컴퓨터가 인지하는 하나의 단위이다.

각 칸에 검은 줄이 있는지 없는지에 따라 1과 0을 아래와 같이 넣어보자. 그러면 각 칸은 앞서 이야기한 비트(bit)와 다르지 않게 된다.

이제는 각 비트가 어떤 부호와 매칭이 되는지만 알면 된다. 맨 앞 비트부터 순서대로 각 비트를 읽어서 의미를 분석하면 아래와 같다.

비트 조합	의미
101	왼쪽 바코드 보호 패턴
0001101	0
0110001	5
0011001	1
0001101	0
0001101	0
0001101	0
101	중앙 바코드 보호 패턴
1110010	0
1100110	1
1101100	2
1001110	5

비트 조합	의미
1100110	1
1000100	7
101	오른쪽 바코드 보호 패턴

바코드 맨 왼쪽, 중앙, 맨 오른쪽은 무조건 '101' 부호를 가진다. 내부에는 맨 왼쪽부터 중앙 사이, 중앙부터 맨 오른쪽 사이에 각각 6개 숫자를 표현한다. 한 숫자 당 7개 비트로 표현되고 이 값은 2진법으로 표현된 숫자이다. 위 바코드는 결국 '051000 012517'라는 12개 숫자 값을 나타내고 있다.

정리하면 바코드는 총 12개 숫자 값이 써 있으며, 이 값은 해당 상품을 나타내는 미리 정의된 숫자를 의미한다. 특정 위치에는 특별한 비트가 들어가고, 12개 숫자 각각은 2진법을 사용해서 7비트로 표현된다. 컴퓨터는 스캔했을 때 바로 이 값을 읽어서 최종 12개 숫자 값을 얻은 후, 이를 바탕으로 미리 정의된 상품 가격을 화면에 표시하게 되는 것이다.

여기서 우리가 기억할 것은 컴퓨터는 어떤 외부 정보든 간에 비트를 통해 이해한다는 것이다. 즉, 컴퓨터는 비트가 기본이다.

✹ 컴퓨터가 비교하고 계산하는 방법

구체적인 예를 들어보자. 컴퓨터는 전원이 꺼지고(0), 켜지는(1) 것을 인지할 수 있다. 그렇다면 두 비트를 비교해서 두 비트가 다른지 같은지를 판단할 수 있다. 예를 들어 첫 번째 비트가 0이고 두 번째 비트가 1이면 두 비트는 다르다고 인지할 수 있다. 즉, 두 비트가 '같은지', '다른지'를 알 수 있다는 뜻이다.

한 단계 더 나가서 숫자 개념으로 살펴보자. 전원이 꺼진 상태가 숫자값 0이고, 전원이 켜진 상태를 숫자값 1로 인지하면, 두 비트 사이에 '크다', '작다'를 판단할 수 있다. 예를 들어 첫 번째 비트가 0이고 두 번째 비트가 1이면, 첫 번째 비트 값은 두 번째 비트 값보다 작다. 여기까지 '같다', '다르다', '크다', '작다'를 판단할 수 있게 되었다.

좀 더 나가보자. 혹시 논리 연산을 배운 적이 있는가? 이름부터 복잡해 보이지만 가장 대표적인 예는 AND, OR이다. 논리 연산에서는 주로 참, 거짓을 가지고 연산을 수행한다.
AND 연산은 둘 다 참일 때만 참, 둘 중 하나라도 참이 아니면 거짓인 연산을 말한다. OR 연산은 둘 중에 하나라도 참이면 참, 둘 다 거짓이면 거짓이다. 즉, 0 비트를 거짓, 1 비트를 참이라고 정의했을 때 두 비트 간에는 다음과 같이 AND, OR 연산이 가능하다.

비트	비트	AND 연산 결과
1	1	1
1	0	0
0	1	0
0	0	0

비트	비트	OR 연산 결과
1	1	1
1	0	1
0	1	1
0	0	0

이와 같이 비교 기능을 이용하면 다양한 판단이 가능하고, 이러한 판단 기능을 이용하면 좀더 확장된 다양한 일을 할 수 있게 된다. 무슨 뜻인가 하면 하나의

예로 비트 간에 판단 기능을 이용하면 컴퓨터를 이용한 사칙 연산도 가능하다. 좀더 정확하게 말하면 사칙 연산 중 덧셈만이 가능하고, 나머지는 덧셈의 부가 기능을 이용하여 계산이 이루어진다.

그렇다면 덧셈이 어떻게 가능할까? 2+3을 계산한다고 할 때 숫자 2를 4자리 2진수로 표현하면 0010_2이고, 숫자 3은 2진수로 0011_2이다. 이때 두 숫자를 더하면 2+3은 5가 되어야 하고, 이는 2진수로 0101_2이다.

```
   0010
 + 0011
 ------
   0101
```

위와 같은 계산이 수행되는 규칙은 아래와 같다.

① 두 숫자에서 각 자릿값을 비교한다.
② 두 비트가 모두 0이면 결괏값으로 0을 출력한다.
③ 두 비트 중 하나의 비트만 1이면 결괏값으로 1을 출력한다.
④ 두 비트가 모두 1이면 결괏값으로 0을 출력하고, 앞 자리에 1을 추가한다(앞 자리에 1을 추가하는 과정도 결국 위 ②, ③, ④ 과정을 따르면 된다).

어떤가? 동일한 자리에 있는 비트를 특별한 규칙에 따라 비교해서 값을 도출하면 덧셈이 가능하다. 곱셈은 어떨까? 곱셈은 덧셈을 여러 번 수행하면 된다. 예를 들어, 2*3은 2를 세 번 더하면 된다. 여기에서 더 복잡한 내용을 이해할 필요는 없다. 비트가 0과 1 두 값으로 인지되므로 두 비트 간에 비교가 가능하고, 이를 확장하면 덧셈, 나아가 사칙 연산까지도 가능하다는 것이 핵심이다.

복잡하게 생각하지 말고 두 가지만 기억하자. 첫째로 컴퓨터는 비트를 사용해서 비교를 함에 의해 판단을 할 수 있다. 둘째로 이러한 판단 기능을 이용하여 계산을 할 수 있다. 이 두 가지는 그대로 프로그래밍을 할 때도 사용된다.

고급 프로그래밍 언어를 배우면 비트 따위는 신경쓰지 않아도 된다. 그러나 조금만 프로그래밍을 깊게 배우거나 프로그래밍을 많이 하다보면 가끔씩 비트가 나타난다. 결국 컴퓨터와 소통하는 수단은 비트이기 때문이다. 무턱대고 빨리 프로그래밍 언어 사용 방법을 익히고 프로그램을 만드는 일도 중요하지만, 컴퓨터에 대한 이해도 멀리 보면 중요하다. 다음 장부터 비트는 나오지 않더라도 비트를 잊지 말기 바란다. 비트가 프로그래밍 언어와 컴퓨터에 기본이기 때문이다.

✳ 프로그래밍 언어는 달라도 변수, 조건, 반복은 동일하다

두 번째 배경 지식은 프로그래밍 언어에 대한 전반적인 이야기이다. 컴퓨터는 비트만 인지할 수 있기 때문에, 컴퓨터에게 명령을 내리려면 비트를 사용해야 한다. 하지만 사람이 비트를 사용하기는 익숙하지 않기 때문에 프로그래밍 언어가 개발되었다. 일반적인 프로그래밍 언어는 사람이 사용하기 편리하도록 사람들이 사용하는 언어를 기반으로 만들어졌다. 그래서 대부분의 프로그래밍 언어는 영어 단어를 일정한 규칙으로 조합해서 프로그래밍을 하게 되어 있다. 그동안 다양한 프로그래밍 언어가 만들어졌는데 대표적인 프로그래밍 언어는 JAVA, C++, Python, C, PHP 등이 있다.

그런데 컴퓨터가 수행할 수 있는 기본 명령은 동일하기 때문에, 어떤 프로그래밍 언어를 사용하더라도 기본 명령은 대부분 동일하다. 여기서 말하는 기본 명령이란 바로 변수, 조건, 반복 이 세 가지를 말한다. 변수는 데이터를 다루는 수단이고, 조건은 상황에 따라 실행 명령을 달리하는 방법이며, 반복은 실행 명령을 일정한 횟수만큼 반복하는 명령이다. 단순한 명령이지만 이 세 가지 명령을 조합하면 수없이 다양한 일을 컴퓨터에게 시킬 수 있으며, 일종의 프로그래밍 뼈대가 된다.

이 세 가지 명령을 배우고 난 후에는 각 프로그래밍 언어마다 제공하는 함수를 배우게 되는데 함수란 특별한 기능을 하는 명령 조합을 말한다. 예를 들어 안드로이드 스마트폰에서 동작하는 앱을 만들려면 JAVA 언어와 안드로이드 함수를 배워야 한다. 이와 같이 기본 명령과 함수를 배우면 이제 해당 프로그래밍 언어를 사용해서 다양한 프로그램을 만들 수 있다.

사실 간단한 기본 명령만 배우고 몇 가지 함수만 익히면 프로그램 작성이 가능하다. 그래서 기본 명령과 몇 가지 함수만 빨리 익히고 바로 알고리즘을 만드는 방법을 연습하면 프로그래밍을 배우는 시간을 단축할 수 있다. 수많은 함수는 필요할 때마다 인터넷을 통해서라도 사용법을 찾아서 사용하면 그만이다. 더군다나 알고리즘을 이루는 기본 명령은 어느 프로그래밍 언어나 유사하기 때문에 한 가지 프로그래밍 언어를 마스터하면 이후에는 다른 프로그래밍 언어도 배우기가 수월하다.

2 바로 프로그래밍을 시작해보자

이제 본격적으로 파이썬을 이용하여 프로그램이라는 것을 만들어보기로 한다.

✱ 코드를 작성해 보자

우리는 문서를 작성할 때 문서 편집 프로그램을 이용한다. 이때 간단한 문서는 메모장 프로그램을 이용하여 작성할 수도 있지만, 보통은 한글 또는 MS워드 같은 전문적인 문서 작성 프로그램을 사용한다. 그 이유는 이들 전문 프로그램이 메모장보다 문서 작성에 편리한 기능을 가지고 있기 때문이다.

프로그래밍 작업도 마찬가지이다. 예를 들어 다음과 같은 프로그래밍 코드를 작성한다고 할 때 메모장을 이용해도 되지만 대부분 프로그래밍 전용 에디터 (editor)라고 하는 전문 프로그램을 사용한다.

```python
totalData = [2, 3, 5, 7, 11, 13, 17, 19, 23, 29, 31, 37,
41, 43, 47, 53]
def qsort(data):
    if len(data) <= 1:
        return data
    else:
        pivot = data[0]
        less, equal, more = [], [], []
```

```
            for index in range(len(data)):
                if pivot > data[index]:
                    less.append(data[index])
                elif pivot < data[index]:
                    more.append(data[index])
                else:
                    equal.append(data[index])
            return qsort(less) + equal + qsort(more)
    print(qsort(totalData))
```

이렇게 작업한 프로그램은 컴퓨터가 이해할 수 있는 언어인 기계어로 변환하기 위해 컴파일을 해야 한다. 앞에서 설명한대로 컴퓨터는 0과 1, 즉 비트만을 이해할 수 있기 때문에, 프로그래밍 언어를 비트로 바꿔주기 위해 별도 프로그램이 필요한데 이 프로그램을 컴파일러라고 부른다고 배웠다.

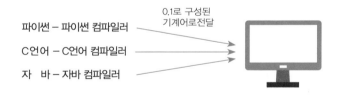

파이썬 프로그래밍 언어도 다른 프로그래밍 언어와 마찬가지로 위와 같이 전용 컴파일러와 프로그래밍 전용 에디터(editor)가 있다. 일부 프로그래밍 언어는 아예 프로그래밍 전용 에디터(editor)에 컴파일러까지 함께 포함되어 있는 것도 있지만 파이썬은 에디터와 컴파일러가 분리되어 있다.

따라서 파이썬 프로그래밍 언어를 배우기 위해 맨 처음 해야 할 일은 에디터와 컴파일러를 PC에 설치하는 일이다. 하지만 초보자인 경우 설치하는 과정에서 예상치 못한 이유로 두 프로그램이 정상적으로 동작하지 않는 경우가 종종 발생한다. 더군다나 설치가 제대로 되었다고 하더라도 두 프로그램을 사용하는 방법 자체를 익히고 익숙해지는 데에도 일정한 시간이 걸린다. 그래서 본 책에서는 빨리 프로그래밍을 경험해 본다는 차원에서 이 과정을 생략하고 손쉽게 프로그램을 작성하고 실행시킬 수 있는 기능이 있는 특별한 사이트를 이용하기로 한다. 이곳을 이용하면 간단하게 파이썬 프로그래밍을 작성하고 실행이 가능하다.

그러면 바로 파이썬 프로그램을 작성해 보기로 하자. 인터넷 익스플로러나 크롬 웹브라우저를 실행하고 아래 주소에 접속한다.

https://trinket.io/python

다음과 같은 화면이 나타나면 main.py 안에 있는 부분을 마우스로 블록 지정한 후에 DEL 키를 눌러서 지운다.

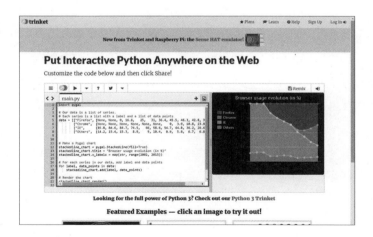

이어서 다음 코드를 그대로 입력한 후, 상단에 ▶ 버튼을 눌러보자. 그러면 오른쪽 하단부에 Hello World!가 보일 것이다.

```
print ("Hello World!")
```

여기서 잠깐! 프로그래밍을 배울 때 암묵적인 한 가지 관례가 있는데. 어떤 언어를 배울 때라도 맨 처음 작성해 보는 프로그램은 Hello World! 라는 단어를 화면에 출력하는 일이다.

일단 앞에서 한 작업을 설명하면 코드를 작성하는 화면이 일종의 에디터가 되고, ▶를 누르면 내부에서 컴파일러 프로그램이 실행된다고 이해하면 된다. 이후 컴파일된 프로그램이 자동으로 실행되어 출력 내용을 오른쪽에 표시하게 되는 것이다.

여기까지 여러분은 책을 읽은 후 첫 프로그램을 작성한 셈이다. 그러면 다음의 코드가 무엇을 의미하는지를 하나씩 살펴보기로 한다.

```
print ("Hello World!")
```

위 코드를 이해하기 위해 학창 시절로 돌아가서 다음과 같은 수학식을 생각해 보자.

y = f (x)

수학 시간에 우리는 f(x)를 함수라고 하며, f(x) 함수의 의미는 x라는 값을 특정한 계산식에 대입하여 나온 결괏값을 y에 넣는다고 배웠다.

프로그래밍 언어에서도 이와 비슷한 의미의 함수가 존재하며 함수는 특정한 기능을 수행하는 역할을 한다. 프로그래밍 언어는 자체별로 한 가지가 아니라 수백, 수천 개의 함수를 가지고 있으며, 각 함수마다 다음과 같이 함수 이름과 ( ) 괄호 안에 입력 값을 넣는 인자로 구성되어 있다.

함수 이름(입력)

이 내용을 앞에서 우리가 작성한 코드와 비교해 보면 한눈에 비슷하다는 느낌이 오지 않는가? 즉, print가 함수 이름이 되고 "Hello World!"는 입력이 되어 다음과 같은 의미를 가지게 된다.

```
print ("Hello World!")
```

정돈하면 파이썬은 문자 또는 숫자를 화면에 출력하기 위해 print라는 이름을 가진 함수를 제공하며 사용법은 다음과 같다.

print (x) x:인자

여기서 x는 출력할 내용이다. 파이썬에서 문자를 표현할 때는 반드시 " " 쌍따옴표 또는 ' ' 따옴표를 사용하도록 되어 있다. 따라서 Hello World!라는 문자를 출력하기 위해 "Hello World!"로 표기했다.

이번에는 다음과 같이 출력하는 코드를 작성해 보자.

```
Hello World!

Hello Python
```

이 코드는 Hello World!를 출력한 후에, 다시 Hello Python이라는 문자를 출력하는 것이므로 print 함수를 두 번 사용하면 될 것이다. 이때 하나 이상의 명령을 나열하는 방법은 여러 줄에 걸쳐서 코드를 순서대로 나열하면 되는데 새로운 줄, 즉 라인(line)을 만드는 일은 문서를 작성할 때와 마찬가지로 라인 맨 끝에서 엔터키를 눌러주면 된다.

여기서 주의해야 할 것은 코드는 항상 정확하게 넣어주어야 한다는 것이다. 즉, 영어 대문자와 소문자도 확실히 구분해야 하기 때문에 PRINT와 같이 대문자로 입력하면 정상적으로 프로그램이 실행되지 않는다. 보통 작성한 코드에 문제가 있을 때 실행하라고 하면 컴파일러는 어떤 라인에 있는 코드에 문제가 있다고 알려주게 되는데 이를 에러 메시지라고 부른다. 다음은 첫 번째 라인에 잘못된 형태로 프로그램이 작성된 예이다.

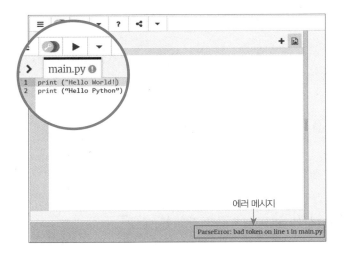

에러 메시지

첫 번째 라인을 보면 출력하려는 Hello World! 글자 뒤에 쌍따옴표를 넣지 않았다. 따라서 'ParseError: bad token on libe 1 in main.py'라는 에러 메시지를 출력해 주고 있다. 이런 경우 다음과 같이 첫 번째 라인을 맞는 문법으로 수정한 뒤 실행하면 정상적으로 출력이 된다.

```
print ("Hello World!")
print ("Hello Python")
```

이번에는 한 단계 더 나아가서 글자 출력이 아닌 그림을 그려보기로 하자. 입력했던 코드를 지우고 다음과 같은 코드를 입력한 다음 실행을 위해 ▶ 버튼을 눌러보자.

```
import turtle

turtle.shape("turtle")
turtle.forward(50)
turtle.right(90)
turtle.forward(50)
turtle.left(90)
```

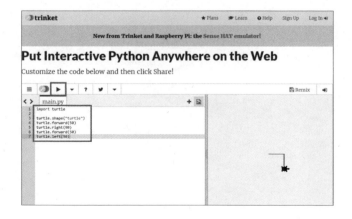

일단 프로그램을 보면 turtle이라는 생소한 이름이 사용되고 있는데 앞에서 프로그래밍 언어는 다양한 함수가 존재한다고 했었다. 파이썬에서는 프로그래머가 좀더 편리하게 함수들을 사용할 수 있도록 서로 연관이 있는 함수들을 모아 관리하고 있는데 이를 모듈(module)이라 한다. 여기서 사용된 turtle은 바로 그림을 그릴 때 사용하는 함수들을 모아놓은 것으로 사용법은 다음과 같다.

---

import 모듈명

모듈명.함수명
예 turtle.forward(50)

즉, 프로그램의 선두에서 import 다음에 사용하고 싶은 모듈명을 기술한 다음, 프로그램 상에서 '모듈명.함수명' 식으로 사용하면 된다. turtle 모듈에는 다음과 같은 함수가 존재하는데 여기서는 shape, forward, right, left 함수를 사용하고 있다.

함수	설명
forward(값)	거북이가 주어진 값만큼 앞으로 이동한다.
backward(값)	거북이가 주어진 값만큼 뒤로 이동한다.
left(각도)	거북이가 각도만큼 왼쪽으로 회전한다.
right(각도)	거북이가 각도만큼 오른쪽으로 회전한다.
down( )	움직이면 선이 그려지도록 한다.
up( )	움직여도 선이 그려지지 않도록 한다.
shape("모양")	거북이 모양을 아래에 지정한 모습으로 바꾼다. "turtle", "arrow", "circle", "square", "triangle"

이것에 기초하여 프로그램을 설명하면 다음과 같다.

```
import turtle
```
→ turtle 함수를 사용한다고 선언

```
turtle.shape("turtle")
```
→ 거북이 모양을 "turtle" 형태로 변경
```
turtle.forward(50)
```
→ 앞으로 50 픽셀만큼 이동
```
turtle.right(90)
```
→ 거북이 방향을 90도 오른쪽으로 회전
```
turtle.forward(50)
```
→ 앞으로 50 픽셀만큼 이동
```
turtle.left(90)
```
→ 거북이 방향을 90도 왼쪽으로 이동

이번에는 위 코드를 좀더 발전시켜 다음과 같은 사각형을 직접 만들어보자. 위 코드에서 right, forward 함수를 좀더 응용하면 사각형을 만들 수 있을 것이다.

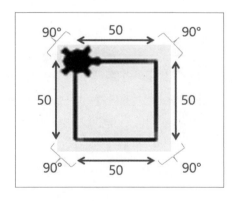

처음 프로그램을 만들어보기 때문에 시행착오가 있을 수 있지만 차근차근 생각해 보면 간단하게 만들 수 있을 것이다. 한 번 만들어보면 무언가 뿌듯함을 느낄 수 있을 것이다.

이 문제를 제대로 풀었다면 독자 분들은 처음으로 스스로 알고리즘을 만들어 본 셈이다. 또 프로그래밍 기본 작성법에 대해서도 굉장히 빠르게 이해를 한 셈이다.

사각형을 만드는 코드는 다음과 같다.

```
import turtle                    → turtle 함수를 사용한다고 선언

turtle.shape("turtle")          → 거북이 모양을 "turtle" 형태로 변경
turtle.forward(50)              → 앞으로 50 픽셀만큼 이동
turtle.right(90)                → 거북이 방향을 90도 오른쪽으로 회전
turtle.forward(50)              → 앞으로 50 픽셀만큼 이동
turtle.right(90)                → 거북이 방향을 90도 오른쪽으로 회전
turtle.forward(50)              → 앞으로 50 픽셀만큼 이동
turtle.right(90)                → 거북이 방향을 90도 오른쪽으로 회전
turtle.forward(50)              → 앞으로 50 픽셀만큼 이동
turtle.right(90)                → 거북이 방향을 90도 오른쪽으로 회전
```

50 픽셀만큼 거북이를 앞으로 움직인 다음에 90도씩 오른쪽으로 거북이 방향을 꺽는 과정을 네 번 동일하게 진행하면 우리가 원하는 사각형을 만들 수 있다. 이 문제에 대한 프로그램 작성이 어려웠던 분은 자신이 작성했던 코드와 비교하면서 문제점을 찾아보고 다시 한 번 스스로 생각해서 직접 코드를 작성해 보자. 다시 한 번 강조하자면 위 코드를 그대로 키보드로 쳐서 실행한다고 해도 스스로 생각해서 직접 코드를 작성하지 않고서는 이 장을 이해했다고 볼 수 없다. 이 점을 유념하자.

★ 기본 명령 연습하기 위한 프로그램 설치하기

프로그램을 작성하는 방법은 알았으니 본격적으로 기본 명령 사용법을 익히고 연습해 보자. 기본 명령이란 변수, 조건문, 반복문을 말한다. 각 명령을 연습하기 위해 먼저 좀 더 편리한 프로그램을 자신의 PC에 설치하기로 한다.

설치할 프로그램은 아나콘다(Anaconda) 라는 프로그램이다. 파이썬으로 작성된 코드를 자신의 PC에서 실행하려면, 조금은 복잡한 프로그램 설치와 설정이 필요하지만 아나콘다 라는 프로그램은 이러한 복잡한 과정을 줄여준다. 아나콘다 프로그램 설치 주요 단계는 다음과 같다. 참고로 IT 관련 프로그램은 업데이트가 빈번하다. 심지어 위에서 제시한 아나콘다 프로그램 다운로드 링크도 달라질 수 있다. 대부분 개발자들은 구글 사이트에서 검색을 통해 변경된 링크를 찾고, 업데이트된 설치 과정을 알아낸다. 아직까지는 유효하지만, 혹시라도 다운로드 링크가 달라지거나, 다음 설치 과정이 조금 달라보인다면, 구글 사이트를 통해 검색을 해보는 것을 추천한다.

① https://www.continuum.io/downloads 사이트로 들어가면 다운로드 버튼을 확인할 수 있다. 이를 클릭하면 각자의 PC에 알맞은 Anaconda 프로그램을 다운로드 받을 수 있다.

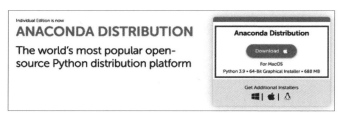

② 다운로드 받은 프로그램을 실행한 후 [Next] 버튼을 누른다.

③ [I Agree] 버튼을 누른다.

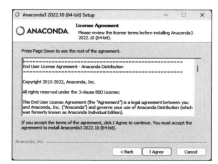

④ 'Just Me'가 선택된 상태에서 [Next] 버튼을 누른다.

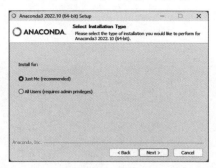

⑤ C 드라이브에 dev_python 이름으로 폴더를 만들고(즉, C:₩dev_python 으로 C 드라이브 바로 밑에 만들기), 해당 폴더를 다음과 같이 선택한 후, [Next] 버튼을 누른다.

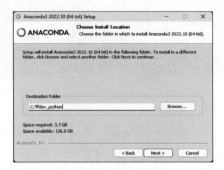

⑥ 가급적 두 체크 박스를 모두 선택한 후 [Install] 버튼을 누른다. 두 체크 박스 선택 시, 안내 메세지가 아닌 에러가 표시되는데, 체크가 되지 않는다면 체크를 안해도 좋다.

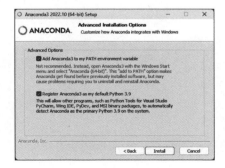

⑦ 설치가 완료되면 윈도우 프로그램 메뉴에서 Anaconda 폴더를 확인할 수 있다. 해당 폴더 내에서 Anaconda Powershell Prompt (anaconda3) 를 실행시킨다.

⑧ 다음은 Anaconda Powershell Prompt(anaconda3)를 실행시켰을 때 나타나는 화면이다. 맨 처음에는 'python'을 타이핑하고, 엔터를 눌러 파이썬 프로그램을 실행시킨다. 이 프로그램을 이용하면 코드를 한 줄씩 실행시킨 후 바로 결과를 확인할 수 있기 때문에, 기본 명령을 연습하는데 편리하다.

이후에 >>> 표시에서 다음과 같이 명령을 입력하고 엔터키를 눌러보자.

```
print ("Hello World")
```

바로 'Hello World'가 출력됨을 확인할 수 있을 것이다.

이제부터는 기본 명령들은 바로 이 프로그램으로 연습할 수 있다. 다만, 혹시라도 조금더 PC에 익숙하다면 아나콘다 프로그램 설치 시 자동으로 함께 설치되는 주피터 노트북을 사용해서 코드를 작성해도 좋다. 주피터 노트북 프로그램은 실행 방법과 사용법이 조금 복잡해 보여서, 영상으로 실행되는 모습을 보는 편이 좀더 도움이 된다. 해당 영상은 유투브 '잔재미코딩' 채널에서 '주피터 노트북 사용법' 영상으로 오픈해 놓았으니, 해당 영상을 확인해보자.

https://www.youtube.com/watch?v=jmk-3G8FYll   QR-CODE :

✱ 변수를 사용해 보자

이번에는 두 숫자를 입력 받아서 더한 값을 출력하는 프로그램을 만들면서 변수라는 개념에 대해 알아보자. 이 문제를 프로그래밍하기 위해서는 다음과 같은 세부 단계로 나누어서 생각해볼 필요가 있다.

1) 두 숫자를 입력받는다.
2) 입력받은 두 숫자를 더한다.
3) 더한 숫자를 출력한다.

우선 입력을 받는 함수를 알아보자.

x는 print 함수와 마찬가지로 출력 내용을 의미하는데 print 함수와 다른 점은 input(x) 함수는 x를 화면에 출력한 후, 사용자로부터의 키보드 입력을 기다린 다는 점이다. 따라서 키보드로 데이터를 입력한 다음 엔터키를 누르면 해당 데이터를 프로그램 안으로 입력한다. 또한 출력 내용이 필요없을 경우에는 x 없이 input( )으로만 사용해도 된다.

여기에서 한 가지 생각해볼 것이 있는데 input으로 입력받은 데이터는 어디에 있을까? 파이썬을 비롯한 모든 프로그래밍 언어에서는 입력된 데이터를 저장하고 필요할 때 사용할 수 있는 방법이 필요하며 이를 위해 변수라는 개념이 나왔다. 변수는 지하철 사물함을 생각해 보면 이해하기 쉽다.

▲ "시계가 어느 사물함에 보관되어 있지?"

각 사물함에 이름을 붙여놓고 물건을 저장한 후 해당 물건을 꺼낼 때는 해당 사물함 이름을 찾아서 물건을 꺼내는 것과 동일한 방식이다.

변수는 영어로 variable이라고 한다. 해석하면 변할 수 있는 데이터라는 의미이다. 각 사물함에 이름을 붙이기 위해 일련 번호를 매겨놓듯이 변수도 각 변수를 구분하기 위해 변수마다 유일한 이름을 붙여야 한다. 변수를 만드는 방법은 다음과 같으며 이를 변수를 선언한다고 표현한다.
'변수 이름', '=', '변수에 저장할 데이터' 사이에는 스페이스바로 한 칸씩 띄지 않아도 된다. 하지만 통상적으로 구분을 명확히 해주기 위해 한 칸씩 띄는 경우가 많으므로 참고하자.

변수 이름은 보통 알파벳으로 구성한다. 한글도 되지만 일부 환경에서는 지원이 안 된다. 프로그래밍 언어 대부분이 한글로 변수 이름을 지원하는 경우는 많지 않으므로 가능한한 변수 이름은 한글로 만들지 않는 것이 좋다. 일반적으로는 알파벳과 숫자, _(밑줄 문자)를 사용해서 만들며 상세한 규칙은 다음과 같다.

변수명 규칙

- 영문자(대, 소문자 구분), 숫자, 밑줄 문자(_)를 사용할 수 있다.
- 첫 자리에는 숫자를 사용할 수 없다.
- 파이썬 키워드는 변수명으로 사용할 수 없다(키워드란 파이썬에서 특수 목적으로 이미 정의되어 있는 단어를 의미한다).

파이썬 키워드

> False, None, True, and, as, assert, break, class, continue, def, del, elif, else, except, finally, for, from, global, if, import, in, is, lambda, nonlocal, not, or, pass, raise, return, try, while, with, yield

데이터를 변수에 저장하기 위해서는 '=' 기호를 사용한다. 즉, '='은 오른쪽에 있는 데이터를 왼쪽에 할당(저장)하라는 의미이다. 프로그래밍 언어에서 '='은 할당한다는 의미로, 우리가 수학에서 배운 '같다'라는 의미와 다르다는 점을 기억하기 바란다.

변수 이름 = 변수에 저장할 데이터

변수명 실습을 위해 다음과 같이 임의로 10개의 변수명을 만들어 각각의 변수에 1, 2, 3,...10을 기억시켜 보는 프로그램을 작성해 보자. print 함수가 없기 때문에 실행하면 아무 내용도 나오지 않겠지만, 변수명이 잘못되었다면 에러 메시지가 출력되므로, 그런 경우 변수명 작성 규칙이 맞는지 점검하면서 어떤 점이 문제인지 직접 확인해 보는 것도 좋다.

```
변수명1 = 1
변수명2 = 2
   ...
변수명10 = 10
```

이제 변수명에 익숙해졌다면 다음 코드를 보자.

```
a = input()
b = input()
```

위 코드는 첫 번째 입력받은 데이터를 변수 a에, 두 번째 입력받은 데이터를 변수 b에 저장하는 코드이다. 수학식 y = f(x)는 함수 f(x)를 계산한 값이 y에 저장된다는 의미이듯이, 프로그래밍 함수도 마찬가지로 결과 값이 '=' 왼쪽에 저장된다. input( ) 함수는 입력된 값이 '=' 왼쪽에 저장되도록 만들어져 있다. 따라서 위 코드와 같이 작성하면 첫 번째 입력받은 데이터는 변수 a에, 두 번째 입력받은 데이터는 변수 b에 저장이 된다.

그렇다면 '덧셈', '뺄셈'과 같은 계산은 어떻게 프로그래밍 언어에서 사용할 수 있는지 알아보자. 다음 여섯 가지 기본적인 계산 기호만 우선 알아보기로 한다.

연산자	연산자 기능
=	오른쪽 데이터를 '=' 왼쪽에 저장한다. **예** a = 1 → a에 1을 저장한다는 의미이다.
+	수학식과 동일하게 덧셈 기호를 나타낸다. **예** a = 2 + 1 → a에 3이 저장된다.
–	수학식과 동일하게 뺄셈 기호를 나타낸다. **예** a = 2 – 1 → a에 1이 저장된다.
*	수학식에서 곱셈 기호는 x를 사용하지만, 영문자 x와 헷갈리기 때문에, '*' 기호를 사용한다. **예** a = 2 * 3 → a에 6이 저장된다.
/	나눗셈을 하는 기호이다. **예** a = 4 / 2 → a에 2가 저장된다.
%	나눗셈의 나머지를 계산하는 기호이다. **예** a = 5 % 2 → a에 1이 저장된다. 5로 2를 나누면, 몫이 2이고, 나머지가 1이 되어 나머지 1이 a에 저장된다.

변수에 있는 데이터를 꺼내오기 위해서는 단순히 변수 이름을 써주면 된다. 예를 들어 a라는 변수에 1이라는 데이터가 들어 있고, b라는 변수에 2라는 데이터가 들어있으면 다음 코드에서 c라는 변수는 3이 입력되게 된다.

```
c = a + b
```

위 코드는, 첫 번째 입력된 데이터(a)와 두 번째 입력된 데이터(b)를 더한 값을 c라는 변수에 저장하라는 의미이다.

여기서 하나 알아둘 것이 있는데 변수명은 a, b, c와 같이 간단하게 이름을 지어도 실행에는 이상이 없다. 하지만 프로그래밍 전문가들은 변수 이름을 만들 때 신경을 많이 쓰는 편으로, 변수명만 보아도 변수에 어떤 데이터가 들어있는지 알 수 있는 이름을 짓는다. 그 이유는 지금처럼 간단한 프로그램인 경우는 문제가 없지만 나중에 수천 줄이 넘어서는 프로젝트성 프로그램을 작성하는 경우는 혼자만이 아닌 팀을 구축하여 작성하는 경우가 비일비재한데, 이런 경우 의미있는 변수명은 팀원 간에 쉽게 이해가 가능하기 때문이다. 또한 혼자 작성하는 경우도 한참 지난 뒤에 프로그램을 다시보거나 할 때 a, b, c 등으로 되어 있으면 어떤 의미인지 헷갈릴 때가 많으므로 수고스럽더라도 의미있는 변수명을 만드는 것이 좋다.

파이썬에서는 일반적으로 함수명과 변수명은 영어 소문자로 이루어진 단어를 많이 사용한다. 이때 함수명이나 변수명을 좀더 알아보기 쉽게 두 단어 이상을 사용하는 경우가 많은데 단어와 단어 사이에 '_' (언더바라고 부른다.)를 넣어서 단어 구분을 명확히 한다. 또한. 동일한 의미를 가지는 변수가 여러 개인 경우 각각을 구분하기 위해 단어 끝에 숫자를 붙이기도 한다. 예를 들어 위 데이터는 입력 데이터이므로 다음과 같이 부여할 수 있다.

```
user_data1 = input()
user_data2 = input()
```

즉, 첫 번째 사용자 입력 데이터라는 의미로 user_data1, 두 번째 사용자 입력 데이터라는 의미로 user_data2라고 이름을 지으면 무리 없다. 이제 두 데이터를 더한 값을 새로운 변수에 저장한다.

```
user_data_total = user_data1 + user_data2
```

이렇게 하면 user _data_total 변수에 사용자로부터 입력받은 두 데이터가 더한 값이 저장되므로 이 값을 출력하면 끝이다.

```
print (user_data_total)
```

▶ 버튼을 눌러 코드를 실행하면 input( ) 함수에 의해 사용자로부터 데이터를 입력받기 위해 오른쪽 하단부에 커서가 깜빡이게 될 것이다. 숫자 1을 키보드로 입력하고 엔터를 누르면 입력된 1이 화면에 나오고 다음 라인으로 이동한 채로 다시 커서가 깜박이게 되며, 다시 숫자 2를 키보드로 입력하고 엔터키를 누르면 결괏값이 출력된다.

그런데 출력값이 좀 이상하다. 3이 예상되는 출력값인데 12가 출력되었다. 우리가 예상된 값과 다른 값이 나왔으니 다시 한 번 코드를 살펴볼 차례가 왔다. 프로그램을 하다보면 예상된 결과와 다른 결과는 항상 나올 수 있다. 이때는 작성한 코드를 한 줄 한 줄 검토를 하게 되는데 이 과정을 debugging(디버깅)이라고 한다. debug는 영어로 결함을 찾는 과정을 의미한다.

프로그래밍 작성 과정
1) 문제를 분석한다.
2) 문제를 세부 문제로 나누고 한 문제씩 코드를 작성한다.
3) 작성한 코드를 실행한다.
4) 에러 메시지가 나오거나 예상하지 못한 동작이 확인되면 디버깅해서 코드를 수정한다.
5) 문제가 해결될 때까지 2 ~ 4번 과정을 반복한다.
6) 모든 문제가 해결되면 코드를 확정한다.

1)에서 6)번까지 과정은 일반적인 프로그래밍 과정이다. 여기서는 4)번에서 예상하지 못한 결과가 나온 것이므로 디버깅을 시작해 보자. 일단 우리가 작성했던 코드는 다음과 같다.

```
user_data1 = input()                                  ---------- ①
user_data2 = input()                                  ---------- ②
user_data_total = user_data1 + user_data2   --------- ③
print (user_data_total)                               --------- ④
```

일단 ①, ②번 문장이 이상없나 확인하기 위해 다음과 같이 코드를 작성하여 각 input( ) 함수를 통해 얻은 데이터를 print 함수로 출력해 보자.

```
user_data1 = input()
print (user_data1)
user_data2 = input()
print (user_data2)
```

그런 후 실행을 한 다음 1을 입력하고 엔터키를 누르면, 1이 출력되고, 다시 2를 입력하고 엔터키를 누르면 2가 출력되고 있다. 이와 같이 디버깅을 할 때는 코드가 실행됨에 따라 변하는 변수 값을 print 함수를 통해 출력하면서 확인하면 좋다. 여기까지의 디버깅으로 입력값은 정상적으로 변수에 저장됨을 확인할 수 있다.

그렇다면 ③번 문장 이후가 문제라는 의미인데 이 상태에서 데이터 타입이라는 개념에 대해 먼저 공부해 보기로 한다. 파이썬에서는 데이터를 종류에 따라 몇 가지 유형으로 나누어서 구분을 한다. 아래 예를 살펴보자.

컴퓨터는 위 데이터를 저장할 때 당연히 비트로 변환해서 저장하게 되는데 이때 데이터 타입에 따라 저장되는 비트 조합이 달라진다. 쉽게 말해 ①번처럼 소수점이 없는 데이터와 ②번처럼 소수점이 있는 데이터는 각각 다른 비트 조합 형태로 저장이 이루어진다. 또한 ③번처럼 문자 데이터인 경우 역시 숫자 데이터와는 전혀 다른 비트 조합 형태로 저장된다. 즉 ①, ②, ③번은 저장되는 비트 규칙이 모두 다르다. 물론 이외에 다른 데이터 타입도 있지만 가장 많이 사용하는 타입이 이 세 가지이므로 이들 타입에 대해서만 먼저 살펴보기로 한다.

정수 타입 : ①번과 같이 소수점이 없는 숫자 데이터

실수 타입 : ②번과 같이 소수점이 있는 숫자 데이터

문자 타입 : ③번과 같은 문자 데이터

파이썬이 아닌 대부분의 다른 언어에서는 변수를 사용하기 전에 먼저 변수 타입을 정하도록 되어 있다. 예를 들어 C 언어에서는 다음과 같이 변수를 선언할 때 데이터 타입을 적어줘야 한다.

```
int user_data1;        ----- user_data1을 정수형 변수로 선언
float user_data2;      ----- user_data2을 실수형 변수로 선언
char userFata3;        ----- user_data3을 문자형 변수로 선언
```

즉, user_data1이라는 변수를 정수 값을 받아들일 수 있는 정수형 변수로 정의하고, user_data2라는 변수는 실수 값을 받아들일 수 있는 실수형 변수로 정의하며, user_data3이라는 변수는 문자를 받아들일 수 있는 문자형 변수로 정의

한다는 의미이다(C언어에서는 문장의 끝에 세미콜론(;)을 넣도록 되어 있다).

그러나 파이썬에서는 변수를 선언할 때 데이터 타입을 적어주지 않아도 된다. 대신에 파이썬은 변수에 처음 들어오는 값에 따라 변수 데이터 타입이 정해진다. 예를 들어 다음과 같은 코드를 작성했다고 하면 1이 정수이므로 자동으로 user_data1은 정수 데이터 타입을 가지는 변수로 처리된다. 그러나 두 번째 코드에서는 1.3이 실수이므로 user_data2는 실수 데이터 타입을 가지는 변수로 처리된다.

```
user_data1 = 1
user_data2 = 1.3
```

그렇다면 복잡한 프로그램인 경우 특정 변수가 어떤 데이터 타입인지 알기가 쉽지 않을 수도 있는데, 이럴 때 변수가 가지는 데이터 타입을 알려면 type( )이라는 함수를 사용하면 된다. 사용 방법은 type( ) 괄호 안에 데이터 타입을 확인할 변수명을 적으면 된다.

```
type (변수명)
```

예를 들어 user_data1 변수의 데이터 타입을 알고 싶으면, 다음과 같이 작성하면 된다.

```
print (type(user_data1))       ------ user_data1 변수의 타입을 출력
```

그렇다면 다음과 같이 코드를 작성하여 실행시켜 보자.

```
user_data1 = input()
print(type(user_data1))      ————— user_data1 변수 데이터 타입 확인
user_data2 = input()
print(type(user_data2))      ————— user_data2 변수 데이터 타입 확인
user_data_total= user_data1 + user_data2
print (user_data_total)
```

실행 후 1과 2를 입력했더니 다음과 같이 출력됨을 확인할 수 있다.

```
1                         ————— user_data1 변수에 1 입력
<class, 'str'>            ————— user_data1 변수 데이터 타입 출력
2                         ————— user_data2 변수에 2 입력
<class, 'str'>            ————— user_data1 변수 데이터 타입 출력
12                        ————— user_data_total 출력(1 + 2, 즉 3을 출력)
```

위 출력 결과 중 ⟨class, 'str'⟩에서 class는 조금 더 깊은 내용이 필요하므로 다음에 설명하기로 하고 'str'을 주목하자. str은 문자 데이터 타입을 의미하는 용어로 int, float, str은 각각 다음과 같은 데이터 타입을 나타낸다.

정수 타입 (integer): int
실수 타입 (float): float
문자 타입 (string): str

결국 str이 출력되었다는 뜻은 우리는 user_data1 = input( ) 명령에 의해 숫자 1을 입력했다고 생각했지만 파이썬에서는 숫자가 아닌 문자 타입으로 인지되었

다는 의미가 된다. 즉, 여기에서 확실한 것은 파이썬에서는 input( ) 함수에 의해 키보드를 통해 입력받은 데이터는 설사 숫자라고 하더라도 무조건 문자로 인식하는 것을 알 수 있다.

결국 우리는 숫자 1, 2를 생각했지만 파이썬에서는 문자 '1', '2'로 처리되었다는 의미가 된다.

그렇다면 12가 나온 이유는 뭘까? 이를 이해하기 위해 파이썬에서는 문자끼리 '+' 연산이 가능한데 아래 예를 보자.

```
1 + 2 = 3                    ----- 숫자 덧셈
'boy' + 'girl' = 'boygirl'   ----- 문자 덧셈
'1' + '2' = '12'             ----- 문자 '1'과 '2'의 덧셈
```

첫 번째 문장은 글자그대로 숫자 덧셈이고 두 번째 문장처럼 문자끼리 더하면 각 문자가 연결되는 결과가 나타난다. 그렇다면 세 번째 문장도 이해가 될 것이다. 즉, 문자 '1'과 '2'를 더하면 '3'이 아니라 두 문자를 합친 '12'가 되어 버린다.

문자A + 문자B → 문자A문자B

결국 코드를 실행한 결과 문자 '1'이 user_data1에 저장되고, 문자 '2'가 user_data2에 저장된 후, 두 문자 데이터를 더했기 때문에 '12'라는 결과가 출력된 것을 확인할 수 있다.

그렇다면 방법은 입력된 데이터를 숫자로 인식하도록 만들어야 하는데 파이썬에서는 데이터 타입을 바꿀 수 있도록 int( ), float( ), str( ) 함수를 제공한다.

```
int(변수명)          ------ 변수 데이터 타입을 정수형으로 변환
float(변수명)        ------ 변수 데이터 타입을 실수형으로 변환
str(변수명)          ------ 변수 데이터 타입을 문자형으로 변환
```

따라서 다음과 같이 작성하면 user_data1 변수의 데이터 타입은 본래 문자형 '1' 상태에서 정수형 숫자 1로 변환이 이루어진다.

```
int(user_data1)
```

결국 우리가 원하는 값을 얻으려면 다음과 같이 코드를 수정하면 된다.

```
user_data_total = int(user_data1) + int(user_data2)
```

이렇게 되면 int(user_data1)은 정수 1이 되고 int(user_data2)는 정수 2가 되어, 1+2 값인 3이 왼쪽에 있는 user_data_total 변수에 대입된다. 이상과 같은 원리로 두 숫자 데이터를 입력받아 더한 결괏값을 출력하는 코드를 정리하면 다음과 같이 작성될 수 있다.

```
user_data1 = input( )
user_data2 = input( )
use_data_total = int(user_data1) + int(user_data2)
print (use_data_total)
```

비로소 원하는 값이 나옴을 알 수 있을 것이다. 여기까지 간단한 코드를 통해 프로그래밍 작성 과정과 몇 가지 함수 및 데이터 타입을 알아보았다. 우리가 지금까지 배워서 사용한 함수를 정리해 보면 다음과 같다.

```
input( )
print( )
type( )
int( )
float( )
str( )
```

여기까지 단순히 덧셈을 하는 코드를 작성하면서 변수와 사칙연산 함수에 대한
공부도 같이 해왔다. 지금까지 배운 내용은 프로그래밍 기초를 닦기 위해 가장
기본적인 내용들이므로 다 음 네 가지 연습 문제를 직접 풀어보면서 조금 더 익
숙해 지도록 하자. 프로그래밍은 이해도 중요하지만 직접 한 줄이라도 스스로
생각해서 코드를 만들어보지 않으면 배울 수 없다. 그래서 최소한으로 간략한
문제를 제공하였으니 지나치지 말고 직접 프로그래밍 해보도록 하자.

- **연습 문제 1** : 두 숫자를 입력 받아서 두 숫자를 뺀 값을 출력하는 프로그램을
  만들자.

- **연습 문제 2** : 두 숫자를 입력 받아서, 두 숫자와 2를 모두 더한 값을 출력하는
  프로그램을 만들자.

- **연습 문제 3** : 두 숫자를 입력 받아서, 두 숫자를 곱한 값을 출력하는 프로그램
  을 만들자(곱셈은 *로 표시한다).

- **연습 문제 4** : 두 숫자를 입력 받아서, 두 숫자를 나눈 값을 출력하는 프로그램
  을 만들자(나눗셈은 / 로 표시한다).

✱ 조건문을 사용해 보자

이번 장에서는 한 단계 더 나아가 조건문에 대해 알아보기로 한다. 다음 문제를 코드로 작성해 보면서 조건문을 이해해 보도록 한다. 두 숫자와 계산 기호를 입력받아서 두 숫자를 계산한 값을 출력하는 프로그램을 만드는데 계산 기호는 +, -, *, / 만 사용하는 것으로 한다.

다시 한번 앞서 언급한 프로그래밍 작성 과정 단계를 따라가며 문제를 풀어보자.

> 프로그래밍 작성 과정
>
> 1) 문제를 분석한다.
> 2) 문제를 세부 문제로 나누고 한 문제씩 코드를 작성한다.
> 3) 작성한 코드를 실행한다.
> 4) 에러 메시지가 나오거나, 예상하지 못한 동작이 확인되면 디버깅해서 코드를 수정한다.
> 5) 문제가 해결될 때까지 2~4번 과정을 반복한다.
> 6) 모든 문제가 해결되면 코드를 확정한다.

문제를 분석한다는 의미는 문제를 해결하는 프로그램을 만들기 위해 필요한 기능을 생각해 본다는 의미이다. 궁극적으로는 프로그램을 만드는 것이기 때문에 위 1), 2)번 단계에 해당하는 내용을 세분해 보면 다음과 같다.

> ① 두 숫자와 계산 기호를 입력받는다(데이터 타입 주의).
> ② 두 숫자를 계산 기호에 따라 계산한다.
> ③ 계산 값을 출력한다.

위 문제를 해결하기 위해 필요한 기능은 크게 세 가지로 나눌 수 있다. 이를 실제 프로그래밍 단위로 생각해 보면 먼저 ①번을 수행하기 위해서는 입력을 세 번 받아야 한다. ②번은 계산 기호에 따라 계산식이 달라야 한다. ③번에서는

print 함수를 이용하여 ②번에서 계산된 값을 출력하면 된다.

이 문제를 코드로 작성하기 전에, 이전에 실습한 코드를 다시 한 번 살펴보자.

```
user_data1 = input()
user_data2 = input()
use_data_total = int(user_data1) + int(user_data2)
print (use_data_total)
```

이번 실습 문제가 위 코드와 다른 점은 무엇일까? 먼저 두 수 입력 외에 계산 기호를 하나 더 받아들이는 것이 추가되었다. 두 번째로는 위 코드는 무조건 덧셈이 이루어지지만 이번 예제에서는 입력된 계산 기호(*, /, +, −)에 따라 계산식이 달라지게 된다.

그러면 위 코드에 대해 첫 번째인 계산 기호를 하나 더 받아들이는 코드만을 추가해 보기로 한다.

```
user_data1 = input()
user_data2 = input()
user_data_opt = input()
use_data_total = int(user_data1) + int(user_data2)
print (use_data_total)
```

여기서 잠깐! 지금이야 5줄밖에 안되는 프로그램이지만 앞으로 실력이 향상되면 수십 줄 아니 수백 수천 줄에 이르는 코드를 작성하게 될 터인데 코드를 이해하기 쉽게 작성하는 방법에 대해 살펴보는 것도 좋을 듯 하다. 무슨 뜻인가 하면 위 코드는 크게 다음과 같이 세 단계로 의미를 부여할 수 있다.

```
user_data1 = input()   ┐
user_data2 = input()   ├──── 데이터 입력
user_data_opt = input() ┘
use_data_total = int(user_data1) + int(user_data2) ── 계산
print (use_data_total)   ──────────────────── 출력
```

이런 경우 다음과 같이 각 단계를 공백 라인을 이용해 분리해 놓으면 보다 보기가 편해진다. 파이썬에서는 아무 코드도 씌어있지 않은 라인은 단순히 넘어가기 때문에 마음대로 띄워도 된다.

```
user_data1 = input()
user_data2 = input()
user_data_opt = input()
                        ────────── 공백 라인
use_data_total = int(user_data1) + int(user_data2)
                        ────────── 공백 라인
print (use_data_total)
```

또 하나의 방법은 코드에 직접 설명을 쓰는 방법이다. 파이썬에서는 다음과 같이 '#'을 기술한 후에 설명을 덧붙이면 '#' 이후에 쓰는 라인의 문장은 실행하지 않고 넘어간다. 이를 주석이라고 하는데 이렇게 하면 각 단계가 무엇을 하기 위한 내용인지를 코드에 직접 설명으로 작성할 수 있어서 한 눈에 알아볼 수 있어 매우 편리하다. 특히 혼자가 아닌 팀원끼리 함께 프로그래밍을 할 경우 주석을 작성하는 것은 필수적인 작업이다.

```
# input                    ─────────── 주석
user_data1 = input()

user_data2 = input()

user_data_opt = input()


# calculation              ─────────── 주석
use_data_total = int(user_data1) + int(user_data2)


# output                   ─────────── 주석
print (use_data_total)
```

만일 설명문이 길 경우에는 """ 형식으로 따옴표 세 개를 쓴 후에 설명을 쓰고, 끝 부분에 따옴표 세 개를 쓰면 다음과 같이 여러 라인에 걸쳐서 주석을 달 수 도 있다.

```
""" input code            ──────────────────
    2 digits, 1 arithmetic operation ─────── ─── 설명문으로 처리
"""
user_data1 = input()

user_data2 = input()

user_data_opt = input()
```

이번에는 계산 단계를 해결할 차례이다.

```
user_data1 = input()

user_data2 = input()

user_data_opt = input()
```

```
use_data_total = int(user_data1) + int(user_data2)
```

```
print (use_data_total)
```

그런데 위 계산식을 보면 문제에서 요구하는 것과는 맞지가 않는다. 즉, 입력된 계산 기호에 따라 다른 계산식을 수행해야 하는데 위 계산식은 무조건 덧셈 처리를 하고 있다. 일단 요구 조건에 맞게 한글로 정리해 보면 다음과 같다.

① 만약, user_data_opt 가 '+' 이면,
   use_data_total = int(user_data1) + int(user_data2) 수행
② 만약, user_data_opt 가 '−' 이면,
   use_data_total = int(user_data1) − int(user_data2) 수행
③ 만약, user_data_opt 가 '*' 이면,
   use_data_total = int(user_data1) * int(user_data2) 수행
④ 만약, user_data_opt 가 '/' 이면,
   use_data_total = int(user_data1) / int(user_data2) 수행

즉, user_data_opt에 어떤 값이 들어 있느냐에 따라 계산 방식이 달라져야 하므로 조건문이 필요하게 된다. 프로그래밍에서 조건문이란 조건에 따라서 실행하는 코드를 다르게 할 수 있는 방법이다. 가장 간단한 조건식은 부등호를 사용한 비교로 우리는 학교다닐 때 수학 시간에 다음과 같은 부등호, 등호 기호를 배웠다.

수학 기호	의미
x < 3	x는 3보다 작다.
x > 3	x는 3보다 크다.
x ≥ 3	x는 3보다 크거나 같다(x는 3 이상이다).
x ≤ 3	x는 3보다 작거나 같다(x는 3 이하이다).
x = 3	x는 3과 같다.
x ≠ 3	x는 3과 같지 않다(x는 3이 아니다).

이것을 파이썬에서 사용하는 문법으로 처리하면 다음과 같다.

수학 기호	파이썬 문법
x ⟨ 3	x ⟨ 3
x ⟩ 3	x ⟩ 3
x ≥ 3	x ⟩ = 3
x ≤ 3	x ⟨ = 3
x = 3	x = = 3
x ≠ 3	x ! = 3

⟨ , ⟩ 기호는 파이썬 문법에서도 동일하다. 그리고 ≤, ≥는 ⟨ , ⟩와 =을 붙여서 ⟨= 또는 ⟩= 와 같이 쓴다. 또한 파이썬에서 등호(=)는 우측에 있는 데이터를 좌측에 할당하는 기호로 사용된다. 그래서 이 기호와 구분하기 위해 같은지를 확인하는 조건 비교 코드는 등호(=) 기호를 두 번 붙여서 == 을 사용한다. 또한, 다른지를 나타내는 ≠ 기호는 != 로 느낌표(!)와 등호(=)를 붙여서 사용하도록 되어 있다.

조건식은 참(파이썬에서는 True라고 표기) 또는 거짓(파이썬에서는 False라고 표기)이라는 값을 생성한다.

```
10 > 1          ────────────── 참(True)
10 == 1         ────────────── 거짓(False)
```

위의 예는 참과 거짓의 개념을 설명하기 위해 임의로 만든 예이고, 실제로는 변수를 사용해서 조건식을 만드는 것이 일반적이다. 즉 변수값에 따라 조건식이 참인지 거짓인지 결정된다.

a>1　──── a가 1보다 큰 값이면 조건식은 참(True), 그렇지 않으면 거짓(False)

```
print (a > 1)
```
—— a가 1보다 큰 값이면 True, 그렇지 않으면 False를 출력

정리하면 조건문은 조건이 참(True)인지 거짓(False)인지에 따라 실행할 코드를 분기하는 방법으로 기본 형식은 다음과 같다.

```
if 조건:
    코드
```

즉, 조건을 비교하여 참이면 코드를 실행하고 거짓이면 수행하지 않는다. 예를 들어 x 변수 값이 3보다 작을 때만 x 값을 출력하는 코드를 작성해 보면 다음과 같다.

```
if x < 3:
    print (x)
```

즉, 만약을 나타내는 if 이후에 스페이스바로 한 칸 띄우고 조건 코드를 넣은 후, 마지막에 ':' 을 붙인다. ':' 표기는 조건문 마지막에 꼭 붙여야 한다. 이어서 if 조건문이 참일 때 실행되는 코드를 기술한다.

그런데 참일 때 수행하는 코드가 여러 개라면? 예를 들어 x 변수 값이 3보다 작을 때에 x 값을 3번 출력하는 코드를 작성하려고 한다면 수행할 명령이 3개나 존재한다. 이럴 때는 다음과 같이 수행할 명령을 동일 간격만큼 띄운 후 기술하면 된다.

```
if x < 3:
    print (x) ┐
    print (x) ├── x가 3보다 작을 때 수행
    print (x) ┘
```

즉, 파이썬에서는 일정 간격을 띄운 후 기술하면 하나의 조건 그룹으로 인정하여 처리하게 된다. 공백을 띄우는 방법은 스페이스바를 여러 번 눌러도 되지만 tab키를 이용하면 편리하다. 즉, 참일 때 수행하는 코드를 tab키를 누른 후 작성하면 동일 간격으로 벌어져 입력하기가 편하다.

```
if x < 3:
tab키 print (x)
tab키 print (x)
tab키 print (x)
```

이해를 돕기 위해 다음 코드가 실행되는 순서를 생각해 보자.

```
if x < 3:
tab키 print ("x value is lower than 3")
print (x)
```

예를 들어 x에 2가 들어있다면 위 코드의 출력 결과는 어떨까? x가 2라면 if 오른쪽에 있는 조건식에서 x<3은 참이 되기 때문에 print ("x value is lower than 3") 코드가 실행된다. 그런데 이후에는 조건문이 참일 때 실행되는 추가적인 코드가 없다. 왜냐하면 더 이상 Tab키를 누른 후에 작성된 코드가 없기 때문이다. 다음에 나오는 print (x)는 조건문 다음 코드일 뿐이다. 따라서 x가 2이면 위 코드는 참이 되어 print ("x value is lower than 3")가 수행되고 조건문을 끝내게 된다.

만약 x에 4가 들어있다면 x<3은 거짓이 되어 if문 이후에 나오는 tab키를 누른 후에 작성된 모든 코드는 실행되지 않는다. 따라서 print ("x value is lower than 3")은 실행되지 않고 조건문 다음 코드인 print (x)만 실행된다.

여기서 한 단계 더 나아가 보자. 앞선 예제에서는 참일 때만 수행하는 조건에 대해 살펴보았는데 참과 거짓일 때 수행을 달리하고 싶을 때는 else문을 이용하여 처리할 수 있다. 예를 들어 x가 3보다 작을 때는 x를 출력하고, 아니면 3을 출력하고 싶을 때 다음과 같이 기술할 수 있다.

```
if x < 3:
tab키| print (x)
else:
tab키| print (3)
```

즉, 기본 조건문에 else문을 추가하여 if 조건이 거짓일 때 실행되는 코드를 넣을 수 있다. 물론 else 다음 라인도 동일하게 tab키를 입력한 후에 작성하면 된다.

그러면 참과 거짓의 2가지 조건이 아니라 조건에 따라 처리해야 할 방향이 3가지라면? 예를 들어 다음과 같은 조건에 따라 처리해야 할 경우는 어떻게 하면 될까?

x가 3보다 작으면 x 값을 출력
x가 3보다 크면 'x value is higher than 3'라는 문자열을 출력
x가 3과 같으면 아무 것도 처리하지 않는다.

이럴 때는 elif문을 이용하여 다음과 같이 작성할 수 있다.

```
if x < 3:
tab키| print (x)
elif x > 3:
tab키| print ("x value is higher than 3")
```

즉, x가 3보다 작으면 x 값을 출력하고, x가 3보다 크면 문자열을 출력하는 코드이다. else와 elif문을 조합할 수도 있는데 다음과 같은 예를 보자.

```
if x < 3:
tab키 print (x)
elif x == 3:
tab키 print (3)
elif x == 4:
tab키 print (4)
else:
tab키 print (5)
```

위 코드는 x 변수에 들어있는 데이터 값이 3보다 작으면 x를 출력하고, 3이면 3을 출력하고, 4면 4를 출력하고, 위 조건이 모두 아니면 5를 출력한다. 즉, else문은 x<3, x== 3, x== 4 조건이 모두 거짓일 때만 실행된다는 점을 유념하자.

여기까지 조건문 사용법을 대략적으로 살펴보았으니 앞서 기술한 계산 코드에 대한 조건 문장만 코드로 변경해 보자.

한글 기술	코드
만약, user_data_opt가 '+' 이면,	if user_data_opt == '+':
만약, user_data_opt가 '−' 이면,	elif user_data_opt == '−':
만약, user_data_opt가 '*' 이면,	elif user_data_opt == '*':
만약, user_data_opt가 '/' 이면,	elif user_data_opt == '/':

맨 처음 조건문에만 if를 사용했고, 나머지 조건들은 elif를 사용해서 다른 조건들을 확인한 후 그에 알맞는 코드를 실행할 수 있도록 하였다. 이제 전체 계산 코드를 작성해 보자. 이후부터는 가독성을 높이기 위해 별도로 tab키는 표시하

지 않고 tab키를 입력한 만큼 각 라인 시작 위치만 변경(이를 들여쓰기라고 부른다) 하였으니 참고하기 바란다.

```python
if user_data_opt == '+':
    use_data_total = int(user_data1) + int(user_data2)
elif user_data_opt == '-':
    use_data_total = int(user_data1) - int(user_data2)
elif user_data_opt == '*':
    use_data_total = int(user_data1) * int(user_data2)
elif user_data_opt == '/':
    use_data_total = int(user_data1) / int(user_data2)
```

조건문을 사용해서 계산 단계 문제를 해결했다. 출력 단계는 간단하다. use_data_total 데이터 값만 출력하면 된다.

```python
print (use_data_total)
```

이상으로 모든 단계를 정리하여 완성된 코드는 다음과 같다.

```python
user_data1 = input()
user_data2 = input()
user_data_opt = input()


if user_data_opt == '+':
    use_data_total = int(user_data1) + int(user_data2)
elif user_data_opt == '-':
    use_data_total = int(user_data1) - int(user_data2)
```

```
elif user_data_opt == '*':

    use_data_total = int(user_data1) * int(user_data2)

elif user_data_opt == '/':

    use_data_total = int(user_data1) / int(user_data2)


print (use_data_total)
```

이상으로 두 숫자와 계산 기호를 입력받아서 두 숫자를 계산한 값을 출력하는 프로그램을 만들어 보았다. 간단한 코드이지만 일종의 간단한 계산기를 만든 셈이다. 이 프로그램을 만들면서 우리는 다음과 같은 세 가지 방식도 배워보았다.

1. 프로그램을 세부 단계로 문제를 나누고 각 문제를 해결해가는 방식
2. 코드를 이해하기 쉽도록 주석을 다는 방법
3. 조건문을 사용하는 방법

이제 배운 내용을 생각하면서 다음 연습 문제를 직접 풀어보자.

• **연습 문제 1** : 두 숫자와 계산 기호를 입력받아서 두 숫자를 계산한 값을 출력하는 프로그램을 만들자.
  ▷세부 조건 1 : 계산 기호는 +, −, *, /, %로 한다.
  ▷세부 조건 2 : %는 두 숫자를 나눈 나머지 값을 계산한다.

• **연습 문제 2** : 두 숫자와 계산 기호를 입력받아서 두 숫자를 계산한 값을 출력하는 프로그램을 만들자.
  ▷세부 조건 1 : 계산 기호는 +, −, *, /, %로 한다.
  ▷세부 조건 2 : %는 두 숫자를 나눈 나머지 값을 계산한다.
  ▷세부 조건 3 : 계산 기호가 위 다섯 가지 기호가 아니면 계산 결과 대신에 'Not supported symbol'을 출력한다.

✱ 반복문을 사용해 보자

이번 장에서는 반복문의 개념에 대해 알아보기로 하자. 반복문이란 동일한 코드를 여러 번 반복하는 구문이다. 이를 위해 앞서 작성해 보았던 조건문을 사용한 문제를 더 개선해 보기로 한다.

두 숫자와 계산 기호를 세 번 입력받아서 각각 두 숫자를 계산한 값을 출력하는 프로그램을 만들어보자. 단, 계산 기호는 +, −, *, / 만 지원한다.

앞서 살펴본 조건문 예제와 동일한 내용에 대해 입력과 계산을 세 번 하도록 되어 있다. 즉, 입력, 계산, 출력 코드를 세 번 반복 실행해야 한다. 이 문제를 풀기 위해 반복 구문에 대해 살펴보기로 하자.

```
for 변수 in 순서형 자료:
    코드1
    코드2
```

for문이 반복문으로 반복할 코드는 조건문과 마찬가지로 tab키를 넣은 후에 작성하면 된다. 물론, 수행할 코드가 여러 개인 경우는 각 코드마다 tab을 넣어주면 된다. for문 뒤에 사용되는 변수와 순서형 자료는 다음 예를 통해 살펴보자.

```
for num in range(3):
    print (num)
```

먼저, 순서형 자료를 넣기 위해서는 보통 range( ) 함수를 사용한다. range( ) 함수 사용법은 괄호 안에 숫자 값을 넣어주면 0부터 입력된 숫자 −1 만큼 숫자 데이터를 만들어준다. 따라서 range(3)이면 0, 1, 2의 순서형 자료가 만들어진다. 이와같이 순서가 있는 데이터 묶음을 순서형 자료라고 이야기한다.

그런 다음 for문 뒤에 있는 변수에 순서형 자료에 나오는 데이터가 차례대로 입력되면서 코드가 실행되다가 순서형 자료에 모든 데이터가 변수에 입력되면 반복문이 종료된다.

반복할 코드는 if문과 마찬가지로 Tab키를 누른 후에 작성되어야 하며 여러 코드 라인이 될 수 있다. 위 예에서는 range(3)을 통해 순서형 자료 0, 1, 2가 만들어지므로 for문 다음에 나오는 num 변수에 0이 입력된 후 반복할 코드인 print (num) 코드가 실행된다. 이어서 num 변수에 1, 2가 차례대로 입력되면서 동일하게 print (num)가 실행된다. 결괏값은 연속해서 3번이 수행되어 다음과 같다.

```
0
1
2
```

이제 간단하게 for문 사용 방법에 대해 살펴보았으니 위 문제에 적용해 보자. 일단 주어진 문제를 분석하여 세부 기능으로 나누어보면 다음과 같다.

다음 작업을 세 번 수행한다.
1) 두 숫자와 계산 기호를 입력 받는다(데이터 타입 주의).
2) 두 숫자를 계산 기호에 따라 계산한다.
3) 계산 값을 출력한다.

1~3)번까지는 앞서 조건문에서 작성했던 문제와 동일하다. 다만 이 과정을 세 번 반복한다는 부분만 다르다. 그러므로 이를 코드로 작성하면 다음과 같이 반복문만 붙이면 된다.

```
for temp_data in range(3):
    user_data1 = input()
    user_data2 = input()
```

```
user_data_opt = input()
if user_data_opt == '+':
        use_data_total = int(user_data1) + int(user_data2)
elif user_data_opt == '-':
        use_data_total = int(user_data1) - int(user_data2)
elif user_data_opt == '*':
        use_data_total = int(user_data1) * int(user_data2)
elif user_data_opt == '/':
        use_data_total = int(user_data1) / int(user_data2)

print (use_data_total)
```

temp_data에 range(3) 함수로 만들어진 0, 1, 2 값을 연속적으로 받으면서 전체 코드가 세 번 반복하도록 했다. 단, 주의할 것은 전체 코드를 for문으로 3번 반복해야 하므로, 모두 tab키를 사용하여 동일하게 간격을 띄워야 한다.

마찬가지로 주의할 점은 for문 안에 있는 if문을 위한 코드는 탭이 두 번 들어갔다는 점이다. 즉 if문 자체는 for문에 반복될 코드이기 때문에 tab키가 입력되었지만 if 조건이 맞을 경우 실행되는 코드는 tab키가 한 번 더 필요하기 때문이다. 만약 tab키를 잘못 넣어주면 예상과 다르게 실행될 수 있으므로 주의하자.

파이썬에서는 반복문으로 for문 이외에 while문이라는 또다른 구문을 제공하고 있는데 이를 알아보기 위해 문제를 변경해 보자.

다음 조건에 맞게 두 숫자와 계산 기호를 입력받아서 두 숫자를 계산한 값을 출력하는 프로그램을 만들어보기로 하자(계산 기호는 +, −, *, / 만 지원한다).

▷세부 조건 1 : +, −, *, / 기호가 입력되면 계산 결과를 출력하고 다시 두 숫자와 계산 기호를 입력받는다.

▷세부 조건 2 : +, −, *, / 기호가 아닌 데이터 입력 시에는 exit를 출력하고 프로그램을 종료한다.

문제가 다소 복잡한 것 같지만 간단히 설명하면 +, −, *, / 계산 기호가 입력되면 그에 관련된 연산을 수행하다가 +, −, *, / 기호를 제외한 문자가 입력되면 exit라고 출력하면서 프로그램을 종료하라는 의미이다.

입력된 계산 기호가 +, −, *, / 일 때만 다음 과정을 반복한다.
1) 두 숫자와 계산 기호를 입력 받는다(데이터 타입 주의).
2) 두 숫자를 계산 기호에 따라 계산한다.
3) 계산값을 출력한다.

다시 말하지만 이전 코드와 다른 점은 계산 기호가 + 또는 − 또는 * 또는 / 일 때만 계속 반복한다는 점이다. 이제 조건에 따라 코드를 계속 반복할 수 있는 while문에 대해 알아보자.

```
while 조건:
    코드1
    코드2
```

while문은 조건이 참일 동안에 코드를 계속 수행하다가 거짓이 되면 조건을 수행하지 않고 다음 문으로 빠져나오게 된다. 물론 이 구문에서도 반복될 코드가 여러 라인인 경우는 while문 내에서 반복되는 코드임을 알려주기 위해 반드시 tab키로 동일하게 간격을 띄워줘야 한다.

그러면 while문을 활용해서 문제를 풀어보자. 우선 while문에 들어갈 조건을 만들어야 한다.

```
user_data_opt == '+'
```

위 구문은 user_data_opt 데이터 값이 문자 '+' 이면 참이 된다. 하지만, user_data_opt 데이터 값이 '+' 뿐만 아니라 '−', '*', '/' 일 때에도 참이어야 한다. 즉 여러 조건이 참이어야 하므로 다음과 같은 논리 연산자를 사용해야 한다.

논리 연산자	설명
x and y	x와 y 모두 참일 때만 참이다.
x or y	x와 y 중 하나 이상 참이면 참이다.
not x	x가 거짓일 때만 참이다.

and는 두 조건이 모두 참일 때만 참이고 어느 하나라도 거짓이면 거짓이 된다. or는 두 조건 중에 하나 이상이 참이면 참이다. not은 조건이 거짓일 때 반대로 참이 된다. 따라서 이 문제에서는 다음과 같이 or 연산자를 사용하면 원하는 조건을 만들 수 있다.

```
user_data_opt == '+' or user_data_opt == '-' or user_data_opt == '*' or user_data_opt == '/'
```

이제 위 조건을 while문에 적용해서 문제를 풀어보자.

```
      ①
while user_data_opt == '+' or user_data_opt == '-' or
user_data_opt == '*' or user_data_opt == '/':
    user_data1 = input()
    user_data2 = input()
    user_data_opt = input()    ------------ ②


    if user_data_opt == '+':
            use_data_total = int(user_data1) + int(user_data2)
    elif user_data_opt == '-':
            use_data_total = int(user_data1) - int(user_data2)
    elif user_data_opt == '*':
            use_data_total = int(user_data1) * int(user_data2)
    elif user_data_opt == '/':
            use_data_total = int(user_data1) / int(user_data2)


    print (use_data_total)
```

이 코드는 user_data_opt 데이터 값이 네 가지 사칙 연산중 하나이면 전체 코드를 반복 실행한다. 하지만 한 가지 문제가 보인다.

- 맨 처음에 실행할 때에는 ②번에서 변수 값을 받기 전에 ①번에서 user_data_opt 변수를 비교함에 따라 user_data_opt 변수에 어떠한 값이 들어있는지 알 수 없다. 따라서 user_data_opt 변수에 *, /, +, - 이외의 문자가 들어있는 경우 거짓이 되어 바로 while문을 벗어나게 된다.

- user_data_opt에 값이 입력되어서 while 조건문을 참으로 만들었다 해도 바로 user_

data1, user_data2, user_data_opt 값을 다시 입력받게 된다.

이러한 문제는 while문 앞에 user_data1, user_data2, user_data_opt를 입력받는 코드를 넣어주고, while 안에서 실행되는 코드를 모두 수행한 후 마지막에 다시 한 번 입력 단계 코드를 넣어주면 해결된다. 수정된 코드는 다음과 같다.

```
user_data1 = input()
user_data2 = input()
user_data_opt = input()


while user_data_opt == '+' or user_data_opt == '-' or
user_data_opt == '*' or user_data_opt == '/':
    if user_data_opt == '+':
            use_data_total = int(user_data1) + int(user_data2)
    elif user_data_opt == '-':
            use_data_total = int(user_data1) - int(user_data2)
    elif user_data_opt == '*':
            use_data_total = int(user_data1) * int(user_data2)
    elif user_data_opt == '/':
            use_data_total = int(user_data1) / int(user_data2)

    print (use_data_total)

    user_data1 = input()
    user_data2 = input()
    user_data_opt = input()
```

이상으로 반복문과 논리 연산자를 사용하는 방법을 배워 보았다. 지금까지 변수, 조건문, 반복문 및 몇 가지 함수를 살펴보았는데 정돈하면 문제를 해결하기 위한 코드를 작성할 때 다음과 같은 과정을 거쳤다.

1) 문제를 분석해서 세부 문제로 나누고,
2) 변수, 조건문, 반복문, 일부 함수 등을 사용해서 코드를 실행하여 문제를 해결한다.

지금까지 프로그래밍의 핵심적인 부분 중에서도 가장 중요한 부분을 배웠다. 연습 문제를 꼭 직접 작성해서 확실하게 변수, 조건문, 반복문을 익혀놓은 다음 다음 장으로 넘어가기 바란다. 다음 장부터는 위 세가지 구문이 자주 등장하므로 세가지 구문에 익숙하지 않으면 학습이 어렵다.

- **연습 문제 1** : 두 숫자와 계산 기호를 열 번 입력받아서 각각 두 숫자를 계산한 값을 출력하는 프로그램을 만들자. 계산 기호는 +, −, *, /, % 만 지원한다.
  ▷세부 조건 1 : %는 두 숫자를 나눈 나머지 값이다.

- **연습 문제 2** : 두 숫자와 계산 기호를 입력받아서 두 숫자를 계산한 값을 출력하는 프로그램을 만들자.
  ▷세부 조건 1 : 계산 기호는 +, −, *, /, %로 한다.
  ▷세부 조건 2 : %는 두 숫자를 나눈 나머지 값이다.
  ▷세부 조건 3 : 계산 기호가 위 다섯 가지 기호가 아니면 계산 결과 대신에 Not supported symbol을 출력하고, 프로그램을 종료한다.
  ▷세부 조건 4 : 위 네 가지 계산 기호이면 계산 결과 출력 후 다시 새로운 두 숫자와 계산 기호를 입력받는다.

- **연습 문제 3** : 거북이 모듈(turtle module)을 사용해서 다음 그림을 그려보자.
  ▷세부 조건 1 : 반복문을 활용하여 20도씩 왼쪽으로 기울면서 사각형을 그린다. 360도가 될 때까지 18번 그린다.

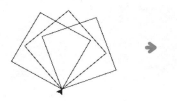
사각형을 세 번 그렸을 때

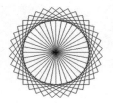
360도가 될 때까지 그렸을 때

• **연습 문제 4** : 구구단을 출력하는 프로그램을 작성하자.

  ▷세부 조건 1 : 2단부터 9단까지 출력한다. 출력 예는 다음과 같다.

```
2 * 1 = 2
2 * 2 = 4
   …
```

◖힌트◗

range(n): 0부터 n−1까지 1씩 증가하는 데이터 반환

range(m, n): m부터 n−1까지 1씩 증가하는 데이터 반환

range(m, n, s): m부터 n−1까지 s만큼 증가하는 데이터 반환

변수와 문자를 연이어 한 줄에 출력하려면 print 함수 내에 컴마를 사용하여 넣으면 된다. 예를 들어 m과 n이 변수일 때 다음과 같이 데이터 값을 출력하고 싶다면,

```
2 * 1 = 2
2 * 2 = 4
```

print (m, "*", n, "=", m * n) 형태로 작업하면 된다.

• **연습 문제 5** : 화면에 '*' 와 '+' 문자로 20 * 20 정사각형을 그려보자.

  ▷세부 조건 1 : 단, 홀수 줄에는 *로, 짝수 줄에는 +로 그리자.

3 파이썬 주요 사용법을 배워 보자

★ 파이썬 설치하기

1, 2장을 통해 기본적인 명령 및 간단한 프로그램을 만들어 보았으니 본격적으로 파이썬 프로그래밍을 하기 위해 PC에 파이썬 프로그램을 설치해 보자. 프로그래밍 언어별로 개발자들이 많이 사용하는 프로그램이 존재한다. 보통 데이터 분야는 주피터 노트북 프로그램을 많이 사용하고, 개발 분야는 파이참(PyCharm)이라는 프로그램을 많이 사용한다. 데이터 분야란 데이터 분석과 인공지능과 같은 분야를 의미하고, 개발 분야는 PC에서 실행되는 프로그램이나 웹사이트 구축 등을 의미한다.

실제 사용되는 프로그램을 경험하고, 조금 더 IT 기술에 대한 배경 지식을 이해하기 위해, 본 장에서는 파이참(PyCharm) 사용법을 설명하기로 한다. 프로그래밍 언어를 자신의 PC에서 사용하기 위해서는 앞서 이야기한대로 다음과 같이 두 가지 프로그램을 설치해야 한다.

- 컴파일러
- 프로그래밍 에디터

컴파일러는 프로그래밍 언어로 작성된 코드를 컴퓨터가 이해할 수 있는 기계어로 변환하는 작업을 수행한다. 컴파일러가 없으면 코드는 실행될 수 없다. 1, 2장에서 파이썬 코드를 실행할 수 있었던 이유는 아나콘다(Anaconda) 프로그램에 파이썬 컴파일러가 포함되어 있기 때문이다.

프로그래밍 에디터는 보통 코드 작성 기능 이외에 코드 상에 에러가 있을 때 이를 보다 쉽게 파악할 수 있도록 도와주는 디버깅 툴과 같은 기능이 추가되어 있다. 그래서 에디터라는 용어와 함께 통합 개발 환경(Integrated Development Environment)이라는 용어, 즉 IDE라고도 부른다.

아나콘다(Anaconda) 프로그램 외에 실제 파이썬 컴파일러만 설치할 수도 있다. 파이썬 컴파일러 공식 홈페이지는 www.python.org이다. Downloads 메뉴에서 파이썬 컴파일러를 PC 환경에 맞추어 다운로드 받으면 된다(우리는 아나콘다 프로그램 설치를 통해, 파이썬 컴파일러를 2장에서 이미 설치했으므로, 여기서는 다운받지 말고 그냥 눈으로 읽어보기 바란다). 프로그램은 한 번 작성된 후에도 계속 개선되는 경향이 있다. 하나 알아둘 것은 하나의 프로그램이 개발되어 공표되면 지속적으로 기능 등을 보완하면서 개선된 프로그램이 다시 발표되게 된다. 따라서 이전 프로그램과 구별하는 표기가 필요한데 이를 버전이라고 한다. 일반적으로 버전 번호가 높으면 이전 프로그램에 비해 더 최근에 개발되었다고 생각하면 된다. 다운받을 때에는 최근에 개발된 버전이 이전 버전보다 개선되어 있기 때문에 가장 최근 버전을 사용하면 된다.

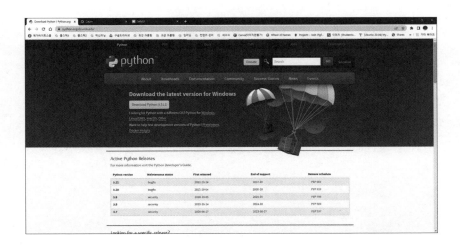

파이썬은 컴파일러에서 제공하는 기본 기능 이외에 다양한 확장 기능이 존재한다. 각 기능들은 한 회사가 아닌 여러 단체에서 만들고 있으며, 필요한 확장 기능을 설치하기 위한 방법을 별도로 제공한다. 이것이 파이썬이 강력한 프로그래밍 언어인 이유 중 하나이다. 그러나, 처음 개발을 시작한다면 굳이 확장 기능을 필요할 때마다 설치하기보다는 가장 많이 쓰이는 확장 기능들을 한데 묶은 파이썬 컴파일러 패키지를 한 번에 설치하는 편이 더 좋다. 우리가 파이썬 컴파일러 대신, 아나콘다(Anaconda) 프로그램을 설치한 이유가 바로 이것이다. 아나콘다 프로그램은 파이썬 컴파일러에 많이 사용되는 확장 기능, 그리고 주피터 노트북과 같은 개발을 돕는 프로그램까지 모두 제공한다.

이제부터는 실제 프로그래머가 사용하는 파이썬 개발 환경(IDE) 프로그램을 설치해 보자. 앞서 설명한대로, 다양한 개발 환경 프로그램이 있지만 이중에서 가장 많이 사용하는 개발 환경은 PyCharm이라는 프로그램이다. 개발 환경 프로그램의 가장 주요한 기능은 프로그램을 작성하는 기능이기 때문에 이 책에서는 간단히 에디터라고 부르기로 한다. 이제 PyCharm 에디터를 설치해보자.

① 웹브라우저를 실행하고 www.jetbrains.com/pycharm/를 접속한다.
   Community 메뉴에 있는 [DOWNLOAD] 버튼을 누르고 프로그램을 다운로드 받는다.

	PyCharm Professional Edition	PyCharm Community Edition
Intelligent Python editor	✓	✓
Graphical debugger and test runner	✓	✓
Navigation and Refactorings	✓	✓
Code inspections	✓	✓
VCS support	✓	✓
Scientific tools	✓	✓
Web development	✓	
Python web frameworks	✓	
Python Profiler	✓	
Remote development capabilities	✓	
Database & SQL support	✓	

② 다운로드가 끝나면 프로그램을 실행하고 [Next] 버튼을 눌러 다음 순서대로
진행한다.

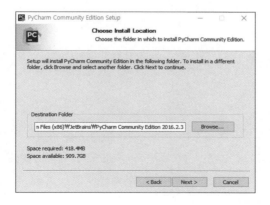

③ [Next] 버튼을 누른다.

④ 파이썬으로 작성하는 프로그램은 보통 파일명.py로 저장된다. 그래서 .py로 끝나는 파일을 실행하면 PyCharm 프로그램이 자동으로 띄워지도록 .py 체크 박스를 체크한 후에 [Next] 버튼을 누른다.

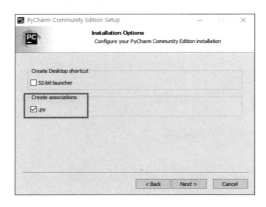

⑤ [Install] 버튼을 눌러 설치를 시작한다.

설치가 끝나면 프로그램에서 JetBrains 또는 PyCharm을 찾아서 실행하면 된다.

✱ PyCharm 에디터 익숙해지기

컴파일러와 개발 환경을 설치한 후에는 개발 환경 사용 방법을 익혀야 한다. 다음 사용법을 따라서 PyCharm 에디터를 사용해 보고 마지막에 Hello를 출력해 보자.

PyCharm을 처음 실행하면 화면 모양을 선택하는 화면이 나오고 [OK] 버튼을 누르고 넘어가면 다음 화면이 나온다. [Create New Project]를 누른다. 처음 파이썬 프로그램을 PyCharm 에서 작성할 때에는 우선 프로젝트를 만들어야 한다. 프로그램은 규모가 커지면 코드를 여러 파일에 나눠서 작성하고, 이를 프로젝트 명으로 관리하는데 Create New Project란 새로운 프로젝트를 만든다는 의미이다.

다음 화면처럼 프로젝트 위치를 Location 메뉴에서 정할 수 있다. 미리 만들어 놓은 C 드라이브의 dev_python 디렉토리 안에 hello_project라는 이름으로 프로젝트 명을 만들자. 컴파일러도 Interpreter 메뉴에서 정할 수 있는데 우리는 Anaconda를 dev_python 디렉토리 안에 설치하였으므로 C:\dev_python\python.exe를 선택하자.

그런 다음 아래에 있는 [Create] 버튼을 눌러 다음으로 넘어간다. Create는 해당 프로젝트 명으로 설정한 컴파일러를 사용하는 프로젝트를 만든다는 의미이다.

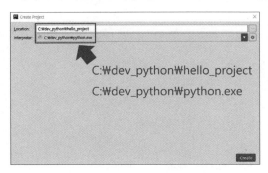

가운데에 나오는 화면은 개발 환경을 익히는데 필요한 기능들을 알려주는 화면
으로 [Close] 버튼을 눌러 닫아준다.

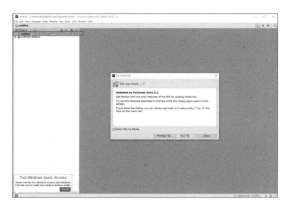

처음에는 회색 화면만 나온다. C:\dev_python 디렉토리 안에 hello_project라
는 프로젝트 이름으로 디렉토리가 만들어진 상태이다. 최상단 메뉴 중 가장 왼
쪽에 있는 [File] 메뉴를 누른 다음 [New]-[Python File] 메뉴를 누른다.

[File]-[New]-[Python File] 메뉴는 해당 프로젝트 안에 새로운 파이썬 파일
을 만드는 명령이다. 예를 들어 파일 이름을 hello로 정하면 hello.py이라는 파
일명으로 hello_project 프로젝트 안에 파일이 만들어진다. '.py'는 파이썬 코드
가 들어있는 파일의 확장자이다. 해당 파일을 오픈하려면 프로젝트 화면 왼쪽
에 있는 [▶ hello _project]에서 ▶를 마우스로 클릭하면 해당 프로젝트에 들어
있는 파일들이 나타난다.

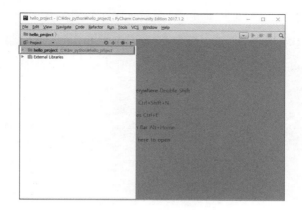

hello.py를 다시 한 번 마우스로 클릭하면 오른쪽 화면에 hello.py 파일 내용이 오
픈된다. 현재는 해당 파일을 생성만 했기 때문에 아무런 내용이 나오지는 않는다.
하지만 오른쪽 화면 상단의 탭을 보면 hello.py 파일을 오픈하고 있음을 확인할 수
있다.

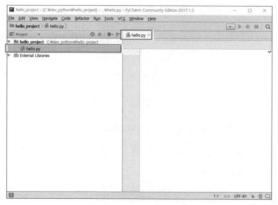

오른쪽 화면에 코드를 작성하면 자동으로 hello.py 파일에 코드가 작성된다. 특
이한 점은 코드를 작성한 후 별도로 저장을 하지 않아도 실시간으로 코드가 저
장된다는 점이다. 이제 다음 코드를 넣어보자.

```
print ("Hello")
```

코드를 다 작성한 후 왼쪽 프로젝트 화면에 있는 hello.py를 마우스로 오른쪽 클릭해서 나타난 메뉴 중에 Run 'hello'를 선택하면 pycharm 에디터 하단부에 Hello가 출력될 것이다. 출력이 되었다면 작성한 코드에 대해 컴파일해서 프로그램이 실행된 것이다.

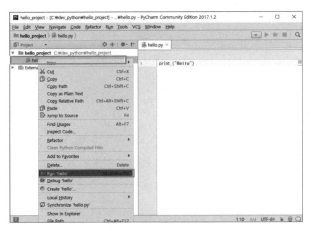

여기까지가 PC에서 파이썬을 사용하기 위한 준비 작업이다. 설치가 완료되었으니 다음 장부터는 본격적으로 파이썬을 익혀보기로 한다.

pycharm 작업이 불편한 경우

처음 pycharm을 사용하면 사용법을 익히는데 굉장히 힘이 들 수 있다. 심지어 처음 pycharm을 실행하면 PC 환경에 따라 폰트 크기가 작아서 작성한 코드가 잘 안보일 수도 있다. 당황하지 말고 인터넷으로 직접 찾아보면서 기본 사용법을 하나씩 익히자. 예를 들어 간단하게 'pycharm 폰트' 정도만 쳐도 폰트 크기를 바꾸는 방법을 찾을 수 있다.

프로그래밍을 하다보면 다양한 문제들을 만나게 되는데 이때마다 책에 의존하기 어려울 때가 많다. 그래서 전문적으로 프로그래밍을 하는 프로그래머일수록 인터넷 검색에도 익숙하다. 인터넷 검색도 프로그래밍 작업의 일부분으로 생각하고 익숙하도록 노력하자.

✸ 데이터 구조 다루기

지금까지 변수, 조건문, 반복문 사용법을 익히고 연습 문제를 통해 연습을 하였다. 다음 단계는 알고리즘 작성에 필요한 다양한 데이터를 다루는 방법을 살펴볼 차례이다. 예를 들어 한 반에 10명인 학생의 번호를 저장하려 한다면 10개의 변수가 필요하다. 그런데 전교생이 500명인 학교라고 하면 학번을 변수에 저장하려는 경우 500개의 변수가 필요하게 될터인데 일일이 변수 이름을 지정하는 것도 힘들 뿐 아니라 끔찍한 작업이 아닐 수 없다.

이와 같이 연관된 데이터는 좀 더 효과적이고 일관된 방법을 사용하는 것이 좋으며, 이런 방법을 컴퓨터 용어로는 데이터 구조 또는 자료 구조라고 한다. 파이썬은 다행히 연관된 데이터를 쉽게 다룰 수 있도록 편리한 문법을 제공하고 있다. 이번 장에서는 파이썬의 데이터 구조에 대해 알아보자.
일단, 데이터는 기본적으로 다음과 같은 네 가지 처리 유형으로 나누어볼 수 있다.

---

① 데이터 생성

② 데이터 읽기

③ 데이터 추가

④ 데이터 수정과 삭제

파이썬에서는 연관된 데이터를 다루기 위한 특별한 데이터 타입(리스트, 튜플, 딕셔너리, 집합)을 제공한다.

리스트 (List)
리스트는 순서대로 나열된 데이터를 다루는데 유용한 데이터 타입이다.

1) 리스트 데이터 생성
리스트 데이터를 만들고 싶을 때는 다음과 같이 리스트 변수를 선언하면 된다.

리스트 변수는 대괄호를 사용하고, 대괄호 안에 연관된 데이터를 순서대로 콤머(,)로 분리해서 넣으면 된다.

리스트 변수명 = [데이터1, 데이터2, ...]

예 drink_name = ["cola", "milk", "juice", "water", "sprite"]

리스트 변수를 선언하면 그림과 같이 컴퓨터 내부에 데이터가 저장된다. 전체 데이터가 drink_name이라는 리스트 변수 안에 들어가고 각 데이터는 인덱스라고 하는 번호가 매겨진다. 인덱스 번호는 0번부터 순차적으로 매겨지고 리스트 변수와 인덱스 번호를 알면 각 개별 데이터를 읽을 수 있다. 이 부분은 '2) 리스트 데이터 읽기'에서 좀더 자세하게 설명하기로 한다.

위와 같이 리스트 변수를 선언하기 위해서는 사전에 리스트 변수에 넣을 데이터가 준비되어 있어야 한다. 만약 미리 리스트 변수를 만들어놓고 필요할 때 데이터를 넣으려면 다음과 같이 list( ) 라는 함수를 사용하여 선언하면 된다.

리스트 변수명 = list( )

또는 단순히 '리스트 변수명 = [ ]'와 같이 빈 대괄호를 사용하는 방법도 있지만 list( ) 함수를 사용하는 방식이 더 권장되고 있다.

2) 리스트 데이터 읽기

리스트 변수에 저장된 데이터는 다음 방법으로 읽을 수 있다.

리스트 변수명[인덱스]

예

drink_price = [1000, 1500, 2000, 900, 1000]
print (drink_price[0])

리스트 데이터를 위 예와 같이 생성하면 인덱스 0번부터 다음과 같이 순차적으로 데이터 인덱스가 만들어지고, 대괄호로 인덱스 번호를 넣어주면 해당 데이터를 읽을 수 있다. 따라서 drink_price[0]인 1000이 출력된다.

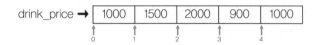

다음과 같은 경우는 반복문을 이용한 상태의 예이다.

```
drink_name = ["cola", "milk", "juice", "water", "sprite"]
for name_num in range(5):
    print (drink_name[name_num])
```

for문에 의해 name_num이 0~4까지 차례대로 변하면서 출력이 이루어진다.

```
cola        ---------- drink_name[0] 출력
milk        ---------- drink_name[1] 출력
```

```
juice          ──────── drink_name[2] 출력
water          ──────── drink_name[3] 출력
sprite         ──────── drink_name[4] 출력
```

또 다른 방법으로는 다음과 같이 리스트명만 기술하면 일일이 for문을 사용할 필요 없이 전체 데이터를 출력할 수 있다.

```
print (drink_name)
```

3) 리스트 데이터 추가

리스트 변수.append( ) 함수를 사용하면 빈 리스트에 데이터를 추가할 수 있다.

리스트 변수.append ( ) : 괄호 안에 리스트에 추가할 데이터를 넣는다.

이 함수를 사용하려면 사전에 리스트 변수가 만들어져 있어야 한다. 즉, 다음 예와 같이 리스트 변수를 만들 때 list( ) 함수로 빈 리스트를 선언한 후에 append( ) 함수를 사용하여 데이터를 추가하면 된다.

```
drink_name = list[]
drink_name.append("cola")
drink_name.append("milk")
print (drink_name)
```

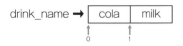

append를 사용하여 추가된 데이터는 추가되는 순서에 따라 인덱스 값이 정해

진다. 여기서는 빈 리스트에 추가되었기 때문에, 처음에 추가한 cola가 drink_name[0], 다음에 추가한 milk 가 drink_name[1]이 된다.

클래스와 객체

파이썬은 객체 지향 프로그래밍이라는 기법을 사용한다. 객체 지향 프로그래밍이란 모든 데이터를 객체로 취급하여 객체 단위로 모든 처리를 기술하는 프로그래밍 기법을 말하는데 무슨 뜻인가는 나중에 설명하기로 하고 일단 여기서는 클래스와 객체의 차이점에 대해서만 알아두자. 간단하게 말해 클래스는 일종의 틀과 같은 것이고, 객체는 그 틀로 만들어진 실체를 말한다.

예를 들어, 스마트폰 공장에서 미리 작성된 설계도에 의해 스마트폰이 만들어진다. 각각의 스마트폰은 동일한 설계도에 의해 만들어졌지만, 각 스마트폰 자체는 독립된 물건이다. 이때 스마트폰 설계도를 클래스라 하고, 만들어진 스마트폰을 객체라고 할 수 있다. 파이썬은 객체 방식이기 때문에 특정한 객체가 가지는 기능을 사용한다는 의미로 '객체.함수( )' 방식으로 함수를 호출할 수 있다.

'스마트폰1'   '스마트폰2'   '스마트폰3'   '스마트폰4'

리스트 변수.append( )도 이와 같은 방식으로 사용된다. 이와 같이 파이썬은 내부적으로는 모든 기능을 객체로 다룬다. 리스트 변수도 일종의 객체이고, 각 리스트 객체마다 미리 설계된 append( ) 함수를 제공한다. 따라서 앞으로도 '변수.함수' 형식이 많이 나오기 때문에 잘 알아두기 바란다.

4) 리스트 데이터 수정과 삭제

리스트 데이터는 인덱스를 활용해서 수정 또는 삭제가 가능하다.

리스트 변수[인덱스] = 데이터

del 리스트 변수[인덱스]

예를 들어, 다음과 같은 프로그램을 보면

```
drink_name = ["cola", "milk", "juice", "water", "sprite"]
print (drink_name)
drink_name[0] = "orange juice"
print (drink_name)
del drink_name[4]
print (drink_name)
```

drink_name[0]과 같이 특정 인덱스만 수정할 수 있다. 또한, del 명령도 동일하게 리스트 데이터를 삭제하는 구문이다. 인덱스 관련 내용은 추가 내용에 좀 더 세세히 기술하였으니 참고하자.

따라서 위 프로그램 실행 결과 다음과 같이 출력이 이루어진다.

```
["cola", "milk", "juice", "water", "sprite"]
["orange juice", "milk", "juice", "water", "sprite"]
["orange juice", "milk", "juice", "water"]
```

리스트의 원리

리스트 데이터를 가리키는 리스트 변수는 여러 개 만들 수도 있다.

```
drink_name = [ ]
drink_name.append("cola")
drink_name.append("milk")
drink_name2 = drink_name          ──────── ①
drink_name2[0] = "water"          ──────── ②
print (drink_name)                ──────── ③
print (drink_name2)               ──────── ④
```

①번 문에 의해 drink_name2는 drink_name이 가리키고 있는 리스트 데이터와 동일한 위치를 가지게 된다.

따라서 drink_name2의 리스트 데이터 값을 바꾸면 drink_name 리스트 데이터도 동일하게 변경된다. 예를 들어, 위 코드에서 ②번 문에 의해 drink_name[0]의 내용도 'water'가 된다. 한 곳을 가리키는 명칭이 두개가 되는 셈이다.

그래서 위 코드를 실행하면 ③, ④번 문에 의해 다음과 같이 drink_name과 drink_name2는 동일하게 출력이 된다.

```
['water', 'milk']
['water', 'milk']
```

리스트의 각 항목을 구분하기 위해 순서마다 인덱스가 설정되어 있으며, 인덱스는 0번부터 시작하여 하나씩 증가하도록 되어 있다고 했었다.

drink_name = ["cola", "milk", "juice", "water", "sprite"]

drink_name →	cola	milk	juice	water	sprite
	0	1	2	3	4

그런데 파이썬에서는 음수로도 인덱스를 사용할 수 있다. 즉, 아래 그림에서 보다시피 음수 인덱스는 오른쪽부터 시작하여 −1부터 증가하는 값을 표현된다.

drink_name →	cola	milk	juice	water	sprite
	0	1	2	3	4
	−5	−4	−3	−2	−1

따라서 drink_name[−1]은 "sprite"가 되고, drink_name[−2]는 "water"가 된다. 이와 같이 리스트 항목은 인덱스를 사용해서 역순으로도 접근이 가능하다.
또한, 리스트 변수 데이터 일부만을 다른 리스트 변수에 넣을 수도 있다.

drink_name = ["cola", "milk", "juice", "water", "sprite"]
drink_name2 = drink_name[1 : 4]

drink_name2 →	milk	juice	water
	0	1	2

위 코드를 실행하면 맨 처음 인덱스부터 마지막 인덱스−1 까지의 일부 리스트 데이터를 가리킬 수 있다. 따라서 drink_name2는 인덱스 1인 "milk"에서 부터 4 − 1, 즉 인덱스 3인 "water"까지 데이터가 입력된다. 또한, 일정 인덱스부터 마지막까지, 또는 맨 처음부터 일정 인덱스까지 표기하고 싶을 때는 [1:] [:4]와 같이 공란으로 두면 된다.

튜플 (Tuple)

파이썬에서는 튜플이라는 특수한 자료형을 제공하고 있는데 튜플 역시 리스트처럼 다양한 종류의 자료를 저장하는 데이터 집합의 방식이다. 튜플이 리스트와 다른 점은 리스트는 그 안의 항목을 변경하는 것이 가능하지만 튜플은 읽기만 할 뿐 항목을 변경할 수 없다는 것이다. 따라서 리스트에 비해 속도는 다소 빠르다고 볼 수 있으며, 또하나 차이점은 리스트는 만들 때 대괄호([ ])를 사용하지만 튜플은 소괄호(( ))를 사용하고 있다.

1) 튜플 데이터 생성

튜플 변수는 소괄호를 사용하여 다음과 같이 두 가지 방식으로 만들 수 있다. 보다시피 기술 방식은 리스트 변수와 동일하고 대괄호 대신에 소괄호를 사용한다는 점만 틀리다.

```
튜플 변수명 = tuple( )     또는
튜플 변수명 = (데이터1, 데이터2, …)


예 drink_name = (“cola”, “milk”, “juice”, “water”, “sprite“)
```

2) 튜플 데이터 읽기

튜플 변수에 저장된 데이터는 리스트 변수와 동일한 방식으로 읽을 수 있다.

```
튜플 변수명[인덱스]


예
drink_price = (1000, 1500, 2000, 900, 1000)
print (drink_price[0])
```

튜플 변수도 리스트 변수와 마찬가지로 선언된 데이터가 인덱스 0번부터 순차적으로 만들어진다.

drink_price ➡ | 1000 | 1500 | 2000 | 900 | 1000 |
⇡ 0 ⇡ 1 ⇡ 2 ⇡ 3 ⇡ 4

print (drink_price)

따라서 위와 같이 튜플 변수를 출력하면 리스트 변수와 마찬가지로 출력이 이루어진다(대괄호 대신에 괄호가 포함되어 출력된다).

```
(1000, 1500, 2000, 900, 1000)
```

3) 튜플 데이터 추가, 수정, 삭제

튜플 변수는 읽기만 가능할 뿐 데이터 추가, 수정, 삭제가 불가하다.

리스트와 튜플 차이점에 대해 알았으니 두 데이터 타입과 함께 자주 사용되는 len 함수에 대해 공부해 보자. 실무에서 작업을 하다 보면 리스트든 튜플이든 그 안에 데이터가 몇 개 들어 있는지를 확인할 필요가 있을 때가 많다. 이때 len(리스트/튜플 변수) 함수를 사용하면 데이터가 몇 개 들어 있는지가 숫자 값으로 계산되어 나온다.

```
drink_name = ["cola", "milk", "juice", "water", "sprite"]
———————— 리스트 선언
drink_name2 = ("cola", "milk", "juice", "water", "sprite")
———————— 튜플 선언
print (len(drink_name), len(drink_name2))
```

위 코드를 실행시키면 각각 5개의 데이터가 들어 있으므로 둘다 5가 출력된다. 다음과 같은 연습 문제를 풀어보면서 정돈하는 시간을 가져보기로 한다.

> • **연습 문제** : 다음과 같은 drink_name 변수에 있는 데이터를 한 라인에 하나씩 모두 출력해 보자.
>
> drink_name = ["cola", "milk", "juice", "water", "sprite"]

위 문제는 간단하게 반복문을 사용하면 된다.

```
for drink_index in range(len(drink_name)):
```

즉, 리스트 데이터 개수를 모른다고 하더라도 반복문에 len 함수를 사용해서 데이터의 개수를 안 다음, 리스트 데이터 각각을 라인별로 출력할 수 있다.

튜플의 특징

튜플 변수끼리는 서로 더하고 곱하는 것이 가능하다.

drink_name1 = ("cola", "milk", "juice")
drink_name2 = ("water", "sprite")
print (drink_name1 + drink_name2)

위 예와 같이 튜플 변수끼리 더하면 두 튜플 데이터가 합쳐진다.

("cola", "milk", "juice", "water", "sprite")

튜플 변수끼리 곱하는 것도 가능하다.

drink_name2 = ("water", "sprite")
print (drink_name2 * 2)

튜플 변수를 곱하면 튜플 데이터가 곱한만큼 반복되어 합쳐진다.

("water", "sprite", "water", "sprite")

사전 (Dictionary)

파이썬은 사전(dict)이라는 독특한 자료형을 제공하고 있는데 우리가 일반적으로 생각하는 사전을 생각하면 된다. 일반적으로 국어 사전을 보면 단어와 뜻이 쌍으로 이루어져 있어, 어떤 단어의 뜻을 찾으려면 해당 단어를 찾아 그에 해당하는 설명을 읽는다. 파이썬의 사전도 단어에 해당하는 '키'와 뜻에 해당하는 '값'이 쌍으로 이루어져 있고, '키'를 이용해서 원하는 '값'을 얻는 방식으로 되어 있다.

이러한 사전 데이터 형식은 서로간에 매칭되는 데이터를 저장할 때 매우 유용한데 음료형 자판기 프로그램을 생각해 보자. 자판기가 판매하는 음료수는 종류와 가격이 있을텐데 음료수 종류에 대한 음료수 가격을 쉽게 저장하고 읽을 수 있으면 프로그래밍이 보다 용이하게 된다. 이와 같이 서로 관련있는 데이터 쌍에 대해 사전 데이터 타입을 사용하면 편리하다.

```
drink_name = ["cola", "milk", "juice", "water", "sprite"]
drink_price = [1000, 1500, 2000, 900, 1000]
```

1) 사전 데이터 생성
사전 변수는 { } 중괄호를 사용하며 다음과 같이 만들 수 있다.

사전 변수명 = { } 또는 사전 변수명 = dict( ) ――― 빈 사전 데이터 변수 선언
사전 변수명 = { 사전키1:데이터1, 사전키2:데이터2, ... }

예 drink = {"cola":1000, "milk":1500, "juice":2000, "water":900, "sprite":1000}

위 예와 같이 입력하면 다음과 같이 저장된다.

사전키(key)	데이터(value)
"cola"	1000
"milk"	1500
"juice"	2000
"water"	900
"sprite"	1000

사전키와 데이터를 넣을 때 주의할 점은 사전키는 유일해야 한다는 점이다. 예를 들어 다음 코드는 "cola" 사전키가 두 개 있는데, 이 경우에는 마지막에 있는 "cola":900만 저장된다.

```
drink_data = { "cola":1000, "milk":1500, "juice":2000, "cola":900 }
```

2) 사전 데이터 읽기

사전 변수에 저장된 데이터는 사전키를 사용해서 읽을 수 있다.

사전 변수명[사전키]

예
drink = {"cola":1000, "milk":1500, "juice":2000, "water":900, "sprite":1000}
print {drink["cola"]}

위 예는 1000을 출력한다. 이와 같이 리스트와 튜플에서 인덱스를 사용하는 대신에 입력한 사전키를 사용하면 매칭되는 데이터를 바로 읽을 수 있다.

```
print (drink)
```

위와 같이 사전 변수를 출력하면, 리스트, 튜플 변수와 마찬가지로 전체 데이터가 { }를 포함해서 출력된다.

```
{'milk': 1500, 'sprite': 1000, 'cola': 1000, 'water':
900, 'juice': 2000}
```

단지, 사전에서는 리스트, 튜플과 다른 점이 하나 있다. 사전은 인덱스 기반이 아니라 사전키 기반이기 때문에 순서가 없다는 점이다. 무슨 뜻인가 하면 다음에 나오는 사전 데이터를 추가해 보면 더 명확히 알 수 있다.

3) 사전 데이터 추가
사전에 데이터를 추가하는 방법은 다음과 같이 새로운 사전키에 데이터를 대입해 주면 된다.

```
사전 변수[사전키] = 데이터

예
drink = {"cola":1000, "milk":1500, "juice":2000, "water":900}
drink["sprite"] = 1000
print (drink)
```

아마도 sprite가 맨 뒤인 water 다음에 추가될 것이라고 생각하겠지만, 실행하면 사전 데이터는 순서 없이 저장되기 때문에 데이터를 추가해도 다음과 같이 임의 순서대로 저장된다는 점을 기억하기 바란다.

```
{'milk': 1500, 'juice': 2000, 'cola': 1000, 'sprite':
1000, 'water': 900}
```

4) 사전 데이터 수정과 삭제

사전 데이터를 수정하는 방법은 데이터를 추가하는 방법과 동일하게 사전키에 수정할 데이터를 넣어주면 된다. 삭제는 리스트 변수와 같이 del 명령을 사용해서 사전키와 데이터를 삭제할 수 있다.

```
사전 변수[사전키] = 수정 데이터
del 사전 변수[인덱스]


예

drink = {"cola":1000, "milk":1500, "juice":2000, "water":900}
drink["cola"] = 1500
print (drink)
del drink["cola"]
```

사전의 특징

리스트, 튜플, 사전에 넣을 수 있는 데이터 종류는 정수, 실수, 문자뿐만 아니라 리스트, 튜플, 사전 자체도 가능하다.

예를 들어, "coffee" 사전키(음료수 종류)에 대한 데이터(음료수 가격)가 1000원, 1500원, 2000원으로 세 종류가 있다고 할 때, 다음과 같이 입력하면 "coffee" 사전키의 데이터는 리스트 [1000, 1500, 2000]이 된다.

```
drink_data = {"cola":1000, "milk":1500, "juice":2000, "water":900, "sprite":1000 }
drink_data["coffee"] = [1000, 1500, 2000]
print (drink_data)
```

사전 변수에 들어 있는 모든 사전키를 확인하려면 사전 변수.keys( ) 함수를 사용하면 된다.

```
drink_data = {"cola":1000, "milk":1500, "juice":2000, "water":900, "sprite":1000 }
print (drink_data.keys( ))
```

출력 결과는 다음과 같다. 특이한 점은 사전키를 다루는 객체 이름인 dict_keys가 함께 출력된다.

```
dict_keys(['juice', 'sprite', 'milk', 'cola', 'water'])
```

for 구문을 사용해서 사전키를 출력할 수도 있다.

```
  for key in drink_data.keys( ):
      print (key)
```

리스트 데이터로도 사전키를 얻을 수 있는데, list( ) 함수를 사용하면 된다.

```
drink_data = {"cola":1000, "milk":1500, "juice":2000, "water":900, "sprite":1000 }
print (list(drink_data.keys( )))
```

위와 같이 사용하면 다음과 같이 리스트 데이터로 사전키를 얻을 수 있다.

['milk', 'juice', 'cola', 'sprite', 'water']

사전키가 아니라 데이터만 얻고 싶다면 사전 변수.values( ) 함수를 사용하면 된다.

print (drink_data.values( ))

dict_values([2000, 1000, 1500, 900, 1000])

사전키를 얻을 때와 비슷하게 앞에 dict_values가 붙는다. 사전키와 동일하게 for
문을 사용하거나 list( ) 함수를 사용하면 데이터를 원하는 형태로 추출할 수 있다.
사전키.items( ) 함수를 사용하면 사전키와 데이터를 쌍으로 얻을 수 있다.

drink_data.items( )

dict_items([('water', 900), ('juice', 2000), ('milk', 1500), ('cola', 1000), ('sprite', 1000)])

출력에서 볼 수 있듯이, dict_items가 앞에 붙는다.
사전키와 데이터를 모두 지우는 방법으로 사전키.clear( ) 함수를 사용할 수도 있
다. 아래 예는 { }을 출력한다.

drink_data.clear( )
print (drink_data)

사전 변수.get( ) 함수를 사용해서 사전키에 대응하는 데이터를 얻을 수도 있다.
아래 예는 1000을 출력한다.

print (drink_data.get("cola"))

마지막으로 사전 변수에 해당 사전키가 있는지를 조사하기 위해서는 다음과 같
은 방법을 사용하면 된다.

```
print("orange juice" in drink_data)

False
```

결과는 boolean 데이터 타입인 참(True) 또는 거짓(False) 로 나온다.

세트 (Set)

세트는 한국어로 집합을 의미하며, 역할도 수학에서 배운 집합과 동일하다. 세트의 특징은 중복과 순서가 없다는 점이다.

1) 세트 데이터 생성

세트 데이터는 다른 데이터 타입과 달리 set( ) 함수의 괄호 안에 리스트를 입력하는 방법으로 생성하는 것이 일반적이다.

```
세트 변수명 = set(데이터 집합)

예 drink = set(["cola", "milk", "juice"])
```

set( ) 함수 안에 올 수 있는 데이터는 데이터 집합으로 리스트, 문자열, 튜플, 사전 네 가지가 있다.

2) 세트 데이터 읽기

세트 데이터는 특정 데이터를 읽을 수 없다.

```
drink = set(["cola", "milk", "juice"])
print (drink)
```

위와 같이 print문으로 전체를 출력할 수는 있다. 출력 결과는 다음과 같이 { } 괄호와 함께 출력된다. 사전 데이터 타입과 마찬가지로 세트 데이터도 순서가 없다는 점을 알아두자.

```
{'water', 'sprite', 'cola'}
```

세트 데이터로 네 가지 데이터 타입이 가능하다고 했다. 그런데 다른 데이터 타입은 위 리스트 데이터 예와 동일하지만 문자열은 다소 특이하다.

```
drink = set("coffee")
print (drink)
```

위 예 결과는 다음과 같다.

```
{'f', 'e', 'c', 'o'}
```

여기에 두 가지 특이한 점이 보인다. 하나는 문자열 하나를 넣었지만 여러 개 집합 데이터가 나왔다는 점과, 다른 하나는 문자열이 여섯 문자로 이루어져 있지만 네 문자만 저장되었다는 점이다. 그 이유는 set 함수는 문자열을 문자 집합으로 다루어서 각 문자를 집합 데이터로 저장한다. 단, 중복은 허용하지 않기 때문에 중복된 'f'와 'e'는 제거된 상태이다.

3) 세트 데이터 추가
세트 데이터는 다음 두 함수를 사용해서 추가할 수 있다.

세트 변수.add(개별 데이터)

세트 변수.add(데이터 집합)

3장 _ 파이썬 주요 사용법을 배워 보자

예

```
drink = set(["cola", "milk", "juice"])
drink.add("water")
drink.update(["sprite", "orange"])
print(drink)
```

add 함수는 개별 데이터를 추가하는 함수이고 update는 여러 데이터를 한꺼번에 추가하는 함수이다. 위 예는 다음과 같이 출력된다.

```
{'juice', 'sprite', 'cola', 'water', 'milk', 'orange'}
```

4) 세트 데이터 수정과 삭제

세트 데이터는 수정할 수 없고 삭제만 가능하다.

```
세트 변수.remove(데이터)
```

예

```
drink = set(["cola", "milk", "juice"])
drink.remove("cola")
print(drink)
```

위 예는 다음과 같이 출력된다.

```
{'juice', 'milk'}
```

5) 세트 데이터 연산

다른 데이터 타입과 달리 연산 항목을 넣은 이유는 세트 데이터는 수학에서 배운 집합과 같이 집합 연산이 주요 사용 목적이기 때문이다. 집합 연산 중에서도 교집합, 합집합, 차집합이 주요한 연산이기 때문에 세 가지 집합 연산에 대해 알아보자.

두 세트 변수를 만들고 집합 연산을 수행해 보자.

```
data1 = set (["cola", "water", "sprite"])
data2 = set (["coffee", "milk"])
```

■ 교집합
교집합은 & 또는 세트 변수.intersection( ) 함수를 사용해서 구할 수 있다.

```
data1 & data2
data1.intersection(data2)
```

■ 합집합
합집합은 | 또는 세트 변수.union( ) 함수를 사용해서 구할 수 있다.

```
data1 | data2
data1.union(data2)
```

■ 차집합
차집합은 − 또는 세트 변수.difference( ) 함수를 사용해서 구할 수 있다.

```
data1 − data2
data1.difference(data2)
```

■ 변수 활용과 boolean 데이터 타입

마지막으로 데이터와 관련하여 자주 사용되는 변수 관련 구문과 boolean 데이터 타입에 대해서도 짚고 넘어가자.

```
user_data = 1
```

위 코드는 user_data 변수에 정수 1 데이터를 넣는다. 여러 변수를 한 라인에 정의할 수도 있다.

```
user_input1, user_input2 = 1, 2
```

위 코드는 user_input1에는 정수 1, user_input2에는 정수 2가 들어간다.

```
user_input1, user_input2 = 1, 2
user_input1 = user_input2
```

두 번째 줄 코드는 user_input2가 가지고 있는 데이터 정수 2를 user_input1 변수에 할당한다는 의미이다. 즉, 두 번째 줄을 실행하면 user_input1 값은 1에서 2로 변한다. 그래서 user_input1과 user_input2를 출력하면 둘 다 동일하게 2를 출력한다.

```
user_input1, user_input2 = 1, 2
user_input1 = user_input2
print (user_input1)
print (user_input2)
```

이번에는 변수 값을 증가시켜보자. 다음 두 번째 줄을 실행한 결과 user_input1

에는 얼마가 저장될까? user_input1은 현재 정수 1이다. 따라서 우변 계산 결과 1 + 1 = 2가 된 후 그 값을 좌변의 user_input1에 할당하게 되므로 최종적으로 2가 기억된다. 쉽게 말해 user_input1값에 1을 증가한 값이 기억된다.

```
user_input1 = 1
user_input1 = user_input1 + 1
```

코드를 작성하다보면 동일한 변수에 숫자를 증가 또는 감소시키는 작업을 많이 하게 된다. 그래서 이를 좀 더 편하게 하기 위해 파이썬에서는 += 또는 -= 연산자를 제공한다. += 또는 -= 연산자는 왼쪽 변수에 오른쪽 숫자 값을 더하거나 빼서 다시 왼쪽 변수에 넣는다는 의미이다.

```
user_input1 += 1      -------- user_input1 = user_input1 + 1과 동일
user_input1 -= 1      -------- user_input1 = user_input1 - 1과 동일
```

다음으로 데이터 타입에 대해 좀 더 알아보자. 우리는 기본 데이터 타입인 정수, 실수, 문자열과 데이터 타입을 변경할 수 있는 int( ), float( ), str( ) 함수, 그리고 변수 데이터 타입을 확인할 수 있는 type( ) 함수에 대해 알아보았다. 파이썬에는 이외에도 참과 거짓을 나타내는 boolean이 있다. boolean 타입은 참과 거짓을 나타내는 특이한 데이터 타입이다. 이를 위해 두 키워드가 존재하는데 True(참), False(거짓)이다.

```
data_boolean = True
if data_boolean:
    print (data_boolean)
```

data_boolean 데이터 타입을 True로 선언했고, 조건문을 통해 조건이 참이면

data_boolean을 출력하고 있다. 당연히 조건문이 참이므로 그대로 True가 출력됨을 알 수 있다.

이상과 같이 파이썬에서 제공하는 다양한 데이터 구조에 대해 공부했는데 다음 연습 문제를 풀면서 배운 내용을 정돈해 보기로 하자.

- **연습 문제 1** : 자판기 프로그램 일부를 만들어보자. 자판기가 어떤 음료수를 파는지 알고 싶어서 팔고 있는 음료수 이름을 각 라인마다 모두 출력하는 코드를 작성해 보자. 사전 데이터는 아래와 같다.

drink_data = { "cola":1000, "milk":1500, "juice":2000, "water":900, "sprite":1000 }

- **연습 문제 2** : 자판기가 파는 음료수 이름을 출력해 준 다음, 음료수 이름을 입력하면 음료수 가격을 출력하는 프로그램을 만들어보자. 사전 데이터는 다음과 같다.

drink_data = { "cola":1000, "milk":1500, "juice":2000, "water":900, "sprite":1000 }

- **연습 문제 3** : 지역별 인구는 다음과 같다.

서울	9,860
부산	3,400
대구	2,455
인천	2,886
광주	1,517
대전	1,536
울산	1,142
세종	197
경기	12,398
강원	1,506
충북	1,561
충남	2,089
전북	1,798
전남	1,757
경북	2,642
경남	3,285

지역별 인구를 리스트 변수에 넣고 전체 총 인구와 평균 인구를 출력하는 프로그램을 만들자.

지역별 인구를 사전 변수에 넣고 수도권 (서울, 인천, 경기) 인구 합과 평균을 출력하는 프로그램을 만들자.

제주 인구는 587이다. 해당 데이터를 사전 변수에 추가하고 전체 인구 합과 평균을 다시 출력해 보자.

서울 인구가 10,200, 인천 인구가 3,200으로 늘고 경기 인구가 10,300으로 줄었다. 사전 데이터를 업데이트하고 전체 인구 합과 평균을 다시 출력해 보자.

• **연습 문제 4** : 리스트 데이터로 세 개의 임의 숫자가 주어지면 해당 데이터를
숫자가 낮은 순서대로 정렬하는 프로그램을 만들어보자. 리스트
변수는 정렬을 간단히 하는 리스트 변수.sort( ) 함수가 있지만,
이번 연습 문제에서는 해당 함수를 사용하지 않고 조건문과 반복
문, 리스트 변수를 활용하여 작성해 보자.

예) [5, 4, 2]
결과) [2, 4, 5]

★ 입력과 출력 함수

여태까지 우리가 만든 프로그램은 단순히 까만 화면에 글자를 출력하는 작업이 었다. 이를 CLI (Command-Line Interface) 프로그래밍이라고 이야기하는데, 기본 명령을 익힐 때에는 이렇게 단순한 프로그램을 만들어보면서 연습하는 것 이 가장 빠르다. 다만 단순한 프로그램이라 할지라도 어떤 프로그램이든 입력 과 출력 방법은 기본이기 때문에 여기서는 키보드로 사용자 입력을 받고 출력하 는 함수에 대해 좀더 알아 보기로 하자.

가장 기본적인 출력 함수인 print( ) 함수는 괄호 안에 있는 변수의 값을 화면에 출력하는 것으로 다음 코드는 user_data 값 정수 1을 화면에 출력한다.

```
user_data = 1
print (user_data)
```

그런데 단순히 1만 출력하는 것이 아니라 다음과 같이 'user_data = 1' 식으로 출력되면 보는 사람의 입장에서 보다 편리하게 받아볼 수 있을 것이다.

```
user_data = 1
```

이런 경우 출력하고자 하는 문자열을 " " 안에 기술한 후 콤머(,)를 주고 출력할 변수명을 쓰면 우리가 원하는 값을 출력할 수 있다.

```
user_data = 1
print ("user_data = ", user_data)
```

print 함수는 일반적인 함수와는 다소 다르다. 뒤에서 설명할 일반적인 함수는 함수 ( ) 괄호 안에 정해진 입력만을 받는 반면에, print 함수는 ( ) 괄호 안에 입력받는 데이터 형식이 다양하게 존재한다. 다음 예를 보자.

```
user_data = 1
print ("user_data = ", user_data)
print ("I am", "a boy")
print ("I am", "a", "boy")
print ("I am" + "a" + "boy")


user_data = 1                    ––––––– 출력 결과
I am a boy
I am a boy
I amaboy
```

위 예에서 보듯이 콤머(,) 또는 덧셈 기호(+) 등을 사용하여 여러 문자열을 함께 출력할 수 있다. 단, 주의할 점은 콤머인 경우 문자열 사이에 한 칸씩 띄어진 상태로 출력되지만, 덧셈 기호를 사용하면 문자열 사이를 띄우지 않는다는 점이다. 그래서 맨 마지막 출력 결과는 "I amaboy" 형태로 나왔다.

만일 콤머를 사용하지 않고 공백을 주고 싶다면 다음과 같이 문자열 안에 스페이스바로 띄어쓰기를 넣어주면 된다.

```
print ("I am " + "a " + "boy")


I am a boy                  –––––––––– 출력 결과
```

일반적으로 print 함수는 변수 값을 확인할 때 가장 많이 사용하므로 다음과 같은 예만 눈여겨 봐두면 된다.

```
user_data1 = 1
user_data2 = 2
print ("user_data1 = ", user_data1, "user_data2 = ", user_
data2)
```

```
user_data1 = 1 user_data2 = 2          ---------- 출력 결과
```

input 함수도 비슷하다.

```
user_data1 = input("Insert user_data1 value")
print ("user_data1 = ", user_data1)
```

```
Insert user_data1 value 1   ---------- 출력 화면(입력값 1)
user_data1 = 1              ---------- 출력 결과
```

단순히 input( )만 쓰는 것보다 input( ) 괄호 안에 따옴표로 출력하고 싶은 문
자열을 넣으면 해당 문자열이 출력되고 그 끝에 커서가 위치하게 된다. 따라서
사용자는 "아하! 데이터 값을 입력해 달라는 뜻이구나"라고 알아듣고 입력 값을
넣고 엔터키를 누르면 user_data1 변수에 데이터 값이 입력된다.
파이썬에서는 문자열로 ' ' 따옴표나 " " 따옴표 모두가 가능하다.

```
user_data1 = 'Korea'
user_data2 = "China"
print (user_data1, user_data2)
```

위 코드를 실행하면 다음과 같이 모두 정상적인 문자열로 출력된다.

```
Korea China
```

그렇다면 문자열 안에 " "나 ' '를 포함시키려면 어떻게 해야 할까? 이럴 때는 출력하고자 하는 문자열 앞에 \\(백슬래시)를 사용하면 된다. 다음 코드를 작성하고 실행해 보자.

```
user_data1 = '\"Korea\"'
user_data2 = "\'China\'"
print (user_data1, user_data2)
```

이렇게 하면 파이썬은 ' 또는 " 자체를 출력해 주게 된다.

```
"Korea" 'China'          ---------- 출력 결과
```

이번에는 문자열에 여러 줄로 이뤄진 문자를 넣으려면 어떻게 할까? \\n(줄바꿈)을 사용하면 된다. 아래 코드를 실행해 보자.

```
user_data1 = '\"Korea\"\nJapan\n'
user_data2 = "\'China\'"
print (user_data1, user_data2)
```

"Korea" 이후에 줄바꿈 기호가 들어갔고, 다시 Japan 이후에 줄바꿈 기호가 들어갔다. 그래서 다음과 같이 출력된다.

```
"Korea"      ---------- 출력 결과
Japan        ---------- 출력 결과
'China'      ---------- 출력 결과
```

이와 같이 ₩ (백슬래시)를 사용하면 문자열 안에 표현하기 어려운 문자들을 표현할 수 있는데 이를 이스케이프 코드라고 한다. 주요한 이스케이프 코드는 표와 같다.

코드	설명
₩'	' 따옴표 표시
₩"	" 따옴표 표시
₩n	줄바꿈 표시
₩t	탭(tab) 표시
₩₩	문자 ₩ 표시

문자열을 일정한 형식으로 만들 수도 있는데 이를 포맷팅이라고 하며, C 언어 등 다른 언어에서는 일반적으로 사용되기 때문에 알아두면 좋다. 다음 코드를 작성하고 실행해 보자.

```
member_count = 2
message = "Our club has %d members" % member_count
print (message)


Our club has 2 members                ————— 출력 결과
```

이와 같이 기술하면 '%d' 위치에 변수 값이 대응되어 출력이 이루어진다. 즉, %d가 포맷팅할 데이터이고 따옴표 밖 % 이후에 쓰는 변수가 포맷팅할 데이터 값을 가진 변수이다.

하나 이상의 변수를 포맷팅할 수도 있다. 이때에는 % 이후에 괄호를 넣고 이 안에 포맷팅할 변수를 컴마와 함께 순차적으로 나열하면 된다.

```
member_count = 2

pc_count = 3

message = "Our club has %d members and %d desktops" %

(member_count, pc_count)

print (message)


Our club has 2 members and 3 desktops  ————————— 출력 결과
```

포맷팅은 인간에게 익숙한 방식이라기보다는 컴퓨터에게 정확히 알려주기 위함
이 크다. 그래서 처음 접할 때는 다소 익숙하지 않을 수 있으니 잘 익히기 바란다.

포맷팅에는 정수, 실수, 문자 등에 따라 다음과 같은 형식이 있다.

코드	설명
%s	문자열
%c	문자 1개
%d	정수
%f	실수(부동소수점)

예를 들어 다음은 문자열을 포맷팅한 예이다.

```
message2 = "China"

message_total = "Korea %s" % message2

print (message_total)


Korea China            ————————————— 출력 결과
```

아래 출력 값도 동일하다. print 함수 안에서 직접 포맷팅을 하고 이 값을 출력하기 때문이다.

```
message2 = "China"
print ("Korea %s" % message2)
```

print( ) 괄호 안에 데이터가 먼저 실행이 되어서 print에 입력되는 데이터 값이 Korea China가 되고 이를 print 함수에 넣어주어서 해당 데이터가 출력된다는 사실도 이해해 두자.

다음 예를 하나 더 보자. message1은 숫자 2가 들어가 있으니 데이터 타입이 정수이다. 정수를 포맷팅하기 위해서는 %d를 써야 한다. 그러나 위에서 보듯이 %s를 쓴 후에 message1 의 데이터 타입을 문자열로 변환했다.

```
message1 = 2
message2 = "three"
print ("Our club has %s members" % str(message1))
print ("Our club has %s members" % message2)
```

데이터 타입을 변경하는 int( ), float( ), str( ) 함수 중에서 문자열로 변환하기 위해 str( ) 함수를 사용했다. 이와 같이 %s를 쓰고 대입할 변수를 str( ) 함수를 사용해서 문자열로 데이터 타입을 변경하면 데이터 타입을 덜 신경 써도 되므로 좀 더 편하다.

이상으로 입출력 함수 관련 주요 사용법을 알아보았다. 입출력 함수와 관련된 연습 문제는 다음 장부터 있는 연습 문제들을 통해 함께 연습하기로 한다.

★ 함수 다루기

여기까지 여러 종류의 함수를 배우면서 다루어 보았는데 이런 함수들은 파이썬 프로그래밍 언어에서 미리 제공하는 함수들이다. 그런데 파이썬에서는 미리 제공하는 함수 이외에 직접 함수를 만들어 사용하는 것도 가능하다. 자주 사용하는 기능을 함수로 만들어 놓으면 이후부터 그 기능이 필요할 때마다 단순히 정의된 함수만 부르면 되기 때문에 코드도 간단해질 뿐만 아니라 문제를 좀 더 단순화시킬 수 있기에 편리하다. 파이썬에서 함수를 선언하는 형식은 다음과 같다.

```
def 함수 이름(입력 인자):
        코드1
        코드2
        ...
        return 리턴값
```

함수를 사용하려면 변수와 마찬가지로 함수 이름을 만들어야 한다. 함수 이름을 만드는 규칙은 변수와 동일하다. 입력 인자는 함수가 실행되는데 필요한 값을 입력받는 부분이다. 코드1, 코드2 등은 일반적으로 수행할 명령들을 기술하는 곳으로 주의할 사항은 반드시 똑같은 크기의 공백으로 들여쓰기해 주어야 한다. return은 함수의 끝을 표현해 주는 부분으로 함수에 리턴값이 있을 경우에만 return 다음에 리턴해줄 값을 써주면 된다.

함수는 return을 만나면 리턴값을 가지고 함수를 종료한다. 만약 return이 없으면 tab키로 들여 쓴 코드까지만 실행되고 함수를 종료한다.

리턴값을 이해하기 위해 다음과 같은 수학에서 배웠던 익숙한 식을 함수로 만들어 보기로 한다. 주어진 수에 1을 더한 값을 y에 넣는 함수를 생각해 보자.

```
y = x + 1
```

방식은 다음과 같이 함수 정의를 기술한 후 return 이후에 출력 값을 써주면 된다. 간략히 설명하자면 함수 이름은 addition으로 입력값을 받을 변수는 x로 정의했다. 그런 다음 함수 안에서 x=x+1 코드를 이용하여 입력으로 받은 x에 1을 더한 값을 다시 x에 넣었다. 즉, 입력값을 1 증가시킨 것이다. 이어서 리턴해 주고 있다.

```
def addition(x)
    x = x + 1
    return x
```

이제 작성한 addition 함수를 사용해 보자. 함수는 해당 함수를 호출하기 전에 미리 선언되어 있어야 한다. 그래서 보통 프로그램 코드 상단에 선언해 놓는다.

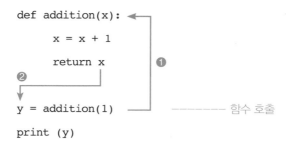

```
def addition(x): ◀──────┐
    x = x + 1           │
    return x ──────────┘  ❶
❷
↓
y = addition(1) ──────────── 함수 호출
print (y)
```

addition 함수를 사용하려면 위 예와 같이 addition( ) 괄호 안에 입력 데이터를 써 주면 된다. 그러면 함수 호출에 의해 addition 함수로 찾아가서 x에 1이 대응된 다음, 함수의 명령인 x = x + 1이 수행되어 x에는 2가 기억된 후, return 명령에 의해 이 값이 호출했던 함수로 되돌아와 변수 y에 저장된다. 결국 print문에 의해 2가 출력된다.

입력 인자는 없을 수도 있다. 아래 함수는 입력 인자가 없기 때문에 함수를 선언할 때 괄호 안에 아무 변수도 넣지 않았다.

```
def print_hello():
        print ("Hello")
```

따라서 이 함수를 사용하려면 다음과 같이 함수명만 기술하고 괄호 안에 입력을 넣지 않으면 된다.

```
print_hello()
```

그러면 단순히 print_hello 함수로 찾아가서 "Hello"라는 문자열만 출력한 후 되돌아오게 된다.

함수에 입력 인수가 여러 개일 수도 있다. 다음 두 숫자를 입력받아서 곱한 값을 출력하는 함수를 보자.

```
def sum (a, b):
    return a + b

sum_data = sum(1, 2)              ----------- 함수 호출
print (sum_data)
```

함수에서 입력 받을 데이터가 여러 개이면 입력 받을 변수를 컴마를 사용해서 나열하고, 해당 함수를 호출할 때에도 입력값을 컴마를 사용해서 순서대로 나열하면 된다.
함수를 호출하게 되면 a, b에는 각각 1, 2가 대응된다. return문에는 반드시

변수만 오는 것이 아니라 위와 같이 계산식을 직접 적어도 된다. 위 예에서는 sum_data = sum(1, 2)를 호출하면 return문에 의해 3이 리턴되고, 해당 리턴 값이 sum_data에 대입된다. 그런 다음 print (sum_data)로 sum_data 변수 값 인 3이 출력된다.

함수를 사용하는 법은 배웠으니 실제로 문제에 적용해서 사용해 보자. 앞서 잠 시 예로 들었던 자판기 예를 활용하여 만들어보자.

- **연습 문제 1** : 자판기 프로그램 일부를 만들어보자. 자판기 사용자가 돈을 내고 음료수를 선택하면 음료수 가격과 건넨 돈을 비교해서 거스름돈 이 필요하면 거스름돈, 음료수 가격이 더 비싸면 더 내야하는 돈 을 알려주는 함수를 만들어보자.

  ▷세부 조건 1 : 음료수 이름과 음료수 가격을 가진 아래 사전 데이터를 사용 한다.
  drink_data = { "cola":1000, "milk":1500, "juice":2000, "water":900, "sprite":1000 }
  ▷세부 조건 2 : 거스름돈은 'change: 거스름돈' 형태로 출력하고, 더 내야하 는 돈은 'required:'라고 출력한 후 더 내야할 돈을 음수로 출 력한다.
  ▷세부 조건 3 : 음료수 가격과 사용자가 낸 돈이 동일할 경우 음료수 종류와 함께 'provided'를 출력한다.
  ▷세부 조건 4 : 사용자 입력으로 음료수 이름과 낸 돈을 입력 받는다. 입력을 받을 때에는 다음과 같은 순서로 처리한다.
  ① 음료수 종류를 출력
  ② Input drink name?를 출력하고 음료수 이름을 입력받는다.
  ③ Input price?를 출력하고 금액을 입력받는다.
  ▷세부 조건 5 : 전체 코드는 사용자가 건넨 돈과 음료수 종류를 입력 인자로 받는 함수로 만든다.

함수의 특징

함수 정의시 입력 인자에 초기값을 넣을 수도 있다.

def calculation (input_drink_name, input_payment=1000):

위 코드처럼 초깃값을 사용하면 다음과 같이 입력 인자로 첫 번째만 입력해도 자동으로 input_payment에 10000이 입력된다.

calculation ("cola")

물론, 다음과 같이 두 번째 인자 값을 넣으면 input_payment 값은 10000이 아니라 1500으로 변경된다.

calculation ("cola", 1500)

단, 함수 정의시에 초깃값을 넣을 경우에는 이후에 오는 입력 인자도 모두 초깃값을 가져야 한다. 즉, 아래 코드는 에러를 출력한다.

def calculation (input_drink_name="cola", input_payment):

꼭 사용코자 한다면 다음과 같이 기술해야 한다.

def calculation (input_payment, input_drink_name="cola"):

이와 같이 사용법은 다양하기 때문에 다 알아두기 보다는 참고만 해두고 추후에 필요할 때 다시 보면서 사용법을 익히기 바란다.

✱ 모듈 다루기

다양한 파이썬 함수를 활용하기 위해 모듈이라는 개념에 대해 좀 더 알아보자. 모듈이란 한마디로 다른 사람이 만든 좋은 기능의 함수나 코드 등을 모아놓은 것을 말한다. 따라서 프로그램을 작성할 때 유용한 모듈이 있으면 구태여 프로그래밍할 필요 없이 이들을 사용하겠다고 선언한 다음 활용만 하면 된다. 심지어는 모듈을 직접 만들어 다른 사람이 편리하게 이용할 수 있도록 할 수도 있다.

지금까지 우리는 몇 가지 프로그램을 만들어서 저장해 보았다. 이때 파이썬 프로그램은 'py'란 확장자를 가지고 파일 단위로 저장이 되는데 모듈이란 간단히 말해 파이썬 파일과 같다고 생각하면 된다. 즉, 자주 사용하는 기능이나 함수가 이런 파일 형태로 모듈이 되어 있는 경우 우리는 이들 모듈을 불러내기만 하면 되니 매우 편하게 작업할 수가 있다.

파이썬에서 제공하는 모듈을 사용하려면 다음과 같이 작성하면 된다.

```
import 모듈 이름
```

import문은 프로그램 파일 최상단에 작성하는 경우가 일반적이다. 그런 다음 모듈 안에 있는 함수는 '모듈이름.함수명' 형식으로 사용할 수 있다. 이해를 돕기 위해 다음과 같이 현재 시각을 출력할 필요가 있다고 하자.

```
Thu Nov 17 11:59:36 2018
```

이럴 때 현재 시간을 확인하는 프로그램을 초보자가 만들기는 매우 어려울 뿐만 아니라, 설사 만들었다고 하더라도 위와 같이 요일, 월, 일, 시간, 연도 형태로 표현하기는 더더욱 어렵다. 실제로 위와 같은 형태로 출력하는 데에만 수백 줄의 코드가 필요하다. 즉, 이 모든 기능을 직접 작성하게 되면 원하는 기능을 만드는데 시간이 너무 많이 걸린다.

그런데 파이썬에서는 관련 모듈과 함수를 제공하고 있어 다음과 같이 간단하게 이용이 가능하다. 즉, import 명령으로 time이라는 모듈을 사용하겠다고 선언만 하면 현재 시각이 필요할 때 ctime( ) 함수를 호출만 하면 된다. 직접 작성하려면 수백 줄이 걸리는데 단 두 줄 만으로 해결이 되니 얼마나 편리한가!

```
import time
print (time.ctime( ))
```

단, ctime( ) 함수를 호출할 때는 time.ctime( )와 같이 '모듈명.함수' 형식으로 호출해야 한다. 매번 모듈 안에 있는 함수를 호출할 때 '모듈명.함수' 형식으로 쓰기보다 해당 함수명만 쓰면 되는 방법도 있다.

위 방법을 사용하면 모듈 안에 있는 특정 함수를 호출할 때 '모듈명.함수' 형식이 아니라 함수명만 사용해서 호출할 수 있다. 위 예에 대해 from문을 사용하면 아래와 같다. ctime( ) 함수를 모듈명 없이 그대로 호출할 수 있음을 알 수 있다.

```
from time import ctime
print (ctime( ))
```

'모듈명.함수' 형식 대신에 함수명만 호출하도록 만들 수도 있다. time 모듈 안에 있는 모든 함수를 모듈명 없이 호출하려면 아래와 같이 '*' 표시를 해주면 된다.

```
from time import *
print (ctime( ))
```

어떤가! 모듈이라는 것이 참 편리하다고 느껴지는가? 실제로 파이썬에서는 다양한 종류의 편리한 모듈들이 만들어져 있는데 문제는 필요한 기능이 있을 때 이 기능이 어디에 있는지를 찾는 것이라고 할 수 있다. 물론, 파이썬 공식 홈페이지에 있는 모듈 문서를 찾아보는 방법이 가장 확실하다. 그러나 설명이 영어이기도 하거니와 매우 친절하지는 않아 한눈에 찾기가 어렵다. 그래서 인터넷 검색을 해보는 방법이 가장 좋다. 필자의 경우는 구글, 네이버 등에 검색을 통해 관련 정보를 수시로 찾는다. 이때 주로 사용하는 검색 키워드는 '파이썬 time' 이런 식으로 파이썬 이후에 필요한 기능을 넣는다. 만약 영어가 편하다면 'python time'으로 파이썬을 영어로 기술하면 좀더 많은 정보를 찾을 수 있다. 이렇게만 검색해도 시간과 관련된 다양한 설명과 함수, 모듈을 찾을 수 있다. 단 한번에 자신이 필요로 하는 모든 사용법과 정보를 가지고 있는 웹 페이지를 찾기는 어렵다. 이보다는 여러 관련된 웹 페이지 정보를 확인하고 이를 조합하는 편이 더 좋다.

일단, 위 함수는 아래 사이트에서 찾을 수 있다.

> https://docs.python.org/3.6/library/time.html
>
> time.ctime([*secs*])
> Convert a time expressed in seconds since the epoch to a string representing local time. If secsis not provided or None, the current time as returned by time( ) is used. ctime(secs) is equivalent to asctime(localtime(secs)). Locale information is not used by ctime( ).

ctime( ) 함수는 초를 주면 해당 시간을 표시하고, ( )로 아무 값도 넣어주지 않으면 현재 시간을 표시하는 기능을 제공한다.

> **참고**
>
> 위 코드에서 ctime(100)과 같이 초를 넣어주면 다음과 같이 당황스럽게 출력된다.
>
> Thu Jan 1 09 : 01 : 40 1970
>
> 이유는 1970년 1월 1일부터 지난 초를 나타내기 때문으로, 역사적으로 윈도우 훨씬 이전에 UNIX 운영체제가 만들어졌을 때부터 정해져 있기 때문이다.
> January 1st, 1970

즉, 현재 폴더에 다른 코드 파일을 저장하면 현재 코드 파일에서 해당 코드 파일 함수를 import문으로 사용할 수 있다.

그러면 pycharm 에디터로 기존에 작성한 hello_project 프로젝트에 이전에 hello.py 파일을 작성한 것과 동일한 방식으로 timefunc.py 파일을 새로 생성한 후 다음과 같이 함수를 만들어보기로 하자.

```
import time


def print_current_time():
    print(time.ctime())
```

그리고 다시 hello_project 프로젝트 안에서 main.py 파일을 새로 생성하고, main.py 파일에서 위 timefunc.py 파일에 있는 print_current_time 함수를 호출해서 현재 시각을 출력해 보자.

① timefunc 모듈을 import 한다.
② timefunc.print_current_time( ) 함수를 호출한다.

방법은 다음과 같이 두 과정만 진행하면 된다.

```
import timefunc
print (timefunc.print_current_time())
```

또는 다음과 같이 작성해도 된다.

```
from timefunc import *
print (print_current_time())
```

이렇게 작성하면 timefunc.py에 기술한 print_current_time( ) 함수 코드를

main.py에 다시 넣을 필요 없이 간편하게 사용할 수 있음을 알 수 있다. 이와 같이 일반적으로 구현할 프로그램이 복잡도가 있다면 세부적인 기능으로 나누어서 각 파일에 구현을 하고, 각 모듈을 import 해서 사용하면 된다.

관련된 모듈을 묶을 수도 있다. 모듈 집합을 패키지라고 하는데 패키지는 파이썬에서 이미 제공하고 있는 패키지 구조를 보면서 확인만해 보기로 한다. 파이썬에서 미리 제공하는 패키지들은 아래처럼 하부 폴더 형태로 되어 있다.

C:₩dev_python₩Lib

여러 패키지가 있지만 이중에서 패키지 구조를 확인하는 데에는 xml 패키지가 가장 좋으니 일단 xml 폴더로 들어가 보자. _ _init_ _.py 파일이 있고, 하부에 다시 dom, parsers, sax, etree 폴더가 있다. _ _init_ _.py 파일은 하부 모듈 관련 작업을 해주는 코드가 아래와 같이 들어가 있다. 패키지를 만들 때는 하부 폴더를 만들어주고, _ _init_ _.py를 만들어서 내부에 아래 구문과 같이 하부 폴더명을 넣어주면 된다.

_ _all_ _ = ["dom", "parsers", "sax", "etree"]

이 후에 각 폴더로 들어가면 다시 여러 모듈이 있음을 확인할 수 있다. 패키지를 사용하려면 패키지명.모듈명과 같은 방식으로 점(.)을 사용해서 호출할 수 있다. 예를 들어서, 다음과 같이 선언한 후, dom 모듈에 있는 기능을 호출하려면 xml. dom.~~~ 와 같이 호출하면 된다.

import xml

이상으로 모듈과 패키지를 통해 프로그램 코드를 파일로 분리하고, 세부 기능을 묶어서 관리하는 방법을 배워보았다. 실제로 프로그램이 거대하면 기능별로 분리한 후에 프로그래머들은 각 기능을 담당해서 구현하고 이를 패키지, 모듈 또는 파일 형태로 작업한다.

4 프로그램을 스스로 만들어보자

computer programming

지금까지 기본 명령과 간단한 알고리즘 작성에 필요한 데이터 타입과 주요 함수를 알아보았다. 이번 장에서는 지 금까지 배운 명령들을 사용해서 간단한 기능을 하는 프로그램을 만들어보기로 한다. 이를 통해서 우리가 학습한 명령들이 어떻게 실제로 사용되고, 이들을 이용하여 프로그램이 어떻게 만들어지는지 공부하면서 배웠던 명령과 함수들에 대해 좀 더 익숙해지도록 하자. 또 실제 프로그램을 만드는 과정을 이해하고 제대로 프로그램을 작성하는 방법에 대해서도 연습을 해보자.

★ 자판기 프로그램 작성하기

샘플 프로그램으로 길거리에 많이 설치되어 있는 자판기를 이용하여 음료수를 구입하는 간단한 프로그램을 만들어보기로 하자. 작성할 자판기 프로그램은 다음과 같다.

프로그램을 실행시키면 음료수 이름과 가격이 표시된 '〈Drink List〉'라는 메뉴표를 화면에 보여준 다음, "What do you want?(Drink Name)"라는 문자열을 출력하면서 원하는 음료수 이름을 입력해 달라고 요청한다. 음료수 이름을 입력받으면 "How much do you pay?"를 표기하면서 얼마를 넣을 것인지를 요청한다.

```
<Drink List>
cola:1200
water:1000
sprite:1100
milk:1300
juice:1400

What do you want?(Drink Name)
How much do you pay?
```

음료수 이름과 지불할 돈이 입력되면 음료수 가격과 비교한 후 다음과 같이 화면에 글자를 출력한다.

① 음료수 값보다 입력한 돈이 많은 경우(예 cola를 선택하고 2,000원을 입력)

   change: 800

   get a cola

② 음료수 값과 입력한 값이 같은 경우(예 cola를 선택하고 1,200원을 입력)

   get a cola

③ 음료수 값보다 입력한 돈이 적은 경우(예 cola를 선택하고 1,000원을 입력)

   cola is 1200, but you paid 1000.

   please pay 200 (Do you agree? Y/N)

이 경우는 위와 같은 문자를 출력하면서 모자란 돈을 넣겠냐는 메시지와 함께 입력으로 'Y' 또는 'N'을 요청한다. 이때 'Y'를 입력하면 ②번과 같이 출력하고, 그렇지 않으면 본래 지불한 돈을 다음과 같이 출력하고 프로그램을 종료한다.

```
return 1000
```

하나의 프로그램을 작성할 때 팁을 주자면 언뜻 보면 복잡한 프로그램인 듯 보여도 근본을 따져보면 작은 기능을 하는 여러 코드들의 모임으로 동작한다. 위에서 설명하는 자판기 프로그램도 이제 겨우 프로그래밍 세계에 입문한 여러분에게 다소 복잡한 듯 보이지만 하나하나 따져보면 그리 어려운 것이 아니다.

복잡한 요구 사항을 만나면 요구 사항을 작게 분리한 다음, 각 단계별로 구현하면 된다. 이를 컴퓨터 용어로 분할 정복(Divide and Conquer)이라고 하며, 프로그래머들도 이 방법을 사용해서 복잡한 프로그램을 작게 분리해서 구현하고 조합한다.

자판기 프로그램을 나누어 해결해 가면서 분할 정복 방법을 이해해 보자. 위 프로그램은 크게 세 단계로 분리할 수 있다.

1) 입력을 받는 단계
2) 계산을 하는 단계
3) 출력하는 단계

1단계 : 입력을 받는 단계

먼저 1단계인 입력을 받는 단계부터 생각해 보자. 입력받는 단계는 다음과 같이 음료수 리스트를 출력한 후에 두 가지 입력을 받는 부분을 의미한다.

```
<Drink List>
cola:1200
water:1000
sprite:1100
milk:1300
juice:1400
```

```
What do you want?(Drink Name)

How much do you pay?
```

입력을 받는 단계는 다시 두 가지 세부 단계로 나눌 수 있다.

1-1) 음료수 종류를 출력하는 단계

1-2) 두 가지 입력을 받는 단계

이제 1-1) 단계부터 구현을 생각해 보자.

① 사전 데이터를 만들어 음료수 이름과 가격을 넣는다.

② 〈Drink List〉를 출력한다.

③ 사전 데이터에 대해 반복문을 사용해서 음료수 이름과 가격을 라인별로 출력한다.

세부 단계로 구분해 놓았으니 이제부터 각 세부 단계에 대해 지금까지 연습 문제를 풀면서 쌓았던 실력을 발판삼아 구현해 보자.

① 사전 데이터 변수를 만들고 위 리스트에 나온 데이터를 추가한다.

```
drink = {"cola": 1200, "water": 1000, "sprite": 1100,
"milk": 1300, "juice": 1400}
```

② print 함수를 사용하여 출력한다.

```
print ("<Drink List>")
```

③ 앞서 배운 사전 데이터에서 기술한 내용을 다시 기억해 보자. 사전 데이터를 출력할

때 유의할 사항으로, 변수를 문자열과 함께 출력할 때에는 변수가 숫자 타입일 경우에는 문자열로 바꿔줘야 한다고 하였다. 따라서 str 함수를 사용하면 문자열과 숫자를 쉽게 출력할 수 있다.

```
for key in drink.keys():
    print(str(key) + ":" + str(drink[key]))
```

1-1) 단계를 구현했으니 다음으로 1-2) 단계를 진행해 보자. 이 단계는 두 가지 입력을 받는 부분으로 코드가 간단해서 더 세부 단계로 분리할 필요는 없어 보인다. input 함수를 사용하여 각각 별도 변수에 입력 값을 저장한다.

```
drink_name = input("What do you want?(Drink Name)")
payment = input("How much do you pay?")
```

여기까지 언뜻 복잡해 보이는 전체 프로그램 중에 3분의 1인 1단계가 구현되었다.

```
drink = {"cola": 1200, "water": 1000, "sprite": 1100,
"milk": 1300, "juice": 1400}
print ("<Drink List>")
for key in drink.keys():
    print(str(key) + ":" + str(drink[key]))

drink_name = input("What do you want?(Drink Name)")
payment = input("How much do you pay?")
```

이와 같이 프로그램을 쪼개어 생각하면 복잡도가 낮아지기 때문에 단계별로 구현이 가능하고, 한 단계가 끝나면 동일한 원리로 다음 단계를 구현하는 식으로 해서 전체 구현이 가능해짐을 알 수 있다.

이제 2단계로 들어가서 계산을 하는 단계를 생각해 보자.

2단계 : 계산을 하는 단계

2단계에서는 다음과 같은 기능을 수행하는 함수를 작성해 보자. 함수 리턴값을 가격차로 만들어 조건문을 사용해서 금액이 플러스이면 거스름돈을, 0이면 음료수 이름을 출력하고, 마이너스이면 추가 금액을 입력받으면 된다.

> 2-1) 음료수 종류와 지불 금액으로
>
> 2-2) 음료수 가격을 찾은 다음
>
> 2-3) 지불 금액과 차이를 계산하여 리턴

2-1) 단계에서 음료수 종류와 지불 금액을 입력받는 함수를 만들어야 하므로 다음과 같이 함수를 선언하면 된다.

```
def calculate (selected_drink, selected_payment):
```

음료수 가격은 음료수 종류 데이터를 활용해서 drink 사전 데이터에서 찾으면 되므로 drink[selected_drink]를 사용하면 된다.

2-2, 2-3) 단계는 하나로 묶는 것이 가능하다. 즉, 지불 금액과 차이를 계산해서 리턴하려면 위에서 찾은 selected_payment 값에서 drink[selected_drink] 값을 빼준 값을 return 해주면 된다.

```
return selected_payment - drink[selected_drink]
```

결국 2단계를 정리하면 단 두 줄이면 된다.

```python
def calculate (selected_drink, selected_payment):
    return selected_payment - drink[selected_drink]
```

3단계 : 출력하는 단계

이제 3단계로 넘어가자. 3단계는 세 가지 경우에 따른 세부 단계로 나눌 수 있다. 그런데 3-1)과 3-2)는 필요한 내용을 출력만 하면 되지만 3-3)은 조금 더 복잡한 구현이 필요하다. 그렇다고 걱정할 필요없이 이 부분이 복잡하다고 생각되면 3-3)을 조금 더 상세한 단계로 나누어서 해결하면 된다. 일단 직접 구현해 보고 전체 코드를 정리해서 프로그램을 완성해 보자.

> 3-1) 함수 리턴값이 플러스이면 거스름 돈 출력
> 3-2) 함수 리턴값이 0이면 음료수 이름 출력
> 3-3) 함수 리턴값이 마이너스이면 추가 금액 입력 단계

3-1)부터 3-3) 단계는 크게 하나의 조건문으로 묶을 수 있다. 우선 2단계에서 작성된 함수를 호출해서 계산된 값을 저장한다.

```python
result_payment = calculate(drink_name, int(payment))
```

이후에 조건문을 작성하면서 각 조건에 맞게 작성하면 된다.

```python
if (result_payment > 0):
    3-1)에 해당하는 코드 작성
elif (result_payment == 0):
    3-2)에 해당하는 코드 작성
```

```
else:
```
　　3-3)에 해당하는 코드 작성

먼저 3-1) 단계는 거스름돈과 입력된 음료수 종류를 다음 요구 사항대로 출력하면 된다.

```
print("change:" + str(result_payment))
print("get a " + str(drink_name))
```

3-2) 단계는 음료수 종류만 요구 사항대로 출력하면 된다.

```
print("get a " + str(drink_name))
```

마지막으로 3-3) 단계는 좀 더 나눌 필요가 있다.

3-3-1) 현재 상태 출력 및 추가 입금 동의 확인
입력받은 돈이 음료수 값보다 작으면(예: 1,000원을 입력받았고, 음료수를 cola로 선택했을 때) 다음과 같이 출력하고 입력으로 'Y' 또는 'N'을 받는다.

```
cola is 1200, but you paid 1000.
please pay 200 (Do you agree? Y/N)
```

3-3-2) 추가 입금 동의 여부에 따른 출력 내용 변경
'Y'를 입력하면 3-2) 단계의 내용을 출력하고 그렇지 않으면 본래 지불한 돈을 출력한다.

```
return 1000
```

3-3-1) 단계는 본래 음료수 가격과 입력받은 금액을 출력하고, 추가로 내야하는 금액을 출력함과 동시에 추가 지불 동의를 구하면 된다.

```
print(drink_name + " is " + str(drink[drink_name]) + ", but
you paid " + payment)
agreed = input("please pay " + str(-result_payment) +
"(Do you agree? Y/N)")
```

여기서 str(-result_payment) 코드에 주목하자. result_payment 값은 지불한 돈에서 음료수 값을 뺀 값이므로 음수가 들어가 있다. 그래서 양수로 바꿔주기 위해 '-'를 붙였고, 역시 정수이므로 문자로 표기하기 위해 str 함수를 사용하였다.

3-3-2) 단계는 조건문을 사용해서 위에서 입력받은 agreed 값이 'Y'이면 음료수 종류를 출력하고, 'Y'가 아니면 지불한 돈을 출력하면 된다.

```
if agreed == "Y":
    print("get a " + drink_name)
else:
    print("return " + payment)
```

이상으로 전체 프로그램을 작성하였다. 처음에는 매우 복잡해 보이는 프로그램이었지만 단계를 나누어서 작성하면 각 단계는 쉽게 작성이 가능함을 알 수 있다. 이와 같이 문제를 작게 만들고 하나씩 해결하면 복잡한 프로그램도 쉽게 만들 수 있다. 정돈하면 복잡한 프로그램으로 보인 것도 지금까지 배운 문법만으로 충분히 작성이 가능함을 알 수 있다.

전체 프로그램은 다음과 같다. 함수는 상단에 선언되는 편이 좋기 때문에 2단계에서 작성한 함수를 상단에 옮겨 놓았다.

```python
def calculate (selected_drink, selected_payment):
    return selected_payment - drink[selected_drink]


drink = {"cola": 1200, "water": 1000, "sprite": 1100,
"milk": 1300, "juice": 1400}


print ("<Drink List>")


for key in drink.keys():
    print(str(key) + ":" + str(drink[key]))


drink_name = input("What do you want?(Drink Name)")
payment = input("How much do you pay?")


result_payment = calculate(drink_name, int(payment))


if (result_payment > 0):
    print("change:" + str(result_payment))
    print("get a " + str(drink_name))
elif (result_payment == 0):
    print("get a " + str(drink_name))
else:
    print(drink_name + " is " + str(drink[drink_name]) + ",
but you paid " + payment)
```

```
    agreed = input("please pay " + str(-result_payment) +
"(Do you agree? Y/N)")
    if agreed == "Y":
        print("get a " + drink_name)
    else:
        print("return " + payment)
```

여기까지 하나의 프로그램을 만들어 보았는데 마지막으로 중요한 것이 하나 있다. 프로그램이 완성되었다면, 이제는 여러 가지 경우를 생각해 보고 오류가 없는지 직접 테스트를 해봐야 한다. 테스트 단계란 프로그램이 다양한 경우에 정상 동작하는지를 확인하는 단계이다. 본래 실무에서는 복잡한 프로그램을 만들 때 세부 단계를 구현할 때마다 테스트 단계를 두어서 구현한 기능에 문제가 없는지를 확인하고 다음 단계로 넘어간다. 그러나 우리가 만든 프로그램은 간단한 프로그램이므로 단계별로 테스트하는 것보다는 전체 코드를 작성한 후에 테스트를 진행하는 것으로 한다.

테스트 과정에서 오류가 발견되면 어떤 코드에서 문제가 있는지를 확인해야 하는데 이를 디버깅이라고 한다. 디버깅은 문제가 있을 것 같은 코드에 print 함수를 사용하여 변수 값이 어떻게 변하고 있는지를 확인하면서 오류 코드를 수정하는 작업이다. 전문 프로그래밍 단계에서는 디버깅을 보다 상세하고 편리하게 할 수 있는 디버깅 전용 툴이란 것을 사용한다. 적어도 다음의 세 가지 경우를 직접 테스트해 보고 문제가 있으면 디버깅을 하면 될 것이다.

① 거스름 돈이 필요한 경우
② 지불 금액과 음료수 가격이 동일한 경우
③ 지불 금액이 음료수 가격보다 적은 경우

이러한 테스트 리스트를 테스트 케이스라고 이야기한다. 테스트를 해서 이상이 없다면 하나의 완성된 프로그램이 만들어진 것이다. 다음 장으로 넘어가기 전에 프로그램을 작성하는 주요한 방법을 정리하면 다음과 같다.

① 구현할 프로그램 요구 사항을 구현 레벨로 분석한다.
② 구현할 프로그램을 세부 단계로 나누고 각 단계를 구현한다.
   세부 단계가 복잡하다면 다시 보다 상세한 단계로 나누고 각 단계를 구현한다.
③ 프로그램이 완성되면 프로그램이 정상 동작하는지 확인하기 위해 테스트 케이스를 생각해 보고 테스트를 진행한다. 문제가 발견되면 디버깅을 한다.

그런데 사실 위에서 작성한 자판기 프로그램은 완전한 프로그램은 아니다. 이 프로그램은 사용자가 예상과 다른 입력을 했을 경우에는 정상 동작을 하지 않는다. 예를 들어 자판기 프로그램에서는 cola, water, sprite, milk, juice의 5종류 음료수를 기준으로 만들었지만 사용자가 coffee를 입력하면? 이와 같이 프로그램을 구현하는 사람과 사용하는 사람 차이가 발생할 수 있다. 다음과 같은 연습 문제를 통해 다양한 경우를 보완할 수 있도록 프로그램을 개선해 보자.

• **연습 문제 1** : 위 자판기 프로그램에 아래와 같은 요구 사항을 추가했다. 관련 기능을 추가해서 구현해 보자.
◑추가 요구 사항◐
음료수 이름을 입력받는 단계에서 음료수 이름이 자판기가 제공하는 음료수 이름 중에 없으면 'Not provided'를 출력하고, 다시 'What do you want?(Drink Name)'으로 음료수 이름을 재입력 받는다.

What do you want?(Drink Name)
◑힌트◐
사전 변수에서 사전 키만 keys 함수로 추출하고, 이를 리스트로 만든 다음 반복문으로 전체 리스트를 검색하면서 입력된 음료수 이름을 비교하면 된다. 입력된 음료수 이름이 사전 키로 있는지를 확인하기 위해서는 조건문을 사용해서 리스트 데이터와 입력된 음료수 이름을 비교하면 된다.

◗ 추가 요구 사항 ◖

음료수 이름을 대문자로 입력하더라도 스펠링만 맞다면 정상 동작해야 한다.

◗ 힌트 ◖

컴퓨터에게 있어서 대문자와 소문자는 엄연히 다른 문자이다. 음료수 이름은 모두 소문자이지만 입력을 하는 사용자는 인간이기 때문에 대문자로 입력할 수도 있다. 그렇더라도 이름만 동일하면 정상 동작하도록 해달라는 이야기이다. 문자열 변수.lower( ) 함수를 사용하면 문자열을 모두 소문자로 변환할 수 있다. 이와 같이 사소한 기능이지만 소프트웨어는 사용성을 높이기 위해 다양한 기능이 필요하다.

• **연습 문제 3** : 자판기 프로그램에 요구 사항을 변경했다. 관련 기능을 변경해서 구현해 보자.

◗ 추가 요구 사항 ◖

프로그램이 시작되면 아래와 같이 표기하고 음료수 이름을 입력으로 받는다.

What do you want?(Drink Name or LIST)

사용자가 음료수 이름이 아닌 항목(대소 문자 구분 안함)을 입력하면 다시 음료수 리스트를 화면에 출력하고 음료수 이름을 받는다.

〈Drink List〉
cola:1200

water:1000

sprite:1100

milk:1300

juice:1400

◗ 힌트 ◖

음료수 리스트를 출력하는 부분을 함수로 만들자. 입력값이 list 인지를 조건문으로 확인해서 list이면 음료수 리스트 출력 함수를 호출한다.

✹ 스스로 알고리즘을 만들어보자

이제 알고리즘을 작성해 보자. 알고리즘이란 문제를 해결하기 위한 절차를 말하는 것으로 우리가 문제를 풀 때 작성하는 코드가 바로 알고리즘이다. 처음 프로그래밍을 배우는 분들은 알고리즘을 잘 만드는 방법을 배우는 것이 중요하다. 화가 연습생들이 그림을 잘 그리기 위해 유명한 작품을 모사하는 것처럼 알고리즘을 잘 만든 예를 따라하면서 스스로 동일한 알고리즘을 만드는 연습을 많이 하면 보다 효율적인 프로그램을 만들 수 있다. 그래서 이 장에서는 대표적인 알고리즘 중 몇 가지를 설명하면서 잘 만든 알고리즘이란 어떤 것이고, 또 어떻게 만들어야 하는지에 대해 공부해 보기로 한다. 대표적인 알고리즘은 잘 만들어진 코드이지만 처음 접하는 분들은 특별한 컴퓨팅 사고가 필요할 수도 있기에. 한번에 이해하기는 어렵다.

그래서 여러 번 읽고, 직접 책을 덮고 작성해 보면서 연습을 해야 한다. 처음에는 어렵지만 계속해서 연습을 하다보면 이를 통해 프로그램을 작성하는 사고가 쌓이면서 어떤 프로그램이든 작성할 수 있는 토대가 마련된다.

버블 정렬 알고리즘

다양한 대표적인 알고리즘 중에서 비교적 간단하다고 할 수 있는 숫자를 정렬하는 알고리즘을 풀어보자. 일반적으로 대표적인 알고리즘들은 난이도가 높아서 지금까지 우리가 만들어본 코드와는 수준이 다른 면이 있다. 그래서 조금 어려울 수도 있겠지만 단계별로 차근차근 설명할테니 생각을 따라가면서 잘 만든 알고리즘에 대한 감을 익혀보는 것으로 한다. 알고리즘을 작성하는 연습 방법은 다음과 같다. 이 방법대로 진행하는 것이 매우 중요하다.

① 연습장과 펜을 준비한다.

② 알고리즘 문제를 읽고 분석한 후에

③ 테스트용으로 매우 간단한 경우부터 복잡한 경우로 순서대로 생각해 보면서 연습장과 펜을 이용하여 알고리즘을 만들어본다.

핵심은 연습장으로 작성할 코드를 어느 정도 미리 만들어두고 컴퓨터에는 연습장에 적은 코드를 옮기는 것이다. 위 내용을 염두에 두고 알고리즘을 만들어보는 과정을 따라해 보자.

이제 이 방법으로 버블 정렬 알고리즘이라는 대표적인 알고리즘을 푸는 방법을 이해하면서 따라해 보자. 버블 정렬 알고리즘은 데이터를 정렬하는 알고리즘 중 하나이다.

```
data_list = [1, 9, 2, 3, 7, 5, 4, 7, 10, 11, 23, 43, 54,
54, 32, 1, 2, 34, 3, 2, 5, 6, 6, 9, 53, 19, 18]
```

이 데이터를 정렬하여 다음과 같이 만드는 것이 최종 목표이다.

```
data_list = [1, 1, 2, 2, 2, 3, 3, 4, 5, 5, 6, 6, 7, 7, 9, 9,
10, 11, 18, 19, 23, 32, 34, 43, 53, 54, 54]
```

어떤 문제를 해결하기 위한 첫 단계는 가장 쉬운 레벨부터 생각하고, 점진적으로 확대하면서 규칙적인 알고리즘을 찾는 것이다. 그래서 data_list 개수가 가장 적을 때부터 생각해 보자.

```
data_list = [9, 1]
```

이것은 다음과 같이 2개의 요소만 존재하고 있는 상태이다.

```
data_list[0] = 9
data_list[1] = 1
```

따라서 이 경우는 data_list[0] > data_list[1]일 때만 data_list[0] 값과 data_list[1] 값을 교환하면 된다. 그래서 data_list = [1, 9]로 변경되면 된다.

이제 data_list 개수를 하나 더 늘려보자.

```
data_list = [9, 1, 7]
```

data_list[0] > data_list[1]일 때 값을 교환하고, 다시 data_list[1] > data_list[2] 일 때 값을 교환해야 한다. 위 예를 가지고 생각해 보면, 1, 7, 9로 정렬이 된다.

그러면 마찬가지 방식을 리스트 데이터가 네 개일 때 적용해 보자.

data_list[0]과 data_list[1]을 비교하여 앞의 값이 크면 두 값을 교환

data_list[1]과 data_list[2]을 비교하여 앞의 값이 크면 두 값을 교환

data_list[2]과 data_list[3]을 비교하여 앞의 값이 크면 두 값을 교환

임의로 데이터 네 개를 아래와 같이 놓고 위 로직대로 수행해 보자.

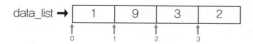

data_list[0]과 data_list[1]을 비교하면 1 〈 9이므로 교환하지 않는다.

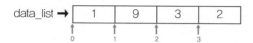

data_list[1]과 data_list[2]를 비교하면 9 〉 3이므로 다음과 같이 교환된다.

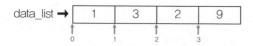

data_list[2]과 data_list[3]를 비교하면 9 〉 2이므로 다음과 같이 교환된다.

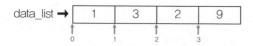

어떤가 정렬이 되었는가? 데이터가 3개까지일 때는 이상없이 잘 되었는데 4개일 때는 오류가 발견되었다. 즉, 가장 큰 숫자인 9가 오른쪽에는 잘 위치했는데 두 번째와 세 번째인 3과 2가 제대로 처리되지 않았다.

제대로 처리된 data_list[3]만 놔두고 data_list[0]~data_list[2]에 대해 다시 한 번 로직을 적용시켜 보자.

data_list[0]과 data_list[1]을 비교하여 앞의 값이 크면 두 값을 교환
data_list[1]과 data_list[2]을 비교하여 앞의 값이 크면 두 값을 교환

먼저, data_list[0]과 data_list[1]을 비교하면 1 〈 3이므로 교환하지 않는다.

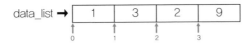

data_list → | 1 | 3 | 2 | 9 |
0 1 2 3

data_list[1]과 data_list[2]를 실행하면 3 〉 2이므로 다음과 같이 교환된다.

data_list → | 1 | 2 | 3 | 9 |
0 1 2 3

동일한 로직을 한 번 더 돌렸더니 원하는대로 정렬된 값을 얻었다. 그렇다면 5단계까지 감안해서 실제 샘플 데이터를 가지고 적용해 보고 특이점을 관찰해 보자.

리스트 데이터	1회 로직 적용	2회 로직 적용	3회 로직 적용	4회 로직 적용
9, 1, 7	1, 7, 9	—		
9, 7, 1	7, 1, 9	1, 7, 9		
1, 9, 3, 2	1, 3, 2, 9	1, 2, 3, 9	—	
9, 3, 2, 1	3, 2, 1, 9	2, 1, 3, 9	1, 2, 3, 9	
9, 7, 5, 3, 1	7, 5, 3, 1, 9	5, 3, 1, 7, 9	3, 1, 5, 7, 9	1, 3, 5, 7, 9
5, 7, 3, 9, 4	5, 3, 7, 4, 9	3, 5, 4, 7, 9	3, 4, 5, 7, 9	—
1, 9, 3, 2, 7	1, 3, 2, 7, 9	1, 2, 3, 7, 9	—	—

- **발견한 특이점**

  ⑩ n개의 리스트가 있는 경우 최대 n−1번의 로직을 적용한다.

  ⑪ 로직을 1번 적용할 때마다 가장 큰 숫자가 뒤에서부터 1개씩 결정된다.

  ⑫ 로직이 경우에 따라 일찍 끝날 수도 있다. 따라서 로직을 적용할 때 한 번도 데이터
  가 교환된 적이 없다면 이미 정렬된 상태이므로 더 이상 로직을 반복 적용할 필요가
  없다.

위 특이점을 합해서 작성할 알고리즘을 문장으로 만들어보고, 필요한 데이터
구조를 적어보자.

필요한 데이터 구조 : data_list (리스트 데이터)

1) 리스트 데이터[0] ~ 리스트 데이터[리스트 총 길이 − 로직 적용 횟수] 까지 로직을 적
용한다.

2) 올림차순인 경우 데이터[x] 〉 데이터[x + 1]이면 두 데이터를 자리 바꿈한다.

3) 1)번과 2)번 수행 후에 자리를 바꾼 데이터가 한 번도 없으면 정렬이 되었다는 의미이
므로 더 이상 로직을 수행하지 않고 종료한다.

작성할 알고리즘을 문장으로 기술할 때 명확하게 나열하는 것은 쉽지 않겠지만
자기만 알아볼 수 있으면 된다. 간단한 예를 바탕으로 문장을 구성한 후 구현할
알고리즘에 확신이 들면 각 문장을 코드로 작성하면 된다. 그러면 작성한 문장
에 의거하여 코드를 작성해 보자.

1)번 문장은 다음과 같이 기술될 수 있다.

```
for index in range(len(data_list) - repeat_count):
```

data_list[index]와 data_list[index + 1]을 비교하는 것이므로, data_list는 '마
지막 데이터 −1'까지만 비교를 수행하면 된다. 따라서 repeat_count 초깃값은
1이 되어야 한다.

2)번 문장은 다음과 같이 기술될 수 있다.

```
if data_list[index] > data_list[index + 1]:
    data_list[index], data_list[index + 1] = data_
list[index+1], data_list[index]
```

여기서 두 번째 코드는 두 데이터를 바꾸는 코드로, 본래는 다음과 같이 임시 변수를 만들어서 두 데이터 값을 교환해야 하지만 파이썬에서는 위와 같은 코드가 가능하기 때문에 활용하였다.

```
temp_data = data_list[index + 1]
data_list[index + 1] = data_list[index]
data_list[index] = temp_data
```

3)번 문장을 해결하기 위해서는 데이터 값을 교환한 경우가 있으면 계속 코드를 반복하도록 while문과 changed 변수를 사용하였다.

```
data_list = [9, 7, 3, 5, 1]          ――― 임의로 data_list 리스트 데이터 선언
repeant_count = 0
changed = True
while changed:
  changed = False
  repeat_count += 1
  for index in range(len(data_list) − repeat_count):
    if data_list[index] 〉 data_list[index + 1]:
        data_list[index], data_list[index + 1] = data_list[index + 1], data_
list[index]
```

```
        changed = True
print (data_list)              ---- data_list 리스트 데이터 출력
```

로직에 입각하여 프로그램을 작성해 보았는데 이러한 알고리즘을 버블 정렬 알고
리즘이라고 하며, 근접한 수를 비교해서 정렬하는 가장 간단한 정렬 알고리즘이다.
이 상태에서 책을 덮고 다시 문제를 연습장과 펜을 이용하여 풀어보자. 테스트까지
완료되면 다시 PC 앞에서 프로그램을 작성하여 제대로 실행되는지 확인해 보자.
그런 다음 다음 날에 이 문제를 생각해 보고 다시 동일한 방법으로 반복해 보자. 이
렇게 연습을 계속 하면 어느 샌가 스스로 알고리즘을 만들 수 있게 된다.

선택 정렬 알고리즘

이번에는 다른 정렬 알고리즘을 알아보기로 하자. 숫자를 정렬하는 알고리즘은
앞에서 배운 버블 정렬 알고리즘 말고도 여러 개가 있는데 처음부터 직관적으로
주어진 데이터를 모두 검색해서 가장 낮은 값을 맨 앞에 놓는 방식은 어떨까?
예를 들어 다음과 같은 리스트가 있다고 할 때 첫 번째 값을 차례대로 2~5번째
값과 비교하여 가장 낮은 값을 찾아내고 이를 맨 앞의 값과 바꾼다.

```
data_list = [9, 7, 3, 5, 1]
```

1단계 : 데이터 [9, 7, 3, 5, 1]

data_list[0] 〉 data_list[1]이므로 가장 낮은 값은 현재 data_list[1]

data_list[1] 〉 data_list[2]이므로 가장 낮은 값은 현재 data_list[2]

data_list[2] 〈 data_list[3]이므로 가장 낮은 값은 현재 data_list[2]

data_list[2] 〉 data_list[4]이므로 가장 낮은 값은 최종 data_list[4]

이렇게 1단계가 끝나면 가장 작은 값인 data_list[4]를 data_list[0] 값과 바꾼다.
그래서 결과적으로 1단계가 끝나면 리스트 데이터는 [1,7,3,5,9]가 된다.

2단계 : 데이터 [1, 7, 3, 5, 9]

1단계에 의해 5개 데이터 중 가장 낮은 값이 맨 앞에 정렬된 상태가 된다. 그래서 2단계는 동일한 로직을 반복하되 data_list[1] 값을 가지고, 1부터 4까지 비교한다.

data_list[1] 〉 data_list[2]이므로 가장 낮은 값은 현재 data_list[2]

data_list[2] 〈 data_list[3]이므로 가장 낮은 값은 현재 data_list[2]

data_list[2] 〈 data_list[4]이므로 가장 낮은 값은 최종 data_list[2]

2단계가 끝나면 두 번째 작은 값이 data_list[2]임을 알 수 있다. 이 값을 data_list[1]과 바꾸면 된다. 그래서 2단계가 끝나면 리스트데이터는 [1, 3, 7, 5, 9] 가 된다.

3단계 : 데이터[1, 3, 7, 5, 9]

두 번째도 결정되었으므로 동일한 원리로 data_list[2] 값부터 차례대로 나머지와 비교하는 작업을 진행한다. 마치고 나면 세 번째 값도 결정이 난다.

data_list[2] 〉 data_list[3]이므로 가장 낮은 값은 현재 data_list[3]

data_list[3] 〈 data_list[4]이므로 가장 낮은 값은 최종 data_list[3]

3단계가 끝나면 data_list[3]을 세 번째 작은 값이 위치해야 하는 data_list[2]와 바꿔서 결국 리스트 데이터는 [1, 3, 5, 7, 9]가 된다.

4단계 : 데이터 [1, 3, 5, 7, 9]

세 번째도 결정되었으므로 동일한 원리로 data_list[3] 값을 차례대로 나머지와 비교하는 작업을 진행한다.

data_list[3] 〈 data_list[4]이므로 가장 낮은 값은 data_list[3]

4단계가 끝나면 data_list[3]을 네 번째 작은 값이 위치해야 하는 data_list[3]에 넣어야 한다. 동일한 값과 위치이므로 리스트 데이터는 바뀌지 않고 동일하게 [1,3,5,7,9]가 된다.

이 방식을 알기 쉽게 표로 구성하면 다음과 같다.

원본   [9, 7, 3, 5, 1]

1단계   [9, 7, 3, 5, 1]

2단계   [1, 7, 3, 5, 9]

3단계   [1, 3, 7, 5, 9]

4단계   [1, 3, 5, 7, 9]

1단계씩 로직이 적용될 때마다 버블 정렬 방식과는 다르게 앞에서부터 숫자가 확정되는 것을 볼 수 있다. 이제 이러한 알고리즘을 구현하기 위해 필요한 항목을 세부 항목으로 나누고 문장으로 작성해 보기로 하자.

필요한 데이터 구조: data_list (리스트 데이터)

① 비교할 데이터는 0~마지막 데이터이고, 비교할 때마다 비교할 데이터 위치는 1씩 늘어난다.

② 비교할 데이터를 모두 비교해서 가장 낮은 값을 찾는다.

③ 가장 낮은 값을 맨 앞 값과 바꾼다.

이상의 로직을 한 단계씩 진행할 때마다 맨 처음 위치를 뺀 나머지 리스트를 같은 방법으로 진행해서 마지막 위치 전까지 반복한다.

①번부터 코드를 작성해 보자. 우선 전체 로직은 '데이터 개수-1'만큼 반복해야 한다. 다만, 반복할 때마다 비교할 데이터의 첫 위치는 1씩 늘어나야 하고, 끝까지 데이터를 순차적으로 비교하면 된다. 이를 코드로 작성하면 다음과 같다.

```
for count in range(len(data_list) -1):
    min_index = count
    for index in range(count, len(data_list)):
```

전체 로직의 반복을 위해 0부터 '데이터 개수-1'까지 반복할 수 있도록 하였다. range(x, y) 함수를 사용하면 x부터 y-1까 지 반복할 수 있기 때문에 반복 횟수가 저장된 count 변수를 사용해서 매번 반복시마다 비교할 데이터의 첫 위치가 1씩 늘어나게 만들었다.

②번을 코드화 하면 다음과 같다.

```
if data_list[index] < data_list[min_index]:
    min_index = index
```

데이터를 하나씩 비교하면서 가장 낮은 값을 가진 데이터 위치를 찾도록 코드를 만들었다.

③번을 위해서는 다음과 같은 코드로 가장 낮은 데이터 위치와 비교할 데이터 시작 위치 데이터를 바꾸면 된다.

```
data_list[count], data_list[min_index] = data_list[min_
index], data_list[count]
```

여기까지를 조합하면 전체 코드를 작성할 수 있다. 테스트를 위해 임의 data_list 리스트 데이터 변수를 선언하고 알고리즘 수행 후에 data_list를 출력하여 정렬 결과를 확인할 수 있도록 하였다.

```
for count in range(len(data_list) - 1):
    min_index = count
    for index in range(count, len(data_list)):
        if data_list[index] < data_list[min_index]:
            min_index = index
    data_list[count], data_list[min_index] = data_
list[min_index], data_list[count]
print (data_list)
```

프로그램을 실행시키면 count 변수는 0부터 len(data_list) −1 까지 반복한다. 그래서 count 에는 반복을 할 때마다 1씩 증가되어 처음 비교할 위치를 자동으로 가리키게 한다. len(data_list)에 1을 뺀 이유는 맨 마지막에 데이터가 한 개 있을 경우에는 비교할 필요가 없기 때문이다. min_index 값도 검색하는 데이터 인덱스 중 가장 앞 인덱스로 바꿔야 하기 때문에 count 값을 넣어주었다. index 변수를 반복하는 구문에서는 정렬된 데이터 뒤에서부터 끝까지 반복을 해야 한다. 반복이 끝나면 이때까지 최솟값을 가지고 있는 min_index 데이터와 count 데이터를 변경한다. 이렇게 하면 가장 적은 데이터 순으로 정렬이 가능하다. 이와 같은 방식을 선택 정렬이라고 한다.

이 정렬 알고리즘도 정상 동작하는지 연습장에 펜을 사용해서 테스트해 보고, 정상 동작한다는 확신이 서면 PC에 코드로 작성해서 테스트해 보자. 그리고 다음 날 다시 문제만 기억한 상태에서 직접 연습장과 손으로 동일한 방식을 수행해 보자.

좋은 알고리즘 판단 기준
알고리즘이 좋은지 나쁜지를 판단할 때 시간 복잡도와 공간 복잡도 개념을 활용한다. 두 복잡도를 계산하는 방법을 처음부터 알 필요는 없지만 이 중에서도 더 중요한 시간 복잡도에 대해서만 가장 간단하게 알아두자.
시간 복잡도는 Big-O 표기법으로 많이 표기가 되며, 단순히 작성한 알고리즘에서 반복문 안에 반복문이 가장 많은 경우를 찾으면 된다. 반복문이 없으면 O(1), 반복문이 하나이면 O(n), 반복문 안에 반복문이 한 번 더 들어가면 $O(n^2)$이다. 코드에서 반복문 안에 반복문이 가장 많이 들어가 있는 코드를 찾는다는 점이 중요하다.

시간 복잡도는 O(1) 〈 O(n) 〈 $O(n^2)$과 같이 비교 가능하다. 결국 반복문 안에 반복문이 많으면 많을수록 반복 횟수가 기하 급수적으로 늘어나므로 좋지 않다는 이야기이다.

우리가 작성한 버블 정렬 코드를 보자. 반복문 안에 반복문이 하나 들어가 있으니 $O(n^2)$ 이다.

```
ended = 0
changed = True
while changed:
    changed = False
    for index in range(len(data_list) − 1 − ended):
        if data_list[index] 〉 data_list[index + 1]:
            data_temp = data_list[index + 1]
            data_list[index + 1] = data_list[index]
            data_list[index] = data_temp
            changed = True
    ended += 1
```

선택 정렬 알고리즘도 마찬가지다. 반복문 안에 반복문이 하나 들어 있으니 $O(n^2)$ 이다.

```
for count in range(len(data_list) − 1):
    min_index = count
    for index in range(count, len(data_list)):
        if data_list[index] 〈 data_list[min_index]:
            min_index = index
    data_temp = data_list[count]
```

```
        data_list[count] = data_list[min_index]
        data_list[min_index] = data_temp
```

정리하자면 어떠한 문제를 해결할 수 있는 알고리즘은 한 개만 있는 것이 아니라 다양한 해결책이 나올 수 있다. 그래서 알고리즘에 조금 익숙해 지면 그 중에 어떤 알고리즘이 보다 잘 만들어진 것인지 기준을 알 필요가 있다. 프로그래밍은 다음 두 가지 조건을 확인해서 잘 만들어진 알고리즘을 찾는다.

■ 얼마나 빨리 해결하나? (시간 효율성)
■ 얼마나 작은 저장 공간을 사용하나? (공간 효율성)

이 두 가지만 고려하면 된다. 두 가지 모두 별도로 계산하는 방식이 있지만 지금 단계에서는 알고리즘을 작성할 때 반복문 안에 반복문을 넣으면 그만큼 시간이 많이 걸린다는 사실만 참고로 알아두자. 저장 공간은 간단한 알고리즘에서는 크게 신경 쓰지 않아도 된다.

탐색 알고리즘

탐색 알고리즘에 대해 공부하기 전에 다음 문제를 생각해 보자. 병뚜껑 안에 1~100 사이의 숫자 중 한 개의 숫자가 적혀 있는 주스 병 30개가 있다. 이들 주스 병은 뚜껑 안에 적혀 있는 숫자 순서대로 나열되어 있고 한 번에 하나씩 주스 병을 따서 특정한 숫자가 적힌 주스 병을 찾아낼 수 있다. 그럴 때 원하는 숫자가 적힌 주스 병을 가장 **빠르게** 찾아내는 방법을 생각해 보자.

이 문제를 푸는 가장 단순한 방법은 처음부터 하나씩 주스 병을 따면서 원하는 번호가 있는 주스병을 확인하는 것이다. 그러나 이 방법은 원하는 번호가 뒤에 있는 경우 주스 병을 너무 많이 따게 된다는 문제점이 있어 이를 알고리즘으로 생각하면 불필요하게 많은 반복과 비교가 필요하다.

이 문제를 좀더 획기적으로 풀 수 있는 알고리즘은 여러 가지 있지만 이중에서도 가장 대표적인 이진 검색 알고리즘에 대해 알아보자.

이진 검색 알고리즘이란 오름차순으로 정렬된 데이터 중에서 검색할 데이터를 절반씩 쪼개면서 검색 범위를 빠르게 줄이는 방식이다. 예를 들어 1부터 100까지 숫자 중에 임의 숫자가 오름차순으로 정렬된 상태로 25개 리스트 데이터가 들어 있는 primes 리스트가 있다. 이 데이터 중에 67이 있는지를 검색한다고 할 때 가장 단순한 방법은 리스트 인덱스 0번부터 하나씩 순차적으로 확인해 가면서 67이 있는지를 검색하는 것이다. 그러나 이 방법을 사용한다면 67이 있는 18번째 인덱스, 즉 primes[18] 까지 19번 검색을 해야 한다. 특히 찾고자 하는 데이터가 뒤쪽에 있는 경우 검색 횟수는 더 늘어나게 된다.

이것을 이진 검색 알고리즘을 이용하여 검색해 보자. 즉, 전체 데이터에서 데이터 첫 번째를 나타내는 값을 min으로 놓고, 가장 마지막 번째 값을 max로 놓는다. 위 데이터에서는 min이 primes[0], max가 primes[24]가 된다.

1단계

min과 max 가운데 값을 확인한다. 즉 primes[0]과 primes[24]의 가운데 값은 primes[12] = 41 이고 41은 찾고자 하는 값인 67보다 작다. 그렇다면 인덱스가 12 이하인 데이터는 41 보다 작기 때문에 67을 찾기 위해 검색할 필요가 없다. 이 점이 이진 검색 알고리즘의 핵심 포인트이다.

2단계

인덱스 12 이하는 검색할 필요가 없으므로, min을 인덱스 13으로 놓는다. 그러면 우리가 검색할 데이터는 min 인덱스 13부터 max 인덱스 24까지 반으로 줄어들었다. 다시 primes[13]과 primes[24]의 가운데 값인 primes[18]의 값을 확인한다. 그런데 운이 좋게도 primes[18]에 들어있는 값은 67이다.

단, 두 번 만에 원하는 데이터를 검색했다. 인덱스 0번부터 순차적으로 하나씩 검색하는 방식으로 19번 검색을 했던 것을 두 번만에 해결한 것이다. 이와 같이 절반씩 검색할 데이터 범위를 줄여나가면서 검색하는 알고리즘을 이진 검색 알고리즘이라고 한다.

이 내용과 관련한 알고리즘을 만들기 위해 한 가지 알아둘 방법이 있다. 파이썬에서 우리는 함수라는 것에 대해 배웠고 필요에 따라 함수를 만들어 이용할 수도 있다고 배웠다. 이때 만든 함수 안에서 다시 동일한 함수를 호출할 수도 있는데 이러한 방법을 재귀 용법이라고 부른다. 예를 들어, 다음 프로그램을 실행해 보자.

```
def count_down(count):
    if count == 0:
        print "End"
    else:
        print count
        count_down(count-1)
```

이 상태에서 다음과 같이 함수를 호출하면

```
count_down(3)
```

count_down 함수를 찾아가면 count는 3이므로 count==0이 아니다. 그래서 else 문을 수행하여 3이 출력된 후 count_down(count-1)문을 만나서 count_down(2) 가 다시 호출된다. 동일한 방식으로 count_down(0)이 될 때까지 반복하게 된다. count_down(0)이 호출되고 나서야 비로소 count==0이므로 'End'를 출력하고 종료한다. 즉, 이 프로그램을 실행시키면 다음과 같이 출력이 이루어진다.

```
3
2
1
End
```

이와 같이 함수 내에서 다시 해당 함수를 호출하는 것을 재귀 용법이라 하며 이 진 검색 알고리즘은 재귀용법을 기반으로 구현될 수 있다. 이제 실제 로직을 알아보자.

데이터 구조: 검색할 리스트 데이터(data), 찾을 데이터(finding)

1) 검색할 리스트 데이터 가운데 값 data[len(data) / 2] 을 찾을 데이터와 확인한다.
   len(data) == 0 이면 더 이상 검색할 데이터가 없다는 의미이므로 함수 종료
1-1) data[len(data) / 2] 〈 finding 이면 가운데 값 이하에 있는 데이터는 더 이상 검색할 필요가 없으므로 검색할 데이터는 data[(len(data) / 2):]로 만들고 1)번 부터 다시 진행
1-2) data[len(data) / 2] 〉 finding 이면 가운데 값 이상에 있는 데이터는 더 이상 검

색할 필요가 없으므로 검색할 데이터는 data[:(len(data) / 2)]로 만들고 1)번부터 다시 진행

1-3) data[len(data) / 2] == finding이면 찾을 데이터 위치를 찾았으므로 해당 위치를 리턴해 줌 —〉 return (len(data) / 2)

여러 번 생각해 봐야 이해할 수 있는 부분이 있으므로 위 문장 1)번부터 코드로 만들어보면서 조금 더 로직을 이해해 보도록 하자.

```
def binary_search (data, finding):

    if len(data) == 0:
        return 1000        ——— 함수를 종료시키기 위해 강제로 리턴. 리
                               턴값을 데이터 위치와는 명시적으로 다른
                               값을 주어서 찾을 데이터가 없어서 종료됨
                               을 알게 함

    if data[int(len(data) / 2)] < finding: ——————— 1-1)
        binary_search (data[int(len(data) / 2):],
finding)
```

len(data) / 2는 len(data)가 홀수일 때는 정수가 되지 않기 때문에 정수로 만들기 위해 타입을 변환하는 int( ) 함수를 사용했다. data[int(len(data) / 2):]는 data 리스트를 int(len(data) / 2) 인덱스부터 리스트 끝까지 자른다. 즉, 검색 범위를 리스트 오른쪽 절반 데이터로 좁혀준다.

```
    elif data[int(len(data) / 2)] > finding:    ——————— 1-2)
        binary_search (data[:int(len(data) / 2)], finding)
```

data[:int(len(data) / 2)]는 검색 범위를 리스트 왼쪽 절반 데이터로 좁혀준다.

```
    else:           --------- 1-3)
        return (int(len(data) / 2))
```

1-1), 1-2)가 아닌 경우는 data[int(len(data) / 2)] == finding 뿐이므로 else 구문을 사용하였다. 이상을 조합하여 전체 코드를 구성하면 다음과 같다.

```
data = [2, 3, 5, 7, 11, 13, 17, 19, 23, 29, 31, 37, 41,
43, 47, 53, 59, 61, 67, 71, 73, 79, 83, 89, 97]


def binary_search(data, finding):
    if len(data) == 0:
        return 1000


    if data[int(len(data) / 2)] < finding:
        binary_search(data[int(len(data) / 2):], finding)
    elif data[int(len(data) / 2)] > finding:
        binary_search (data[:int(len(data) / 2)], finding)
    else:
        return (int(len(data) / 2))


finding_index = binary_search(data, 41)
if finding_index == 1000:          ---- 데이터를 찾지 못한 경우 데이터 위치값으
    print ("No data")                   로 볼 수 없는 1000 리턴값을 주어서 명시
else                                    적 print("No data") 리턴값으로 구분했다.
    print (finding_index)          ---- 데이터를 찾은 경우 데이터 위치 값을 출
                                        력했다.
```

위 코드와 이전에 기술한 로직을 비교하면서 여러 번 이해하려 해보기 바란다. 이해가 갔다면 마지막에는 연습장을 펴놓고 직접 써가면서 스스로 위 로직과 코드를 만들어보도록 하자. 수차례 생각을 하면서 직접 작성해보면 프로그래밍 역량도 함께 늘어날 수 있고, 이것이 가장 빠르고 좋은 길이다.

우리는 이진 검색 알고리즘을 통해 두 가지 기본적인 개념에 대해 살펴보았다. 한 가지는 분할 정복하는 방법으로 이진 검색은 분할 정복 방법의 대표적인 예이다. 즉, 절반씩 검색할 범위를 나누고 좁혀서 빠르게 데이터를 찾는 방법이다. 다른 한 가지는 작성한 함수 안에서 다시 함수 자신을 호출하는 재귀 용법 개념이다. 재귀 용법은 다양한 알고리즘을 만들 때 활용할 수 있고 코드가 간단해지는 특징을 가지고 있지만 컴퓨터 내부적으로는 부담을 주는 방법에 해당한다. 참고로 파이썬은 내부적으로 함수 자신을 1,000번 이상 호출하지는 못하도록 막아놓았다.

이진 검색 알고리즘을 활용하면 검색을 빨리 할 수 있지만, 검색 전에 데이터가 정렬되어 있어야 한다는 단점이 있다. 그러나 앞에서 정렬하는 알고리즘도 살펴보았으므로 정렬과 이진 검색 알고리즘을 사용하면 원하는 데이터를 매우 빠르게 검색하는 프로그램을 만들 수 있다. 실제 우리가 사용하는 프로그램에서 검색을 하는 기능은 위와 같은 알고리즘을 사용해서 구현되어 있다.

다시 한 번 강조하지만 이런 알고리즘은 처음에는 누구나 생각하기 쉽지 않고 로직을 이해하기도 쉽지 않다. 하지만 어렵더라도 수차례 반복하면서 연습하면 어느새 스스로 알고리즘을 만들 수 있는 역량을 기를 수 있고 이때부터는 어떤 프로그램이든 스스로 만들 수 있게 된다.

5 객체 지향 이해하기

computer
programming

이 책에서 지금까지 배운 기본 프로그래밍 방법은 전문 용어로 절차 지향 프로
그래밍이라고 한다. 그런데 절차 지향과는 다소 다른 객체 지향 프로그래밍이
라고 하는 프로그래밍 방식이 있다. 영어로는 Object-Oriented Programming
(약자로 OOP)라고 한다. 객체 지향 프로그래밍은 JAVA 언어나 C++ 언어를
사용하기 위해 반드시 알아야 하는 프로그래밍 방법이다. 파이썬은 객체 지향
프로그래밍도 지원한다.

✸ 객체 지향 프로그램

지금까지 작성한 프로그래밍들은 모두 맨 처음 라인부터 순차적으로 실행되도
록 되어 있다. 물론 함수를 상단에 선언해 놓고 필요할 때마다 함수를 호출하면
해당 함수 라인을 실행하지만, 기본적으로는 순차적으로 실행이 이루어진다.
이와 같은 방식이 절차적 프로그래밍 기법이다. 하지만 객체 지향은 객체에 문
제를 해결하는 코드를 넣고 객체를 다루어서 문제를 해결한다.

프로그래밍을 처음 하는 사람의 경우 이것이 너무 추상적인 개념이라 감이 안오
는 경우가 많다. 심지어 작성을 해봐도 감이 안 오고 직접 요구 사항 분석을 한
후에 객체 지향 코드를 작성하려면 더더욱 막연할 수 있다. 이 개념을 제대로
이해하려면 새로운 책 한 권이 필요하다. 그럼에도 여기서 소개하는 이유는 다
음에 대해 이해하고 익숙해지기 위함이다.

- 클래스와 객체 지향 개념이 있다는 점을 이해한다.
- 변수.keys( ), 변수.lower( )와 같은 함수가 어떻게 가능한지를 이해한다.

먼저 클래스와 객체 개념을 이해하기 위해 앞서 공부한 자판기 예를 살펴보기로 한다. 서로 다른 음료수를 파는 2개의 자판기가 있다고 하자.

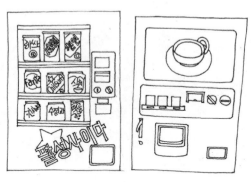

▲ 커피 자판기, 음료 자판기

이때 자판기 프로그램을 만들려고 하면 자판기마다 판매하는 음료수가 다르므로 각각 변수 이름을 새로 작성해야 한다. 만약에 자판기 하나가 더 생기면 그만큼 관련 코드에 변수를 한 세트 더 추가해야 한다.

자판기가 세 개면 위치만 해도 vending1_location, vending2_location, vending3_location 등 3개가 필요하다. 리스트로 만들면 간편하겠지만 음료수 종류 등을 모두 달리 하려면 리스트 변수 간에 인덱스도 맞춰줘야 한다. 이럴 때 객체 지향 프로그래밍 방식을 이용하면 보다 효율적인 코딩이 가능하다.

일단, 자판기는 세 개든 네 개든 동일한 구조를 가지고 있다. 즉, 각 자판기별로 설치된 위치 정보와 음료수 종류 정보가 있고 구매자가 건넨 돈과 음료수 이름을 입력하면 거스름돈을 출력하는 함수도 있다. 정보는 다를 수 있지만 필요한 변수와 기능은 같다. 즉, 구조가 같다는 말이다.

이러한 경우 클래스 개념을 도입하면 보다 쉽게 만드는 것이 가능하다. 클래스는 객체가 가지는 기본 구조를 의미하기 때문에 클래스를 만들면 동일한 구조를 가지는 여러 객체를 찍어낼 수 있다. 클래스를 선언하는 방법은 다음과 같다.

```
class 클래스명:
    클래스 변수
    클래스 함수
```

다른 선언과 마찬가지로 클래스도 이름이 있어야 하고 그 내부에는 클래스 코드가 있으면 되는데 변수와 함수로 구성이 된다. 예를 들어서 자판기를 클래스로 표현하면 다음과 같다.

```
class vending:
    location = ""
    drink_data = {}
    def calculation(self, selected_drink_name, payment):
        계산 코드 ~~~~~~~
```

vending이 클래스명이고 vending 클래스에는 location과 drink_data 변수, 그리고 calculation 함수가 있다. 주의할 것은 클래스 안에 표현하는 모든 코드는 클래스 내부 코드임을 알려주기 위해 일정 공백을 띄워줘서 표현해야 한다. 클래스 내에 있는 변수 선언은 일반적인 변수 선언과 동일하다. 하지만 클래스 안에서 선언되는 함수는 항상 첫 번째 입력 인자로 self가 기본으로 들어가야 한다. self는 해당 클래스로 만들어진 객체 자신을 가리키는 키워드로 자주 사용되므로 잘 기억하기 바란다. 해당 함수를 호출할 때는 calculation (selected_drink_name, payment)와 같이 self 인자는 고려하지 않아도 자동으로 해당 객체가 첫 번째 입력 인자로 넣어진다.

이렇게 클래스를 선언하면 이 클레스를 기본 구조로 하여 여러 자판기를 만들수 있다. 이때 사용하는 것이 객체 개념으로 다음과 같이 표기한다.

```
객체명 = 클래스명( )
```

예를 들어 3개의 자판기에 대해 객체를 만들려면 각 자판기별로 객체 이름을 부여하고 클래스명에 ( ) 괄호를 넣어서 호출하면 된다.

```
vending1 = vending()
vending2 = vending()
vending3 = vending()
```

만약 자판기 하나가 더 추가된다면 다음과 같이 기술하면 된다.

```
vending4 = vending()
```

이제 각 객체에 변수 값을 변경해 보자.

```
vending1.location = "seoul"
vending2.location = "busan"
vending3.location = "incheon"
vending4.location = "suwon"
```

네 객체 모두 동일한 vending 클래스를 사용해서 만들어졌다. 하지만 객체로 생성된 후에 클래스 변수 location 값을 변경하면 각 객체마다 다른 location 값을 가지게 된다. 즉, 내부적으로 네 객체는 각기 동일한 구조를 가지고 있지만 서로 다른 저장 공간에 저장이 이루어진다. 객체 변수에 접근할 때에는 일반 변수를 다루듯이 객체명 뒤에 (.)을 붙인 후 변수명을 붙여 '객체명.변수명' 형식으로 코딩하면 된다.

```
vending1.calculation(selected_drink_name, payment)
```

동일한 원리로 객체 함수도 '객체명.함수명'으로 호출할 수 있다. 우리는 이와 같은 방식으로 변수. keys( ), 변수.lower( )와 같은 함수를 실행해 본적이 있다. 클래스와 객체를 만들지는 않았지만 변수를 선언하면 파이썬 내부에서 변수 자체를 객체로 만들기 때문이다. 이제 왜 이런 방식으로 사용하는 함수들이 많은지 이해할 수 있을 것이다.

객체가 가진 변수와 함수는 '객체명.변수' 또는 '객체명.함수'로 호출하면 된다. 정리하면 클래스로 구조를 만들고 클래스를 사용해서 동일한 구조를 가진 객체를 생성하며, 이 객체를 중심으로 코드를 작성하는 기법을 객체 지향 프로그래밍이라고 한다. 객체 지향 프로그래밍은 프로그램을 개발할 때 어떤 구조를 가지는 객체를 만들지와 객체 간에 상호 작용을 어떻게 할지를 먼저 설계한 다음 프로그래밍을 한다.

여기서는 여러 개 자판기를 다루는 프로그램을 통해 객체를 활용하는 데에 익숙해 지도록 하자. 글을 읽고 따라서 코드를 우선 작성해 보자.
자판기가 두 개 있고 자판기 위치, 음료수 이름, 지불한 돈을 입력하면

  1) 자판기 위치에 음료수 이름이 없으면 Not provided
  2) 자판기 위치에 음료수 이름이 있으면 거스름돈은 양수로, 추가 지불할 돈은 음수로 출력
  3) 자판기1 위치: seoul, 자판기2 위치: incheon
    자판기1 사전 데이터(음료수 이름, 가격): (cola, 1000), (juice, 1500)
    자판기2 사전 데이터(음료수 이름, 가격): (water, 900), (sprite, 1100)

위 조건을 만족하는 프로그램을 객체 기반으로 작성하기 위해서 할 일을 다음과 같이 나열할 수 있다.

1) 다음 변수와 함수를 가진 자판기 클래스가 필요하다.
   클래스는 위치 변수, 음료수 사전 변수, 거스름돈을 계산하는 함수로 구성
2) 자판기1, 자판기2 객체를 만들고, 각각 위치, 사전 값을 추가한다.
3) 자판기 위치, 음료수 이름, 지불할 돈을 입력으로 받는다.
4) 자판기 위치를 비교해서 자판기1인지 자판기2인지를 확인한다.
5) 위치에 매칭하는 자판기에 거스름돈을 계산하는 함수를 호출한다.

여기서는 자판기 클래스를 만든 후에 해당 객체를 사용해서 프로그램을 작성하는 방식으로 구성했다. 객체가 하나이고 객체 간에 상호 작용을 할 부분이 없어서 이 부분은 기술하지 않았다. 본래 객체 지향 프로그래밍에 어울리는 프로그램은 게임이나 화면이 들어가는 응용 프로그램에 더욱 적합하다. 관련 프로그램을 작성하려면 여러 가지 배워야할 내용들이 있지만, 이 부분은 기본적인 코딩이 익숙해진 후에 필요할 경우 관련 내용을 배우는 방식으로 진행할 필요가 있다. 여기서는 위 문제를 통해 클래스를 만들고 객체 변수와 함수를 사용하는데 익숙하도록 하자.

위 기술한 내용을 기초로 1)과 2)번을 작성한 코드는 다음과 같다.

```
class vending:
    location = ""
    drink_data = {}
    def calculation(self, selected_drink_name, payment):
        print(payment - self.drink_data[selected_drink_
name])
```

```
vending1 = vending()

vending2 = vending()


vending1.location = "seoul"

vending2.location = "incheon"


vending1.drink_data["cola"] = 1000

vending1.drink_data["juice"] = 1500

vending2.drink_data["water"] = 900

vending2.drink_data["sprite"] = 1100
```

위 코드는 초기 작업에 해당하는 것으로 클래스를 선언하고 객체를 만들어서
객체에 초깃값을 지정해 주는 코드이다. 객체를 만든다는 표현은 객체를 생성
한다는 용어와 같은 뜻으로, 앞으로는 해당 용어를 사용하겠다. 클래스 함수
calculation에서 drink_data는 클래스 변수이다. 그래서 클래스 함수에서 사용
할 때에는 self를 붙여서 해당 객체 변수임을 표기해야 한다.

클래스, 객체, 인스턴스, 메소드

클래스, 객체, 인스턴스, 메소드 용어에 대해 살펴보자. 코드에서 vending은 클래
스이고 vending1은 객체이다. vending 클래스를 사용해서 vending1 객체를 생성
했다. 또한 vending1은 vending 클래스의 인스턴스이다. 인스턴스라는 의미는 어
떤 클래스를 사용한 객체인지를 나타낼 때 많이 사용한다. 그리고 객체가 가지고
있는 함수를 메소드라고 이야기한다. 객체가 수행할 수 있는 기능이라는 의미인
데, 함수가 보다 큰 의미라고 생각하면 된다. 이 네 가지 용어는 많이 쓰이므로 알
아두면 좋다.

vending1과 vending2는 동일한 클래스로 생성되었지만 각기 위치와 제공하는 음료수는 다르다. 객체는 실제 세상과도 비슷하다. 예를 들어 철수와 영희라는 사람이 있다면 둘 다 사람이지만 이름도 다르고 생김새도 다르다. 이때 철수와 영희를 객체로 생각하고, 사람이라는 추상화된 개념을 클래스라고 생각하면 된다.

다음 코드는 세 가지 입력을 받은 후 입력받은 위치 데이터로 어느 자판기인지를 확인하고 해당 자판기 객체가 가지고 있는 메소드를 호출한다.

```
vending_name = input("vending name:")
selected_drink_name = input("drink name:")
payment = input("payment:")
if vending_name == vending1.location:
    vending1.calculation(selected_drink_name, int(payment))
elif vending_name == vending2.location:
    vending2.calculation(selected_drink_name, int(payment))
```

calculation 함수는 payment에서 self.drink_data 값을 빼는데 self.drink_data 값은 각 객체가 가지고 있는 값이다. 그래서 메소드는 동일하지만 객체마다 결괏값은 다르다. 즉, 동작이 달라진다.

```
def calculation(self, selected_drink_name, payment):
    print(payment — self.drink_data[selected_drink_name])
```

다음 내용으로 넘어가기 전에 연습 문제를 풀어보면서 클래스와 객체에 대해 좀 더 익숙해 지자.

• **연습 문제 1** : 자판기가 세 개 있고 자판기 위치, 음료수 이름, 지불한 돈을 입력
　　　　　　하면

1) 자판기 위치에 음료수 이름이 없으면 Not provided
2) 자판기 위치에 음료수 이름이 있으면 거스름돈은 양수로, 추가 지불할 돈은 음
　수로 출력
3) 자판기1 위치: seoul, 자판기2 위치: incheon, 자판기3 위치: suwon
　자판기1 사전 데이터(음료수 이름, 가격): (cola, 1000), (juice, 1500)
　자판기2 사전 데이터(음료수 이름, 가격): (water, 900), (sprite, 1100)
　자판기3 사전 데이터(음료수 이름, 가격): (milk, 500)

위 세 가지 조건을 만족하는 프로그램을 작성해 보자.

• **연습 문제 2** : 자판기가 세 개 있고 자판기 위치, 음료수 이름, 지불한 돈을 입력
　　　　　　하면

1) 자판기 위치가 없으면 Vending Machine is not provided
2) 자판기 위치에 음료수 이름이 없으면 Drink is not provided
3) 자판기 위치에 음료수 이름이 있으면 거스름돈은 양수로, 추가 지불할 돈은 음
　수로 출력
4) 자판기1 위치: seoul, 자판기2 위치: incheon, 자판기3 위치: suwon
　자판기1 사전 데이터(음료수 이름, 가격): (cola, 1000), (juice, 1500)
　자판기2 사전 데이터(음료수 이름, 가격): (water, 900), (sprite, 1100)
　자판기3 사전 데이터(음료수 이름, 가격): (milk, 500)

위 네 가지 조건을 만족하는 프로그램을 작성해 보자.

✱ 파일 함수로 익히는 객체 지향 프로그래밍

파일이란 보조 기억 장치에 저장된 하나의 데이터 단위를 말한다. 예를 들어 우리가 한글이나 MS워드 등의 문서 작성 프로그램으로 문서를 작성하여 저장시키면 그 자체가 하나의 파일이 된다. 또한 이렇게 저장된 파일을 열어서 수정하고 추가하고 삭제하기도 한다. 물론 문서 작성 프로그램을 이용하면 이러한 작업을 쉽게 할 수 있지만 프로그래밍으로 파일 작업을 하는 함수를 만들어 사용할 수 있다.

파일을 다루는 함수들은 객체로 되어 있기 때문에 파일을 다루는 함수들을 익히면 객체 지향 프로그래밍을 이해하고 객체를 다루는 데에도 도움이 된다.

큰 그림으로 보면 파일을 다루는 작업 또한 데이터를 다루는 행위이다. 데이터를 저장한다는 의미는 저장 위치가 있다는 의미이고, 그래서 저장 위치를 알기 위해 식별할 수 있는 이름을 붙인다. 특정 데이터를 다루기 위해서는 다음과 같은 네 가지 방법이 존재하고 파일을 다루는 방법도 마찬가지이다.

1) 데이터를 저장 또는 생성하는 방법
2) 데이터를 추가하는 방법
3) 데이터를 수정하는 방법
4) 데이터를 삭제하는 방법

파일 만들기

파일을 만들기 위해서는 다음과 같은 함수를 사용한다.

```
파일 객체 = open (파일 이름, 파일 모드)


예 file_object = open ('datafile.txt','w')
```

open 함수는 내부적으로는 클래스로 인식되므로 함수를 호출하면 파일 객체가 만들어진다. 파일 이름은 프로그램이 실행되는 현재 폴더 안에 있는 파일 이름을 의미한다. 파일 모드는 다음과 같다.

파일 모드	설명
r	읽기 모드 – 이미 존재하는 파일을 읽기만 할 때
w	쓰기 모드 – 파일을 생성 또는 파일에 데이터를 덮어쓸 때
a	추가 모드 – 이미 존재하는 파일 마지막에 데이터를 추가할 때

'r'은 read, 'w'는 write, 'a'는 append의 약자로 예전부터 파일을 다룰 때 일반적으로 사용하는 표기법이다. 아래 화면은 윈도우에서 파일 리스트 명령을 통해 확인한 화면인데 왼쪽에 보면 Mode라는 부분에서 'd', 'r'과 같은 약자가 보인다.

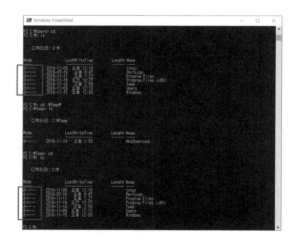

윈도우 이외에 리눅스와 같은 운영 체제를 다루어보았거나 운영체제 지식을 깊이 배우면 이러한 파일 관련 표기에 익숙하지만 우리는 처음 프로그램을 하기 때문에 이러한 용어는 좀 생소할 수 있다.

일단, 다음과 같이 코드를 작성하면 datafile.txt 파일에 쓸 수 있는 file_object 객체가 생성된다.

```
file_object = open ('datafile.txt','w')
```

'w'라고 기술되어 있으므로 datafile.txt 파일이 이미 존재하면 file_object를 사용해서 작업한 데이터가 datafile.txt 파일에 덮어 씌워지고 없다면 해당 파일이 만들어진다. 예를 들어 위 코드를 C:₩dev_python₩hello_project에 file_opt. py 파일명으로 생성하고 실행하면 C:₩dev_python₩hello_project 디렉토리 안에 datafile.txt 파일이 생성된다.

만약 해당 디렉토리에 없는 파일을 읽기 모드로 다음 코드와 같이 코드를 작성하고 실행하면 에러 메시지가 출력된다.

```
file_object = open('datafile2.txt','r')
```

또 하나 알아둘 것은 open 함수로 파일을 열면 파일 작업을 한 후에 파일을 닫아줘야 하는데 이때 사용하는 함수가 close 함수이다. 파일 객체를 open 함수로 열면 파일 객체에 파일을 다루는 모든 메소드가 포함된다. 그래서 close도 파일 객체에 있는 메소드를 호출해야 한다.

파일 객체.close( )

예

file_object = open('datafile.txt','w')
file_object.close( )

물론 close( ) 메소드를 호출하여 닫은 후에 해당 파일을 다시 작업하려면 open 함수로 파일 객체를 다시 만들어줘야 한다.

파일에 데이터 쓰기

파일을 오픈한 후에는 파일을 읽거나 파일에 데이터를 쓸 수 있다. 데이터를 쓰기 위해서는 write 메소드를 사용한다. 사용법은 다음과 같다.

```
파일 객체.write(데이터)


예
file_object = open ('datafile.txt','w')
file_object.write('hello')
file_object.close( )
```

위 예와 같이 write 메소드 안에 저장할 데이터를 넣어주면 된다. 그러면 코드 파일이 저장된 폴더에 datafile.txt가 생성되고, 윈도우 PC에서 메모장 프로그램으로 열어보면 'hello'가 저장되어 있음을 확인할 수 있다.

다음과 같이 변수에 저장할 데이터를 넣어준 다음 이를 write 메소드에 넣어줘도 동일하게 처리된다.

```
file_data = 'hello'
file_object.write(file_data)
```

이번에는 다음과 같이 코드를 작성해서 실행해 보자.

```
file_object = open ('datafile.txt','w')
file_data1 = 'hello\n'
file_data2 = 'world\n'
file_object.write(file_data1)
file_object.write(file_data2)
file_object.close()
```

에러 메시지가 없이 정상 실행되었다면 datafile.txt를 확인하면 다음과 같이 저장되어 있음을 확인할 수 있다. '₩n'는 엔터키, 즉 줄바꿈을 의미한다.

```
hello
world
```

그러면 파일 작성 훈련을 좀더 하기 위해 간단한 문제를 하나 풀어보자.

- **연습 문제 1** : datafile.txt에 0부터 10까지 한 라인에 한 숫자씩 순차적으로 넣는 코드를 작성해 보자.

  1) 파일을 쓰기 모드로 열고,
  2) 반복문으로 10까지 반복하고
  3) 반복 변수 값을 파일에 쓰고(₩n을 붙여서 파일에 쓴다.)
  4) 파일을 닫는다.

- **연습 문제 2** : 연습 문제1에서 만들어진 파일에 데이터를 추가해 보기로 한다. datafile.txt에 11부터 20까지 한 라인에 한 숫자씩 순차적으로 추가하는 코드를 작성해 보자. 이 경우 주의할 점은 기존 파일에 추가하는 것이므로 파일을 열 때는 'w' 대신에 'a'를 사용하면 된다.

파일에서 데이터 읽기

파일에서 데이터를 읽는 방법은 여러 가지가 있는데, 그 중에서 가장 간단한 방법은 read 메소드를 사용하는 방법이다.

```
파일 객체.read( )

예
file_object = open ('datafile.txt','r')
file_data = file_object.read( )
print (file_data)
file_object.close( )
```

파일 객체에서 read 메소드를 사용하면 파일 전체 내용을 변수에 저장할 수 있다. 또다른 방법으로 readlines 메소드를 사용할 수도 있다.

```
파일 객체.readlines( )

예
file_object = open ('datafile.txt','r')
lines = file_object.readlines()
for line in lines:
    print (line)
file_object.close( )
```

readlines 메소드는 파일 데이터를 읽은 다음 라인으로 끊어서 리스트를 만든다. 그래서 위 코드에서 lines는 리스트 데이터가 들어간다. 예를 들어 datafile. txt에 0부터 20까지 라인별로 들어갔다면, lines는 아래의 리스트 데이터가 들어가게 된다.

[0, 1, 2, ..., 20]

위 예에서는 lines를 반복문을 통해 하나씩 추출해서 출력했다. 파일 데이터를 라인별로 작업하기 위해서는 위 코드에서 print 대신에 작업할 코드를 넣어주면 된다. readlines 메소드는 파일 데이터를 라인별로 작업할 때 사용하면 좋다.

앞에서 데이터를 다루는 방법을 알기 위해서는 사전이든 파일이든 다음과 같은 기법을 알면 된다고 하였다. 이 중에서 1), 2)번은 설명하였고 3)번과 4번은 어떻게 할까?

  1) 데이터를 저장 또는 생성하는 방법
  2) 데이터를 추가하는 방법
  3) 데이터를 수정하는 방법
  4) 데이터를 삭제하는 방법

우리는 파일을 읽는 방법과 open 메소드가 가진 'w' 옵션을 사용해서 파일에 덮어 씌우는 방법을 배웠다. 따라서 read, readlines, write 메소드를 조합하면 해결이 가능해진다.
즉, 기존 파일을 'r' 옵션으로 오픈해서 read 또는 readlines 메소드로 파일 데이터를 읽은 다음 파일을 닫은 후 이를 수정 또는 삭제하고, 다시 파일을 'w' 옵션으로 오픈해서 파일에 다시 쓰면 된다.

지금까지 파일을 다루는 방법을 알아보았다. 정리하면 파일 객체를 만든 다음 메소드를 활용해서 파일을 다루고 있다. 파일 객체는 다루어야 할 기능들이 많고 파일 객체 상태에 따라서도 동작이 다르다. 그래서 파일 클래스를 만들고 이를 객체로 만들어서 각 파일에 알맞은 동작을 하게 된다. 보다 다양한 파일을 다루어 봄으로써 '객체.메소드' 사용에 좀 더 익숙해지기 바란다.

✸ 객체를 활용해서 스스로 알고리즘을 만들어보자

이번에는 객체를 활용하여 알고리즘을 만들어보기로 한다. 리스트도 객체이므로 리스트 객체를 활용해서 알고리즘을 구현해 보자. 이번에 알아볼 알고리즘도 정렬 알고리즘 중 하나이다. 퀵 정렬이라고 불리는 알고리즘인데, 기존에 배운 버블 정렬, 선택 정렬보다 빠른 정렬이 가능한 방법이다. 이 알고리즘은 분할 정복 기법, 재귀 용법, 객체를 사용하면 간단하게 구현이 가능하다.

퀵 정렬 알고리즘은 기준키를 기준으로 작거나 같은 값을 지닌 데이터는 앞으로, 큰 값을 지닌 데이터는 뒤로 가도록 하여 작은 값을 갖는 데이터와 큰 값을 갖는 데이터로 분리해 가며 정렬하는 방법이다.
이해를 돕기 위해 다음과 같은 숫자 리스트가 있다고 하자.

15 22 10 27 13 12 20 25

맨 앞 숫자 15를 기준으로 하여 15 뒤에 있는 숫자를 15와 비교해서 15보다 작으면 왼쪽, 15 보다 크면 오른쪽에 놓는다.

10 13 12	15	22 27 20 25

이 상태에서 먼저 왼쪽 데이터에 대해 다시 맨 앞 숫자 10을 선택한 다음, 10 뒤에 있는 숫자를 10보다 작으면 왼쪽, 10보다 크면 오른쪽에 놓는다.
동일한 방식으로 오른쪽 데이터에 대해 맨 앞 숫자 22를 선택한 다음, 22 뒤에 있는 숫자를 22보다 작으면 왼쪽, 22보다 크면 오른쪽에 놓는다.

이와 같이 한 개 이상 데이터를 가진 리스트에 대해 동일한 방식으로 처리한다.

최종적으로 정리된 데이터 리스트를 보면 다음과 같다.

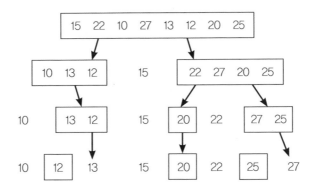

맨 마지막 줄에 있는 데이터를 보면 각 리스트가 모두 한 개의 데이터로 분리된 상태이고, 이 상태에서 앞에서부터 숫자를 확인해 보면 정렬이 된 상태임을 알 수 있다.

정리하면 처음 데이터부터 한 개의 데이터로 분리할 때까지 적용한 방식은 동일하다. 맨 앞 데이터를 선택한 다음 해당 데이터 보다 작으면 왼쪽, 크면 오른쪽으로 데이터 리스트를 분리했다. 동일한 기능을 계속 반복했기 때문에 해당 기능을 하는 함수를 작성한 후에 함수 안에서 함수를 호출하는 재귀 용법을 쓸 수 있다.

이 알고리즘을 구현하기 위해 구현할 내용을 문장으로 작성해 보자.

데이터 구조: 리스트 변수(data), 왼쪽 리스트 변수(less), 오른쪽 리스트 변수(more), 동일한 값을 저장하는 리스트 변수(equal)

1) qsort 함수를 선언한다.
　1-1) 데이터가 한 개이면 데이터 값을 리턴한다.

1-2) 데이터가 한 개 이상이면,

　　① data[0]을 선택한다.

　　② less, equal, more 리스트 변수를 새로 만든다.

　　③ 0부터 len(data) 까지 index 값을 순차적으로 넣는다.

　　④ data[0] 〉 data[index] 이면, less.append(data[index])

　　⑤ data[0] 〈 data[index] 이면, more.append(data[index])

　　⑥ data[0] == data[index] 이면, equal.append(data[0])

1-3) qsort(less) + equal + qsort(more) 리스트 데이터를 리턴한다.

데이터가 한 개이면 데이터를 리턴하고, 한 개 이상이면 맨 앞 데이터를 나머지 데이터와 비교해서 적으면 less, 같으면 equal, 크면 more 리스트 변수에 데이터를 분리한다. 그리고 less + equal + more를 리턴한다. 그러면 less부터 more 까지 순서대로 리스트 데이터가 리턴될 수 있다. 그리고 이때 less와 more는 다시 동일한 함수를 호출해서 내부 데이터를 다시 동일한 방식으로 정렬한다. 이제 구현 단계를 진행해 보자.

1-1) 데이터가 한 개이면 데이터 값을 리턴한다.

```
def qsort(data):
    if len(data) <= 1:
        return data
```

1-2) 데이터가 한 개 이상이면,
① data[0]을 선택한다.
　　data[0]을 이해하기 쉽게 별도 변수(pivot)에 할당했다.

```
    else:
        pivot = data[0]
```

② less, equal, more 리스트 변수를 새로 만든다.

한 라인에 세 리스트 변수를 위와 같이 생성했다.

```
less, equal, more = [], [], []
```

③ 0부터 len(data)까지 index 값을 순차적으로 넣는다.

data[0]도 포함을 해야 하기 때문에 맨 앞 데이터를 빼지 않고 전체 데이터를
처리하도록 구현하였다.

```
for index in range(len(data)):
```

④ data[0] 〉 data[index] 이면, less.append(data[index])

리스트 변수도 객체이고, append 함수를 사용하여 리스트 데이터를 추가할
수 있다.

```
if pivot > data[index]:
    less.append(data[index])
```

⑤ data[0] 〈 data[index] 이면, more.append(data[index])

```
elif pivot < data[index]:
    more.append(data[index])
```

⑥ data[0] == data[index] 이면, equal.append(data[0])

동일한 데이터가 여러 개가 될 수도 있기 때문에 equal 리스트 변수를 사용
하였다.

```
    else:

        equal.append(data[index])
```

1-3) qsort(less) + equal + qsort(more) 리스트 데이터를 리턴한다.

```
    return qsort(less) + equal + qsort(more)
```

less와 more 리스트 변수를 다시 qsort 함수에 적용하면 동일한 방식으로 less, equal, more로 데이터를 분리하게 되고, 다시 less와 more는 qsort를 호출한다. 데이터가 한 개가 되면 해당 데이터 값을 리턴하게 되고, 전체 데이터가 이와 같은 방식으로 리턴 되면 마지막에는 정렬된 데이터가 리턴된다.

이상으로 전체 코드를 조합하면 다음과 같다.

```
total_data = [2, 3, 5, 7, 11, 13, 17, 19, 23, 29, 31, 37,
41, 43, 47, 53, 59, 61, 67, 71, 73, 79, 83, 89, 97]


def qsort(data):
    if len(data) <= 1:
        return data
    else:
        pivot = data[0]
        less, equal, more = [], [], []
        for index in range(len(data)):
            if pivot > data[index]:
                less.append(data[index])
            elif pivot < data[index]:
```

```
            more.append(data[index])
        else:
            equal.append(data[index])
    return qsort(less) + equal + qsort(more)


print(qsort(total_data))
```

퀵 정렬 알고리즘은 데이터를 분할하고 각각을 정렬하는 방식으로 분할 정복 기법을 사용하고 있다. 그리고 동일한 기능을 분할된 데이터에 계속 반복하는 재귀 용법을 사용한다. 여기에 리스트 변수 객체를 활용하면 구현은 매우 간단하다. 이 알고리즘도 다른 알고리즘과 마찬가지로 여러 번 반복해서 연습장을 사용해서 연습하자.

6 라이브러리를 활용한 프로그램 만들기

computer
programming

이 책의 처음부터 여기까지 공부하면서 문제들을 스스로 풀 수 있었다면 여러분들은 프로그래밍 기본 단계는 넘어선 셈이다. 이번 장에서는 마지막으로 파이썬 프로그래밍 언어의 강점인 손쉬운 다양한 라이브러리 활용 방법을 익혀보자.

프로그래밍 언어마다 수없이 많은 함수를 제공한다. 함수 종류가 너무 많기 때문에, 원하는 함수를 찾기도 힘들다. 그래서 보통 특정한 목적을 위해 필요한 함수들을 묶어 놓는 경우가 많으며 프로그래밍 언어마다 패키지, 모듈, 또는 라이브러리라고 부르기도 한다. 파이썬에서는 라이브러리라는 용어를 가장 많이 사용한다. 도서관에서 역사, 경영, IT, 소설 등과 같이 책을 분류해서 놓는 것처럼 함수들도 특정한 기능을 하는 함수들을 모아 놓았기 때문에 라이브러리라고 부른 것이라고 생각하면 된다. 라이브러리에 있는 함수와 변수, 조건, 반복문을 사용하면 여러분이 직접 프로그램을 만드는 것보다 훨씬 빠르게 특별한 기능을 하는 프로그램을 만들 수 있다.

이번 장에서는 파이썬으로 엑셀 파일을 자동으로 만들어보면서, 파이썬 라이브러리 사용법과, 라이브러리의 강력함을 이해해보기로 한다.

우선 라이브러리는 강력한 기능을 제공하지만 대부분 무료이다. 전 세계 개발자들이 다양한 라이브러리를 만들어서 제공하고 있으며, 필요할 때 라이브러리 이름과 함께 간단한 명령으로 컴퓨터에 설치하고, 바로 활용할 수 있다. 예전의 프로그래밍 언어들은 이러한 기능이 없었기 때문에, 프로그래밍 언어를 익히고 나서도 유용한 프로그램 작성이 어려웠다. 프로그래머가 직접 변수, 조건문, 반복문, 그리고 프로그래밍 언어에서 제공하는 모든 기본 함수 등을 사용해서 한 땀한땀 작성해야 했기 때문이다.

그러면 바로 파이썬 라이브러리 사용법을 알아보자. 파이썬 코드 작성 시, 라이브러리를 사용하기 위해서는 다음과 같은 코드를 작성해야 한다.

```
import 라이브러리명
```

즉 import 구문을 먼저 넣은 다음, 이후에 '모듈이름.함수명'으로 사용할 수 있다. 예를 들어 다음과 같이 현재 시각을 출력해야 한다면,

```
Thu Nov 17 11:59:36 2016
```

현재 시간을 확인하는 함수를 작성하기도 어렵고, 이를 위와 같이 요일, 월, 일, 시간, 연도 까지 표현하기는 더더욱 어렵다. 이와 같은 코드를 직접 작성하려면 수 백줄 코드가 필요하며 원하는 기능을 만드는데 시간이 너무 많이 걸린다.

그렇지만 파이썬에서는 관련 기능을 제공하는 라이브러리가 있다. 라이브러리 이름은 time이고, ctime( ) 함수를 호출하면 간편하게 출력할 수 있다. 단 두 줄이면 된다.

```
import time
print (time.ctime( ))
```

time을 추가한 후에, time 모듈 안에 있는 ctime( ) 함수를 호출하기 위해서는 time.ctime( )와 같이 모듈명.함수 형식으로 호출해야 한다. '모듈명.함수' 형식이 아니라, 함수명만 호출하도록 만들 수도 있다.

from 라이브러리명 import 함수명

위 방법을 사용하면 모듈 안에 있는 특정 함수를 코드에서 그대로 호출할 수 있다. 이전 예를 from 구문을 사용하면 아래와 같다. ctime( )을 모듈명 없이 그대로 호출할 수 있음을 알 수 있다.

```
from time import ctime
print (ctime( ))
```

time 모듈 안에 있는 모든 함수를 모듈명 없이 호출하려면 아래와 같이 * 표시를 해주면 된다.

```
from time import *
print (ctime( ))
```

문제는 필요한 기능이 있을 때 이 기능이 어떤 모듈과 함수에서 제공을 하는지를 어떻게 알 수 있느냐 이다. 사실상 웬만한 기능은 모두 검색하면 대부분 관련된 파이썬 라이브러리가 있을 정도이다. 심지어 라이브러리 별로 사용법도 각 라이브러리의 공식 웹사이트를 통해 제공한다. 다음과 같은 파이썬 공식 홈페이지에 있는 라이브러리 문서에서 관련 라이브러리를 찾아볼 수도 있다.

https://pypi.python.org/pypi

다만, 설명이 영어이기도 하고, 쉽게 사용법을 익히기에는 대부분 사용법 설명이 너무 방대하다. 그래서 보통 개발자들은 인터넷 검색을 통해, 각 라이브러리 사용법을 설명한 블로그들을 참고해서, 코드를 작성한다.

간단히 www.google.co.kr 사이트에서 '파이썬 <u>원하는 기능</u>'라고 검색하면 관련 라이브러리에 대한 실마리를 찾을 수 있다. 여기서 '<u>원하는 기능</u>'이라고 밑줄을 그은 부분은 실제 찾고자 하는 기능을 의미한다. 예를 들어, 시간 관련 기능들이라면, '파이썬 시간 라이브러리' 정도로 검색해도 좋다. 물론 정확하지 않거나, 간결한 블로그 글을 토대로 사용법을 익히고, 활용하는 데에는 많은 연습이 필요하다.

import 구문을 사용하려면, 그 전에 먼저 라이브러리가 자신의 PC에 설치되어 있어야 한다. 파이썬 컴파일러만 설치해도 기본적인 라이브러리는 함께 설치가 된다. time 라이브러리도 기본적인 라이브러리 중 하나이다. 기본 라이브러리 외에는 대부분 설치를 한 후에, import 구문을 사용해야 한다.

우리는 기본 라이브러리 이외에 많이 사용하는 라이브러리까지 포함한 아나콘다 프로그램을 설치했기 때문에, 인기 있는 라이브러리들은 별도로 설치할 필요는 없다. 라이브러리 설치가 필요한지를 확인하기 위해서는 import 구문을 먼저 작성하고 실행해보면 된다. 해당 라이브러리가 PC에 설치되어 있지 않으면 코드를 실행할 때 에러 메시지를 출력한다.

이번 장에서 다룰 xlsxwriter 라이브러리의 경우,

```
import xlsxwriter
```

코드 한 줄만 입력하고 실행을 해보자. 만약 다음과 같은 에러 메시지가 보여진다면 해당 라이브러리가 자신의 PC에 설치가 안된 상태라고 보면 된다.

```
Traceback (most recent call last): ~~~~~
    import xlsxwriter
ModuleNotFoundError: No module named 'xlsxwriter'
```

에러 메세지는 수시로 변경될 수 있고, 여러 줄에 걸쳐서 나오는 경우가 많다. 이 중에서 마지막 라인에 적힌 메세지는 그래도 이해할만할 때가 많다. 여기에서도 No module named '라이브러리명'을 보면, 특정 라이브러리명을 가진 모듈이 없다라는 뜻을 이해할 수 있다. import xlsxwriter 구문을 실행했을 때, 아무런 메세지가 없다면, 해당 라이브러리를 사용할 수 있다는 뜻이다. 만약, 에러 메세지가 위와 같이 나온다면,

이 때에는 다음과 같이 '명령 프롬프트'를 실행하고,

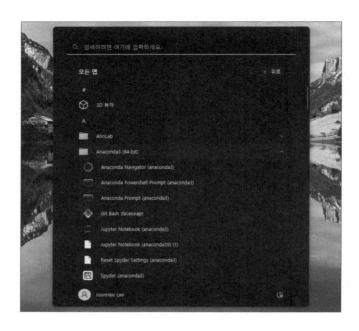

다음 명령을 통해 간단히 해당 라이브러리를 설치한 후, 다시 해당 프로그램을
실행하면 된다.

```
pip install xlsxwriter
```

pip는 파이썬 라이브러리를 관리하는 명령이다.
pip 다음에 한 칸 띄우고, install이라고 써주면, 그 다음에 나오는 라이브러리
를 다운로드 받아 PC에 설치해준다. 참고로 'pip uninstall 라이브러리명'으로
명령하면 해당 라이브러리를 PC에서 삭제해준다.

라이브러리가 설치되었으면, 이번에는 다음 코드를 에디터로 작성해보자.

```python
import xlsxwriter

title_list = ["웹기술", "빅데이터기술"]
hit_count_list = [2000, 10000]

workbook = xlsxwriter.Workbook('ITArticleReport.xlsx')
worksheet = workbook.add_worksheet()

worksheet.set_column(0, 0, 5)
worksheet.set_column(1, 1, 80)

cell_format = workbook.add_format({'bold': True, 'align':
'center', 'fg_color': '#01579B', 'color': 'white',
'border': 1})
worksheet.write(1, 1, '타이틀', cell_format)
worksheet.write(1, 2, '클릭수', cell_format)

cell_format_gray = workbook.add_format({'fg_color':
'#ECEFF1', 'border': 1})

for num in range(len(title_list)):
    worksheet.write(num + 2, 1, title_list[num], cell_
format_gray)
    worksheet.write(num + 2, 2, hit_count_list[num],
cell_format_gray)

workbook.close()
```

위 프로그래밍 코드를 실행하면, 코드 파일과 동일한 폴더 안에 ITArticle Report.xlsx라는 파일이 생긴다. 이 파일을 엑셀 프로그램으로 열면, 다음과 같이 세 항목이 표시된다. 놀랍게도 해당 엑셀 파일은 위 코드가 자동으로 생성해주는 것이다.

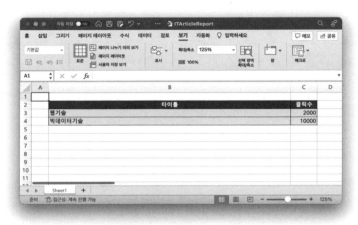

어떻게 이 코드가 구성되어 있는지를 지금까지 배운 프로그래밍 내용을 기반으로 하나씩 알아보겠다. 복잡해 보이는 코드이지만, 한 라인씩 설명을 읽어보면 충분히 이해할 수 있다.

```
import xlsxwriter
```

xlsxwriter는 뭔가 복잡해보이는 라이브러리 이름이지만, xlsx는 엑셀 확장자이고, writer는 쓰겠다는 뜻으로 보인다. 해당 라이브러리를 개발한 개발자가, 마치 우리들이 변수 이름을 만들때처럼 의미있게 만든 것이라고 생각할 수 있다.

이 라이브러리는 엑셀을 자동으로 다룰 수 있는 함수를 제공하는 것으로, 각 함수 사용법은 보통 각 라이브러리 개발자가 제공하는 사이트에 기재되어 있다. 해당 사이트는 검색을 통해 찾는 것이 일반적이다.

간단하게 www.google.com 구글 사이트에서 'python xlsxwriter'와 같은 키워드를 넣으면 다음과 같은 사이트를 찾을 수 있다.

http://xlsxwriter.readthedocs.io/

대부분의 사이트는 개발자가 직접 만들다보니 화려하지는 않다. 예제도 적은 경우가 많고, 설명이 부족한 경우도 많다. 하지만, 해당 라이브러리가 많이 사용된다면, 공식 사이트 말고도 다양한 자료가 인터넷에 있는 경우가 많다. 그래서 개발자들은 일반적으로 여러 사이트 정보를 조합해서 사용법을 익히고 활용한다.

```
title_list = ["웹기술", "빅데이터기술"]
hit_count_list = [2000, 10000]
```

다음으로 위 코드는 title_list와 hit_count_list 변수에 리스트 데이터 타입으로 데이터를 넣는다. 실제 이 데이터는 자동으로 만들어진 엑셀 파일의 내용이다.

```
workbook = xlsxwriter.Workbook('ITArticleReport.xlsx')
```

위 코드는 xlsxwriter 라이브러리에 있는 Workbook( ) 함수를 사용해서 엑셀 파일을 생성하는 명령이다. 실제 엑셀 파일 이름을 확인해보면, Workbook( ) 안에 있는 ITArticleReport.xlsx 이름과 동일하다는 것을 알 수 있다. 위 코드의 엑셀 파일명을 변경하고 전체 코드를 실행하면, 또다른 이름으로 엑셀 파일이 생성되는 것을 이해할 수 있다. 위 코드는 만들어진 엑셀 파일을 workbook 변수에 넣는다. 객체 지향 프로그래밍에서 익혔던, 객체가 Workbook( ) 함수의 리턴값이라고 이해하면 좋다. ITArticleReport.xlsx 엑셀 파일이라는 객체가 workbook 이라는 변수에 넣어진 것이다. 객체이기 때문에, 객체에서 제공하는 메서드를 사용할 수 있다. 앞으로는 해당 객체에서 제공하는 메서드 등의 workbook.함수와 같이 호출할 수 있다. 객체 내의 함수는 정확하게는 메서드라고 부르지만, 넓은 범주에서는 결국 함수이어서, 함수와 같은 역할을 하고, 함수가 보다 이해하기 쉽기 때문에, 이후부터는 메서드도 함수라고 지칭하기로 한다.

```
worksheet = workbook.add_worksheet()
```

그래서 바로 다음 코드에 있는 add_worksheet( ) 함수는 workbook.add_worksheet( )와 같이 사용했다. 해당 함수를 호출하면 ITArticleReport.xlsx 엑셀 파일 안에 시트가 만들어지고, 이 특별한 시트에 대한 객체를 worksheet 라는 변수에 넣는 것이다.

```
worksheet.set_column(0, 0, 5)
worksheet.set_column(1, 1, 80)
```

set_column 함수는 set_column(첫 번째 열 번호, 마지막 열 번호, 열 길이) 와 같이 세 가지 입력 값을 넣을 수 있다. 엑셀 시트는 각 컬럼의 행 번호를 구분할 수 있다.

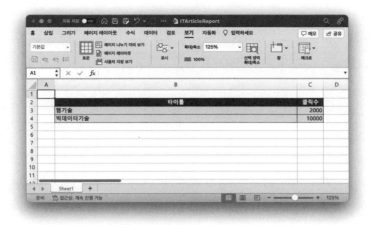

위 그림과 같이 엑셀 파일에서는 A, B, C 와 같은 열은 그 순서대로 각각 0, 1, 2 열 번호로 표현이 된다. 그래서 set_column(0, 0, 5)는 0번 열 번호만 열 길이를 5로 하라는 뜻이고, set_column(1, 1, 80)은 1번 열 번호만 열 길이를 80으로 하라는 뜻이다. 위 그림에서 두 번째 B 열의 사이즈가 유독 A 와 C 열 보다 긴 이유가, 바로 1번 열 번호의 길이를 80 으로 크게 설정했기 때문이다.

```
cell_format = workbook.add_format({'bold': True, 'align':
'center', 'fg_color': '#01579B', 'color': 'white',
'border': 1})
```

다음으로 이 코드는 정말 어려워보인다. 그런데 찬찬히 뜯어보면 그렇게까지 복잡한 내용은 아니다. workbook은 ITArticleReport.xlsx 엑셀 파일을 의미하고, add_format( ) 함수는 일종에 컬럼을 디자인하는 스타일을 추가하는 것이다. add_format( ) 함수 안에 내용을 보면, 'bold': True는 볼드체로 하라는 의미이고, 'align':'center'는 가운데 정렬을 하라는 의미이다. 'fg_color':'#01579B'는 글자색을 #01579B로 하라는 의미이다. 참고로 색상을 표시하는 방식 중에 #으로 시작하는 숫자는 색상을 표현하는 특별한 포맷으로 표현된 값이다. 색상을 지정하기 위해서는 이러한 포맷으로 표현된 값을 사용해야 한다. 각 색상에 대한 이러한 포맷의 색상값은 검색을 통해 찾는 것이 일반적이다. 검색 팁은 www.google.com 구글 사이트에서 'material color pallette'로 검색하면 다음과 같은 사이트를 찾을 수 있다.

https://material.io/guidelines/style/color.html

이 사이트의 하단부에 보면, 다음과 같이 색상별 #으로 시작하는 색상값을 쉽게 찾을 수 있다. 위 코드에서 fg_color 색상 값을 해당 사이트에서 맘에 드는 색상값으로 바꾸고 전체 코드를 실행하면, 새로운 엑셀 파일도 해당 색상값으로 나오는 것을 확인할 수 있다. 참고로 전체 코드를 실행할 때는 ITArticleReport. xlsx 엑셀 파일을 닫고 실행을 해야 새로 파일이 만들어진다.

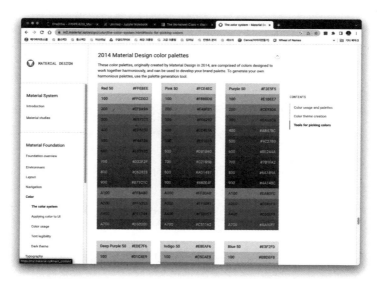

다음으로 'color':'white'는 배경색을 흰색으로 하라는 의미이다. white 대신에 위 사이트에서 다른 색으로 바꿔봐도 좋다. 마지막으로 'border':1 는 컬럼 테두리 선의 두께를 1로 하겠다 라는 의미이다.

이 스타일도 ITArticleReport.xlsx 안에서 사용될 스타일이므로, workbook. add_format( )와 같이 쓴 것이다. 이런 스타일을 cell_format 변수에 객체로 넣은 것이 바로 다음 코드이다.

```
worksheet.write(1, 1, '타이틀', cell_format)
worksheet.write(1, 2, '클릭수', cell_format)
```

write( ) 함수는 write(행 번호, 열 번호, 컬럼 안에 씌여질 데이터, 스타일) 형태로 사용을 할 수 있다. 앞서 설명한대로, worksheet는 ITArticleReport.xlsx 엑셀 파일에 만들어진 시트 객체를 가지고 있다. 그래서 worksheet.write( )로 쓰면, 결국 해당 시트 안에 있는 특정한 컬럼에 데이터를 쓰게 되는 셈이다.

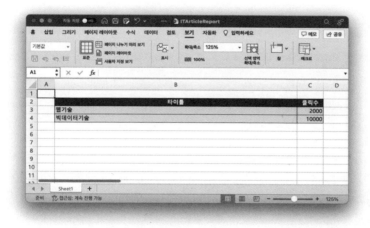

다시 위 실제 결과를 보면서 비교해보면, 우선 행의 번호는 엑셀 파일 왼쪽에 1, 2, 3 …과 같이 기재되어 있지만, write( ) 함수로 쓸 때의 행 번호는 0번부터 시작한다. 즉, 엑셀 파일 왼쪽이 1 로 표시된 행이, write( ) 함수에서 지칭할 때는 0으로 기재해야 하는 것이다. 컴퓨터에서는 번호의 시작을 0번부터 하는 경우가 많아서, 이런 부분이 헷갈릴 수 있으므로 유의하자.

따라서, write(1, 1, '타이틀', cell_format) 코드에서의 1, 1은 B2 컬럼을 지칭하는 것이다. 즉, 해당 코드는 B2에 타이틀 이라고 쓰고, 이전에 만들어진 스타일 대로 볼드체, 배경색, 글자색, 컬럼 테두리를 적용시킨다. 마찬가지로 1, 2 즉 C2 컬럼에도 클릭수라고 씌여지고, 스타일대로 색상 등이 적용된 것을 볼 수 있다.

```
cell_format_gray = workbook.add_format({'fg_color':
'#ECEFF1', 'border': 1})
```

다음 코드에서는 새로운 스타일을 만든다. 이번에는 글자색은 #ECEFF1로 하고, 테두리 선 굵기만 1로 정해서 cell_format_gray 라는 변수에 넣는다.

```
for num in range(len(title_list)):
    worksheet.write(num + 2, 1, title_list[num], cell_
format_gray)
    worksheet.write(num + 2, 2, hit_count_list[num],
cell_format_gray)
```

이번 코드는 반복문이 쓰였다. range( ) 함수 안에 쓰인 len(리스트 변수) 함수는 리스트 변수가 가지고 있는 데이터 수를 리턴한다. title_list 변수는 단 두 개의 데이터만 가지고 있으니, len(title_list) 결과값은 2가 될 것이다.

```
title_list = ["웹기술", "빅데이터기술"]
```

즉 이 코드는 for num in range(2): 가 되는 셈이다. 굳이 이렇게 쓴 이유는 title_list에 데이터를 더 추가하면, 반복문 코드를 별도로 수정할 필요 없이, 자동으로 해당 데이터 수만큼 반복이 될 수 있기 때문이다.

```
worksheet.write(num + 2, 1, title_list[num], cell_format_
gray)
worksheet.write(num + 2, 2, hit_count_list[num], cell_
format_gray)
```

이제 num 변수에는 0과 1 이렇게 두 숫자가 들어갈 것이고, 이 때마다 위 코드가 반복될 것이다. 반복문으로 실행될 코드는 tab키로 들여 쓰게끔 되어 있기 때문에 위와 같이 들여써졌다는 것도 알 수 있다.

num 변수에 0이 들어가면,

```
worksheet.write(0 + 2, 1, title_list[0], cell_format_
gray)
```

2 행의 1 열인, 즉 B3 컬럼에 title_list[0]이 '웹기술'을 cell_format_gray로 만든 스타일로 쓰는 것이다. 헷갈릴 수 있어서, 다시 한번 행의 번호를

```
worksheet.write(0 + 2, 2, hit_count_list[0], cell_format_
gray)
```

마찬가지로 다음 코드도 2 행의 2 열인, 즉 C3 컬럼에 hit_count_list[0]에 들어 있는 2000이 넣어진다.

동일하게 num이 1이 되면, 이번에는 1씩 늘어나서, 결국 '빅데이터기술'과 10000 값이 각각 B4, C4에 써지게 된다.

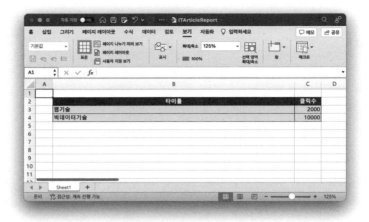

```
worksheet.write(1 + 2, 1, title_list[1], cell_format_
gray)
worksheet.write(1 + 2, 2, hit_count_list[1], cell_format_
gray)
```

결국 이와 같은 코드를 통해, 위와 같이 엑셀 파일을 자동으로 만들 수 있다. 주요 사용법을 익혔으니, 이를 활용하면, 다양한 엑셀 파일을 자동으로 만들 수 있다. 이 정도의 엑셀 파일은 직접 작성하는 것이 더 나을 수도 있지만, 반복문이나 리스트 데이터를 수십만 건 다룰 수도 있다는 점과, 다양한 라이브러리와 조합하면, 굉장히 강력한 기능으로 활용할 수 있다.

물론 파이썬으로 자유자재로 이러한 기능을 활용하려면, 많은 연습이 필요하다. 하지만, 그 핵심은 명백하다. 변수, 조건문, 반복문, 리스트 등은 기본 데이터 구조의 조합이다. 이를 연습하는 것이 가장 중요하다. 기본기가 확고부동하게 갖춰진 상태에서 위와 같은 라이브러리를 익히면 바로 활용할 수 있고, 자신만의 문제에 바로 응용할 수 있다. 그래서, 본 책에서도 매우 작고 작은 문제를 많이 풀고 변수, 조건문, 반복문, 리스트 정도로 많은 문제를 설명한 것이다. 아무쪼록 프로그래밍 기본기를 탄탄히 다지는데 본 책이 도움이 되었으면 좋겠다.

7 파이썬 활용 분야

마지막으로 파이썬으로 활용할 수 있는 기술을 간단히만 서술하기로 한다. 지금까지 우리는 파이썬을 익히며, 조금은 어려운 레벨까지 프로그래밍을 익혀보았다. 이를 통해 프로그래밍 기본기를 쌓았으며, 이정도만 쌓았다면 충분히 다양한 기술을 익힐 수 있는 기본기가 탄탄하게 쌓아졌다고 보면 된다. 파이썬은 라이브러리가 매우 강력하고, 다른 언어보다 매우 직관적이다. 이러한 장점 때문에 동일한 기능을 하는 코드를 작성할 때, 일반적으로 다른 언어보다 매우 빠르고 간결하다. 즉, 개발 생산성이 매우 높다. 그래서 전문 개발 데이터 분야에서도 파이썬은 매우 많이 사용된다.

가장 많이 파이썬이 사용되는 분야는 데이터 분야이다. 데이터 분야는 크게 데이터 분석, 머신러닝, 인공지능 분야로 나뉜다. 데이터 분석 분야는 방대한 데이터를 분석하고, 그래프로 시각화하는 분야이다. 방대한 데이터를 분석하려면 역시 프로그래밍이 필요한데, 여러 언어 중에서도 파이썬이 가장 많이 사용된다. 역시 이유는 막강한 라이브러리 때문이다. 라이브러리를 조합해서 다른 언어보다 다양한 기능을 간결한 코드로 작성할 수 있다. 파이썬으로 데이터 분석을 할 때, 가장 많이 사용하는 라이브러리는 pandas 라는 라이브러리이다. pandas는 매우 다양한 기능을 포함하고 있기 때문에 pandas에 익숙해지려면 상당한 시간이 걸린다. 현업에서는 데이터 분석가라는 특별한 전문 직군이 있는데, 데이터 분석가를 준비할 때 pandas 사용법에 익숙해지기 위해 많은 시간을 들이는 경우도 많다. 또한 데이터 분석을 위한 그래프로 데이터 분석 결과를 시각화하기 위해 plotly, matplotlib과 같은 라이브러리를 많이 사용한다.

다음으로 머신러닝과 인공지능 분야는 최근 매우 인기가 많은 분야이다. 현업에서는 보통 학부부터 대학원까지 긴 기간 해당 분야를 익힌 분들이 관련 업무를 한다. 단기간 익힌 분들은 적은 편이다. 그만큼 오랜 준비가 필요한 분야이기도 하다. 파이썬과 관련해서 머신러닝에서는 sklearn이라는 라이브러리가 많이 사용되고, 인공지능에서는 pytorch가 서서히 뜨고 있다. 물론 데이터 분석이나 머신러닝/인공지능 모두 파이썬과 관련 라이브러리만 다룰 수 있다고 해서 전문가가 되는 것은 아니다. 각 분야마다 이론이 있고, 이를 실무에 적용하기 위해 파이썬과 관련 라이브러리를 쓰는 것이다.

다음으로, 개발 분야에서도 파이썬은 많이 사용된다. 개발 분야는 세부 분야로 백엔드, 프론트엔드와 같이 각 분야에 대한 좀더 깊은 배경 지식이 있어야, 보다 선명하게 이해되는 점은 있다. 간략하게 웹 쇼핑몰로 설명한다면, 웹 쇼핑몰 페이지를 개발하는 분야가 프론트엔드이다. 하지만 웹 쇼핑몰에서 일반인들은 보통 로그인을 하게 되는데, 로그인은 웹페이지를 화면에 표시하는 기능과는 확연히 다른 기능이다. 이러한 기능을 만드는 분야가 백엔드이다. 파이썬으로 웹페이지 화면을 억지로 만들 수는 있다. 하지만 웹페이지 개발은 별도의 언어를 사용하는 것이 일반적이다. 대신 백엔드는 파이썬도 많이 사용된다. Django, flask, fastapi 등은 파이썬으로 백엔드 기능을 개발할 때 많이 사용되는 라이브러리이다. 실은 라이브러리보다는 기능이 조금 다른 측면이 있어서, 관련 기술은 프레임워크라는 표현을 쓴다. 즉, Django, flask, fastapi 프레임워크를 사용하여 파이썬으로 백엔드 기능을 개발하는 경우도 많다.

JAVA 라는 언어는 백엔드에 많이 사용되지만, 데이터 분야에는 많이 사용되지 않는다. 마찬가지로, javascript 라는 언어는 백엔드와 프론트엔드를 개발할 때는 많이 사용되지만, 데이터 분야에는 거의 사용되지 않는다. 이에 반해, 파이썬 언어는 백엔드, 데이터 분야에도 많이 사용된다. 그리고 그 범위는 더 넓어지고 있다.

무엇보다 파이썬은 다른 언어보다 간결하고, 생산성이 높다. 익히는데에도 다른 언어에 비해 쉽기 때문에, 요즘에는 초등학생들도 파이썬으로 시작하는 경우가 많다. 하지만, 많은 입문자분들이 프로그래밍 기본기를 간과하고, 파이썬을 익히는 경우가 많다. 하지만 프로그래밍 기본기가 탄탄해야 다양한 기술을 익히고 응용할 수 있다. 결국 프로그래밍은 자신만의 문제를 코드로 작성해야 하기 때문에 코드를 스스로 작성할 수 있어야 한다. 본 서적이 프로그래밍 기본기를 생각하는데 도움이 되었으면 좋겠다. 본 책으로는 다소 어려운 부분도 있었을 것이다. 그렇다면, 저자의 온라인 강의를 보며 다시 한번 처음부터 익혀보는 것을 추천한다. 프로그래밍 언어의 기본기를 다지고, 위에서 열거한 각 분야에 대해 관심이 있다면 저자의 사이트(잔재미코딩, www.fun-coding.org)을 방문해봐도 좋다. 온라인 강의를 들어봐도 좋고, 관련 기술을 어떤 순서로 학습해야할지, 학습 로드맵, 그리고 블로그 글만 보아도 참고가 될 것이다.

IT는 난이도 별로 익혀야 하는 기술들이 정의되어 있지 않지만, 의외로 기본부터 차근차근 다져가는 것이 매우 중요하다. 아무쪼록 본 책을 시작으로 프로그래밍과 IT를 내 것으로 만들 수 있으면 좋겠다.

참고 서적

CODE: 하드웨어와 소프트웨어에 숨어있는 언어, 찰스 펫졸드/인사이트

화성에서 온 프로그래머 금성에서 온 기획자, 시미즈 료/한빛미디어

10대를 위한 첫 코딩, Young Rewired State/반니

모두의 파이썬, 이승찬/길벗

고등학교 소프트웨어 교육 – 소프트웨어와 친해지기, 이영준, 최정원, 안상진, 전준호/미래창조과
학부, 한국과학창의재단

중등 소프트웨어 교육 – 컴퓨팅 사고력 키우기, 제임스 아벨라 외 9명, 박현유, 김성식, 최현종/미래
창조과학부, 한국과학창의재단

누워서 읽는 알고리즘, 임백준/한빛미디어

뇌를 자극하는 알고리즘, 박상현/한빛미디어

쉽게 배우는 알고리즘, 문병로/한빛미디어

Hello Coding 그림으로 개념을 이해하는 알고리즘, 아디트야 바르가바, 김도형/한빛미디어

Do it! 점프 투 파이썬, 박응용/이지스퍼블리싱

모두를 위한 머신러닝/딥러닝 강의 – 홍콩과기대 김성훈 교수 http://hunkim.github.io/ml/

텐서플로우 코리아, 해커가 알려주는 뉴럴 네트워크 https://tensorflow.blog/2016/09/13/

텐서플로우 공식 사이트 https://www.tensorflow.org/

Dave Lee

코드 크리에이터 겸 개발자, 고려대 일어일문학과와 연세대 컴퓨터학과 석사를 졸업하고 SK, 외국계 기업, 삼성전자를 거쳐 현재는 모 인터넷 기업에서 빅 데이터 관련 업무를 진행 중이다. 최근에는 삼성페이와 검색 시스템 개발에 참여하였다.

근 10년간 국내에는 없는 새로운 기술을 홍보하고 교육하는 developer relations 역할을 주로 수행하면서 프로그래밍과 최신 IT 기술 교육을 진행하였다. 최근에는 기존 경험을 바탕으로 업계에 계속 근무하면서 최신 기술을 습득함과 동시에 교수법을 전문적으로 학습하여 효과적으로 프로그래밍과 최신 IT 기술을 전달할 수 있는 새로운 콘텐츠 개발과 강의에 힘쓰고 있다.

잔재미코딩(www.funcoding.xyz) 사이트를 통해 자체 강의 및 IT 전업 컨설팅을 제공하고 있고, 외부 학원과 연계하여 다양한 강의를 진행 중이다. 또한, EBS와 연계된 코딩 교육업체 자문위원으로도 활동 중이다.

비전공자를 위해 새로운 각도로 풀어쓴 진지하게 익히는

파이썬 프로그래밍

- -

2017년 7월 10일 초판 인쇄
2023년 3월 5일 개정판 인쇄
2023년 3월 10일 개정판 발행

펴낸이	김정철
펴낸곳	아티오
지은이	Dave Lee
표 지	박효은
편 집	이효정
마케팅	강원경
전 화	031-983-4092~3
팩 스	031-696-5780
등 록	2013년 2월 22일
정 가	15,000원
홈페이지	http://www.atio.co.kr
주 소	경기도 고양시 호수로 336 (브라운스톤, 백석동)

* 아티오는 Art Studio의 줄임말로 혼을 깃들인 예술적인 감각으로 도서를 만들어 독자에게 최상의 지식을 전달해 드리고자 하는 마음을 담고 있습니다.